国家社科基金年度项目一般项目"干扰范式下二语情绪加工中的续写亻

北京外国语大学北京高校高精尖学科"外语教育学"建设项目（编号2

二语信息加工中的
社会情感认知

张素敏　任宇红◎著

科学出版社
北　京

内 容 简 介

本书聚焦情感认知因素、不同学习任务及不同教学模式，多维动态地研究了二语信息加工中的社会情感认知。本书具体采用问卷调查、教学干预及访谈等方法，分析了外语学习动机、外语学习歧义容忍度、外语学习焦虑及学习风格等情感认知因素在听力、听写、完形填空、词素学习及整体外语学习中的作用与交互作用。本书提出，如何发挥王初明教授提出的"续论"、王文斌教授等提出的"外语教育学"及文秋芳教授提出的"产出导向法"等中国本土外语教育教学理论、观点和方法在教育教学中的作用，是未来进一步的研究方向。

本书适合语言学及应用语言学研究领域的本科生、研究生及研究者阅读和参考，也可供对此感兴趣的其他人文社会科学领域的学者阅读和借鉴。

图书在版编目（CIP）数据

二语信息加工中的社会情感认知 / 张素敏，任宇红著. —北京：科学出版社，2024.1

ISBN 978-7-03-076846-9

Ⅰ.①二… Ⅱ.①张… ②任… Ⅲ.①第二语言－语言学习－研究 Ⅳ.①H003

中国国家版本馆 CIP 数据核字（2023）第 209929 号

责任编辑：常春娥 宋 丽 / 责任校对：贾伟娟
责任印制：徐晓晨 / 封面设计：润一文化

科学出版社 出版
北京东黄城根北街 16 号
邮政编码：100717
http://www.sciencep.com

北京建宏印刷有限公司 印刷
科学出版社发行 各地新华书店经销

*

2024 年 1 月第 一 版 开本：720×1000 1/16
2024 年 1 月第一次印刷 印张：17 1/4
字数：315 000

定价：108.00 元
（如有印装质量问题，我社负责调换）

序

　　《二语信息加工中的社会情感认知》从外语学习动机与认知学习风格、外语学习歧义容忍度与外语学习焦虑，以及外语教学模式与情感认知角度出发，聚焦于情感因素、不同学习任务及不同教学模式，多维动态地研究了二语信息加工中的社会情感认知。

　　该书综合运用问卷调查、教学干预及访谈等研究方法，重点分析了外语学习动机、外语学习歧义容忍度及外语学习焦虑等情感认知因素在外语不同项目学习中的作用及交互作用。该书还论析了传统 3P 语法教学、输入加工教学、"教师/学生中心"教学及基于认知原则的教学等不同教学模式与学习者的情感和认知之间的关系及交互作用，并进一步提出采用基于"续论"的"读后续写""读后续说""读后续听"或"听后续读""写后续读"等续作进一步推进情感、教法及外语学习之间的关系研究。

　　该书一个突出的亮点是被试涉及层面较广，具体涉及初中生、高中生、本科生及博士生，还涉及来自我国多达 26 个院校的 109 名大学教师，包括助教、讲师、副教授和教授，其学历涵盖本科和研究生。所有这些都有利于提高数据的代表性和可信度。正如作者所言，整体而言，该书被试无论是在地域、性别、年龄、教龄、职称上，还是在学历上，均具有一定的代表性。该书研究中的被试多达 1000余人，无论是进行教学干预，还是进行问卷调查，抑或是进行访谈，均需要研究者投入大量的时间、精力及物力。因此，该书的最终成稿出版实属不易。这既是作者多年来作为一线教师从事有理念指导的教学实践的一个汇报总结，也是对作者和她的团队矢志不移、锲而不舍的努力的一个见证！

　　该书另一个突出的亮点是从社会及情感认知角度综合、动态地分析了我国外语教学课堂中的现实问题，并提出了有针对性的、契合我国外语教学环境实际的教学建议。该书基于我国中学、大学及教师培训课堂的教学实践，研究教师、学生及环境主体因素。此外，该书还针对显性信息加工、反馈及错误分析等，具体研析外语教学中的教师因素、学生因素及环境因素等的交互作用，并进一步指出教学及教师培训中需注意语言、情感、技术及技能之外的相关社会因素，如性别、收入、户口等，以帮助我们更好地理解学生为何而学、教师为何而教、社会对教育的期待等。

　　中华人民共和国成立以来，外语教育教学已历经 70 余年的发展和变革，其成就无疑是巨大的，但关于该如何进一步高质高效地进行外语教育教学，依然有许多问题亟待解决。首先，我国外语教育教学中依然存在诸多问题，其根源究竟何在？外语教育教学中进行的汉外语言对比研究具体有哪些作为？这很值得我们进一步探索和思考。其次，还需要思量的是，我国外语教育教学多沿袭国外的二语习得理论，而具有中国特色的外语教育教学本土理论、观点和方法，如本人和李民教授提出的"外语教育学"、文秋芳教授提出的"产出导向法"、王初明教授提出的"续论"等，在我们的课堂教学中怎样才能得到有效的利用并发挥真正的作用？最后，外语学习中的情感认知与社会大环境有何具体关联？"课堂思政"元素与情感认知有何交互作用？所有这些问题都需要我们进一步审视和深思。我相信，只要能进一步挖掘研究的深度并拓展研究的广度，我们一定能构建出一套更加贴合我国实际的外语教育教学理论和实践体系。

写于北京外国语大学

2023 年春

目　　录

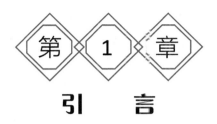

第 1 章

引 言

　　本书综合运用问卷调查、教学干预及访谈等研究方法，基于学习者个体差异因素中的外语学习动机、认知学习风格、外语学习歧义容忍度、外语学习焦虑等情感认知因素，结合输入加工教学、"呈现—操练—输出"（present-practice-produce）教学法（简称"传统 3P 语法教学"）及基于"续论"的续作等外语教学模式，聚焦不同外语学习情感之间的关系、外语学习情感与教学方法之间的关系、外语学习情感与年龄和性别之间的关系，多维分析不同情感和教法条件下外语学习者的学习成效，揭示二语信息加工中情感、环境和社会认知等因素的动态发展。

　　学习既属于能力范畴，也属于情感认知领域（皮连生，2003），还属于脑机制加工过程（VanPatten，2014），更属于不同教学模式下的多种社会因素交互作用的动态变化过程（Chang & Zhang，2021；de Bot，Lowie & Verspoor，2007）。学习者的外语学习涉及社会、文化、心理等诸多因素（张素敏等，2021），与学习者的内部因素和外部因素均相关，是动机、认知和情感相互作用的动态复合体（Dörnyei，MacIntyre & Henry，2015a）。外语学习动机、外语学习歧义容忍度及外语学习焦虑等情感认知因素显著影响学习者的注意机制、输入加工及输出加工，是影响学习者外语学习效果的重要因素（Jegerski & VanPatten，2014；戴炜栋和束定芳，1994a，1994b；王初明，2001；张素敏和王桂平，2006），而学习者外语学习效果的动态变化反过来也会影响学习者的情感认知（S. M. Zhang & L. J. Zhang，2021；张素敏，2023）。此外，不同的教学模式会形成不同的教学显性/隐性环境，会不同程度地影响学习者的情感认知，影响学习者的显性/隐性信息加工（N. Ellis，2005），进而影响学习者的整体外语学习效果（Andringa，de Glopper & Hacquebord，2011；VanPatten，2004a，2004b；王初明，2016，2020a）。

　　鉴于此，本书从学习者、教师及环境三个角度对学习微观系统和宏观系统进行分类分析，具体涉及三个方面：①外语学习动机、外语学习焦虑、外语学习歧义容忍度等学习者及教师情感认知因素；②输入加工教学、传统 3P 语法教学及基于"续论"的续作等不同教学模式；③"学生中心""教师中心""教师与学生双中心"以及线上教学与线下教学等不同教学模式与模态。围绕英语第三人称单数一般现在时、一般过去时、被动语态等语法项目，以及听力、听写、完形填空、阅读理解、写作等不同学习技巧，综合分析在以学习者内部因素为主的微观环境与不同教学模式下的宏观社会环境和语境的交互作用下，学习者的语言与情感动态的发展及影响因素。

动机是个体行为的内部动力，它是个体以一定方式引起并维持其行为以满足需要的内部心理倾向（皮连生，2003），外语学习动机则是与外语学习特殊相关的一种情感因素（Gardner，2010）。不同外语学习动机水平者的学习目标、态度及努力程度等存在差异，显著影响学习者对外部输入的理解、重组与内化（Dörnyei，2009；张素敏和陈先奎，2015；张素敏和赵静，2020）。学习动机对学习结果的影响是通过制约学习积极性来实现的，如果学习结果在学习动机的指引下达到了目标，会对学习者以后的学习行为产生强化作用，而当学习结果没有达到预期的目标时，则会对学习者以后的学习起消极作用，使相关学习行为减少或不再出现（皮连生，2003）。陈琦和刘儒德（2007）也发现，学生在学习结果不理想时，容易对学习失去兴趣，与周围人发生冲突，以及产生痛苦体验等消极情感或情感障碍。这种不和谐的情感反过来又会对学生的学习产生反作用，甚至在学校过于追求升学率或过级率的浪潮中会进一步导致学生在心理上产生激烈的矛盾、对抗或逆反心理，以致失足，造成系列社会问题。基斯·德博特（Kees de Bot）补充说，面对复杂度不同的句法、词汇等，人的大脑有其不同的时间表（timescales），学习动机相应地也会因任务、时间及地点等有其不同的时间表，因而是一个动态的多维体系（de Bot，2015）。因此，学习动机在外语学习中的作用应从动态系统角度结合不同的教学模式及其他社会、情感因素进行多维分析。

焦虑是个体预感到自尊受到威胁时而产生的紧张不安、担心害怕的综合性情绪（Eysenck，1979；Horwitz，1986）。外语学习焦虑是一个影响学习者的学习成效的重要的个体差异因素（Horwitz，2010）。许多研究者从不同的角度研究了外语学习焦虑在外语学习中的作用，发现低外语学习焦虑的学生的情感过滤（affective filter）程度也较低，这有利于学生的二语信息输入加工，而高外语学习焦虑则影响学习者的二语理解和输出（如 Krashen，1985；MacIntyre，2007；秦晓晴和文秋芳，2002；张素敏，2014）。还有研究者（Eysenck，1979；Horwitz，1986；皮连生，2003）发现，个体的外语学习焦虑水平对学习动机的影响受到其学习能力的影响，高外语学习焦虑与低能力的结合容易降低个体的学习动机，并影响其学习效率，多数学生，尤其是高外语学习焦虑的学生都希望降低任务的风险性和提升任务的清晰性。此外，也有研究者发现，特质性焦虑和情景性焦虑在某种程度上与大脑对威胁的感知和察觉相关，会激活不同的脑区（如 Bishop，Duncan & Lawrence，2004；Mogg & Bradley，2002；Spielberger et al.，1983）。认知语言学家认为，所有的语言形式都有其类属，且都与其所特有的物质-社会环境相关，因而所有的语言学习均与形式-意义匹配相关（R. Ellis，2008），均是从语言输入单位向更为抽象的语言图式发展的过程（Tyler，2012）。学习者一旦形成一种认知图式，就会对另一种语言图式产生影响。母语者和非母语者不同的语言背景具体会有怎样不同的形式-意义匹配？不同的教学干预是否会影响学习者的目标语图式的形成？外语学习焦虑对非母语者的信息加工模式具体有哪些作用？这些都是需要进一步研究的问题。

歧义容忍度则是个体或群体在一系列不熟悉的、复杂的或不一致的歧义情景条件下的信息知觉加工方式（转引自 Andersen & Schwartz，1992）。不同的歧义容忍度反映了个体不同的认知倾向。作为一个重要的个体特征，它影响个体所有的认知、情感运行方式和思想态度体系（Budner，1962）。二语习得研究者将外语学习歧义容忍度定义为一种与大胆猜测和尝试相关的认知、情感学习风格，反映了学习者在二语习得过程中对歧义的接受程度，并认为学习者的歧义容忍度与其面对不确定因素时所表现出的应变力、创造力和冒险精神有关（Ely，2002；Reid，2002；张素敏，2007，2012）。外语学习是一个充满歧义的过程，也是一个新的语言建构过程。学习者业已形成的完整语言结构有其特殊的概念、类别、释解及句法图式，会与新习得的语言竞争；学习者业已形成的认知风格也在各方面都先入为主（R. Ellis，2008，2010a；R. Ellis & Cardierno，2009）。歧义容忍度低的学习者是否能克服母语负迁移的影响，顺利形成新的形式-意义匹配和正确的输入释解？对于不同的目标语学习任务，歧义容忍度是否有不同的影响？这些也均是值得探讨的问题。

学习者有关语言学习的想法、情感状态（如学习动机、歧义容忍度）等与教学相关因素相互关联、相互影响，会随着学习者的经历体验的改变而改变，情感认知中的某一因素会随着学习者对其的控制程度而有所不同（R. Ellis，1994a，1994b）。已有研究者发现，不能容忍歧义会使学习者产生焦虑、强迫感、心烦意乱及惶恐等情绪，从而影响学习者的学习成效（如 Dugas，Gosselin & Ladouceur，2001；张素敏和王桂平，2006）。也有研究者发现，学习者的个体差异因素会影响其策略选择和运用，因而影响学习者的外语学习成效（如 Wenden & Ruin，1987；Oxford，1989；Skehan，1991，1998；Ehrman，2000；张庆宗，2004）。但也有研究发现，当感性输入与现有的认知结构存在中等程度的不符时，学习者的学习兴趣最大，而过难的学习任务会损害其学习动机（Berwick & Ross，1989；Crooks & Schmidt，1991）。学习结果的好坏同样也会影响学生的情感领域，学生对以往学习成败的体验是影响其学习动机的一个重要方面（皮连生，2003）。频繁的学习失败容易严重威胁学生的自尊心，使学生产生过度的焦虑，也容易使学生觉得自己的能力不强，认为即使自己再努力学习也无法获得良好的学业成绩，使学生产生学习失助感。这种失助感会使这部分学生的良好心理状态无法持续下去，甚至使其产生不良的情感心理，造成一定的社会性心理问题。学习者情感认知因素的交互影响性说明在外语学习成效分析中不应单一地分析某一种因素的作用，而应该在分析单独效应的同时，综合不同变量进行交互作用分析，以找到这些相互关联的因素的本质特征，更好地了解外语学习中的情感认知等个体性差异因素（Chang & Zhang，2020；Dörnyei，MacIntyre & Henry，2015a；R. Ellis，1994a）。

还需说明的是，虽然越来越多的研究者开始关注外语学习中的学习者情感和认知，但大多研究只是运用问卷调查或课堂干预来分析某一种情感或认知因素，相对缺乏对情感认知因素与不同教学模式的综合分析，不利于从教学模式和社会认知角度全面系统地探析影响外语学习成效的重要因素。社会认知是一个感知、注意、记忆及思索自己和他人的情感/动机的加工过程，是一个多维动态体系（Adolphs，2006），而不同的教学模式也会影响外语学习者的认知情感、能动性及思维模式（王初明，2016，2017，2018，2020a；姜琳、陈燕和詹剑灵，2019；张素敏和赵静，2020）。因此，在传统情感认知问卷调查的基础上，综合国内外不同教学理论如输入加工教学、传统 3P 语法教学及基于"续论"的续作等进行课堂干预，有利于从社会文化及情感认知角度全方位地认识不同认知情感间的关系及其在不同外语教学模式中的作用。

基于以上分析，本书综合运用问卷调查法、教学干预法及访谈法等，从外语学习动机、学习风格与外语学习成效间的关系，外语学习歧义容忍度、外语学习焦虑与外语学习成效之间的关系，以及教学模式与社会环境、情感因素之间的关系等角度出发，多维动态地研究二语信息加工中的社会情感认知。

全书共 9 章，具体内容分布如下。

第 1 章"引言"介绍本书的研究背景、研究意义及研究框架，在介绍和阐释每章主要内容的同时，突出学习者的个体情感差异因素、教学模式和认知模式，综合研究二语信息加工中情感认知因素的价值和意义，并对全书框架进行简介。

第 2 章"外语学习动机与显性信息提取"包括两节，主要探讨外语学习动机与外语学习显性信息提取之间的关系。其中，第 2.1 节"外语学习动机对显性信息加工的作用"以英语一般过去时输入加工教学为例，考察外语学习动机对显性信息加工的作用，发现学习者的外语学习动机显著影响显性信息加工，学习者的学习动机越高，显性信息的作用则越大。第 2.2 节"不同输入模式下外语学习动机的作用"则从外语学习动机角度对比考察输入加工教学与传统 3P 语法教学在语法形式-意义匹配中的效应，发现输入加工教学与传统 3P 语法教学的促学效果虽均与学习者的学习动机显著相关，但前者对任何外语学习动机水平者的促学效果均较显著。

第 3 章"交互式语言教学与错误反馈"包括两节，主要从交互的观点分析二语习得中的交互原则、错误形式及对错误的反馈。其中，第 3.1 节"交互式语言教学认知原则"运用"输入假设""输出假设""关键期假设""交互假设""续论"等相关二语习得理论分析课堂交互中的认知原则，指出在中国外语学习语境下如何针对学习者的认知特点进行交互式外语教学。第 3.2 节"二语习得中的错误分析与学习者情感认知"从错误的产生阶段、类型及原因等方面探析错误分析在外语教学过程中的作用和意义；同时指出，在错误归类标准、研究方法和纠错态度三个方面存在不可控的主观因素，因此很有必要在错误表层下探索深层的语境及情感因素。同时，基于分析，笔者认为，学习者的错误根据其发展阶段可划分为阶段性错误和障碍性错误。

第 4 章"语言概念信息加工"包括三节，主要包括认知语言学视角下的概念性迁移研究、母语背景和语境对时间概念加工的影响，以及汉英双语加工中的概念迁移（concept transfer）与概念化迁移（conceptualized transfer）。第 4.1 节"认知语言学视角下的概念性迁移研究"主要从认知语言学角度分析概念的跨语言影响。首先，该节介绍了概念及概念性迁移的定义及分类，比较了语言相对论（linguistic relativity）、言为心声假说（Thinking for Speaking Hypothesis）与概念性迁移假说（Conceptual Transfer Hypothesis）；其次，从概念迁移和概念化迁移两部分出发，详细探讨概念性迁移的研究方法及应注意的问题；最后，提出认知语言学视角下的概念性迁移不仅有利于概念性迁移在二语习得研究领域的自主性、系统性和完整性，还可以为我国外语学习者的"隐性不地道"现象提供理论释解。第 4.2 节"母语背景和语境对时间概念加工的影响"通过对比英语母语者、英语二语（English as second language，ESL）学习者及英语外语（English as a foreign language，EFL）学习者的英语一般过去时概念的形式-功能匹配，分析母语迁移和语境在时间概念加工中的作用，得出以下结论：①母语者和非母语者在根据实词加工英语一般过去时概念上不存在显著差异，但前者显著倾向于根据语法标记来进行一对一匹配加工，而后者则倾向于同时根据实词+语法标记来进行多对一

（multifunctional）匹配加工；②目标语语境下的 ESL 学习者比母语语境下的 EFL 学习者更接近母语者的时间概念加工。基于此，笔者认为，学习者的时间概念加工中存在意义优先原则（Primacy of Meaning Principle）；目标语语境在一定程度上能促使学习者的时间概念加工更接近母语者水平。第 4.3 节"汉英双语加工中的概念迁移和概念化迁移"运用概念性迁移假说区分概念和概念化，基于 31 个短视频产出的 2005 个运动事件描述，综合考察中国英语学习者的中英文运动事件焦点、路径及背景识解，分析概念性迁移产生的方向及迁移域，得出以下结论：①中英文焦点描述（expressions）无显著差异，但在冠词使用上存在系统性偏误（deviance）；②在英文路径描述中，路径附加语产出过度；③中英文均显著较多地表达背景终点，但中文背景起点表达显著较多。这些发现表明，母语-目标语之间产生双向概念性迁移的方向及迁移域存在差异：母语向目标语的迁移易发生在语法、词汇层面，目标语向母语的反向迁移则易发生在句法层面。

第 5 章"不同信息加工中的外语学习歧义容忍度"包括三节，在对外语学习歧义容忍度研究进行梳理的同时，分析了外语学习歧义容忍度在不同外语学习任务中的作用。其中，第 5.1 节"歧义容忍度研究 60 年多维回顾"对过去 60 年国内外的歧义容忍度研究进行评析。该节首先从心理学角度对歧义容忍度的界定、测量和相关变量等相关研究进行梳理，然后从"学"和"教"两个层面分析歧义容忍度与二语习得关系研究的特点和存在的问题，最后指出歧义容忍度与学习者的认知心理、母语、文化、语言学能等方面相关，是一个动态的发展体系。第 5.2 节"歧义容忍度与外语阅读图式理论"运用克里斯托弗·埃利（Christopher Ely）编制的外语学习歧义容忍度量表（Ely，2002），以 164 名某普通高校英语专业学生为测试对象，基于图式理论分析歧义容忍度对阅读理解的影响。研究结果显示：与低歧义容忍度者相比，具有高歧义容忍度的英语学习者更容易形成正确的阅读图式。研究启示如下：外语教师在阅读教学中应适当强化学生的歧义容忍度，培养学生的分析、猜测、推理和判断能力，使学生形成正确的图式，从而提高阅读能力。第 5.3 节"不同外语学习任务中的歧义容忍度"研究了外语学习歧义容忍度与不同外语学习任务间的关系，得出以下结论：①中、高歧义容忍度学生的总体学习成效、听写和阅读成绩显著优于低歧义容忍度学生；②中歧义容忍度学生的写作成绩显著优于低歧义容忍度学生；③高、中、低歧义容忍度学生在听力、词汇、完形填空和语法部分则不存在显著差异。据此，笔者认为，歧义容忍度对外语学习总体成效有显著影响，并且其影响因目标语习得的不同任务类型而存在一定的差异。

第 6 章"外语学习歧义容忍度与外语学习焦虑"包括三节，在分析外语学习焦虑与外语学习成效之间关系的基础上，进一步分析外语学习歧义容忍度与外语学习焦虑之间的关系。第 6.1 节"外语学习焦虑与外语学习成效"探析我国外语学习者的焦虑状况，以及不同的外语学习焦虑水平与外语学习成效之间的关系，发现在我国外语学习环境下，在听写、听力、完形填空、语法、阅读、写作等不同的学习任务中，学习者的外语学习焦虑对学习成效具有不同程度的影响。第 6.2 节与第 6.3 节则通过量表的形式探讨了外语学习歧义容忍度和外语学习焦虑这两个情感认知因素之间的关系。第 6.2 节"外语学习歧义容忍度和外语学习焦虑的城乡及性别差异"从社会教育背景及性别角度，对城乡不同英语学习者的外语学习歧义容忍度和外语学习焦虑进行调查分析，结果显示，外语学习歧义容忍度和外语学习焦虑存在强相关关系，来自城市的学生与来自乡村的学生相比歧义容忍度偏低。第 6.3 节"外语学习焦虑在外语学习歧义容忍度与英语学习成绩之间的中介作用"探讨了外语学习焦虑在外语学习歧义容忍度和英语学习成绩之间的中介作用，得出以下结论：①高、中、低不同外语学习歧义容忍度的学生在外语学习焦虑水平上存在显著差异；②外语学习焦虑在外语学习歧义容忍度和英语学习成绩之间有完全中介作用，即外语学习歧义容忍度对英语学习成绩的影响通过个体在英语学习过程中的焦虑感起作用。

　　第 7 章"信息加工中的教学模式与个体差异因素"包括四节，主要通过不同的教学干预方法探讨学习者的情感认知因素与外语学习之间的关系。第 7.1 节"不同教学模式下的外语学习焦虑干预"对网络多媒体教学中不同教学模式下的外语学习焦虑干预成效进行研究，发现与以"学生"或"教师"为单一中心的教学模式相比，兼顾"学生"和"教师"两个中心的教学模式最有利于学习者外语学习焦虑的降低；以"教师"为单一中心的教学模式最不利于学习者外语学习焦虑的降低。第 7.2 节"学习者因素对教师话语的作用"采用话语录音的方式，以转写和标注过的文字材料为语料，运用 AntConc 3.2.0 统计软件，对一对双胞胎在辅导过程中的领会提取（uptake）、反面及正面态度等进行描述，并从总辅导时间、母语使用、批评/表扬话语、语料总话轮数及显性/隐性反馈等方面，分析学习者情感态度因素对教师话语的作用。第 7.3 节"外语学习成效对个体差异因素的作用"以民办高校和普通高校的学生为被试，对比高、低不同英语水平学习者的学习成绩、外语学习焦虑和外语学习歧义容忍度三者之间的关系，得出以下结论：普通高校较高英语水平学习者的学习成绩和外语学习歧义容忍度显著高于民办高校较低英语学习水平者；普通高校较高英语水平学习者的外语学习焦虑水平显著低于民办高校较低英语学习水平者。然后，分析普通高校、民办高校不同英语水平学习者的外语学习焦虑、外语学习歧义容忍度与英语总分和各部分成绩的相关情况发现，外语学习焦虑、外语学习歧义容忍度与英语总分和各部分成绩之间相关与否，很可能取决于学习者的英语学习水平的高低。对于英语学习水平较高的学习者而言，三者之间很可能不相关；对于英语学习水平较低的学习者而言，三者之间的相关性则较大。第 7.4 节"语料、情感和策略对英语自主学习能力的作用"从定量和定性两个角度探索即时语料输入、情感干预和策略培训对英语自主学习能力的作用，发现即时语料输入和情感干预有利于降低学生的情感过滤。

第 8 章"信息输入模式与有效外语教师培训"包括四节，聚焦于输入加工教学和传统 3P 语法教学这两种基于形式（focus on forms）的外语教学模式，深入分析在不同的语法项目学习中不同输入模式的识解及输出效果，并针对我国英语教师的教学与研究现状，从教师内部因素和食宿、费用等社会外部因素对教师培训的有效性进行考察。第 8.1 节"输入加工教学和传统 3P 语法教学的累积训练迁移效应对比"、第 8.2 节"输入加工教学和传统 3P 语法教学的主要/直接效应及二次训练迁移效应对比"、第 8.3 节"分词形容词学习中的输入加工教学和传统 3P 语法教学效应对比"均发现，侧重干预学习者认知情感的输入加工教学更有利于优化学习者的认知心理和促进学习者的语法形式-意义匹配。这几节的研究结果同时显示，在输入加工教学中，显性信息及结构化输入练习之间的促学效果均与学习者的外语学习动机等情感因素相关。第 8.4 节"基于实践的高校外语教师培训有效性评价"基于课题教学及培训评价理论和高校英语教师培训实践，制定了包括培训者、组织者、被培训者互动、被培训者主动性及设施和服务这五个主因子的高校英语教师培训有效性评价量表，并进一步分析了被培训者的性别、年龄、教龄、学位、职称等个体差异因素对高校英语教师培训有效性评价量表五个主因子的影响，不仅能为量化高校外语教师培训的有效性评价提供一个参考模式，还有利于促进外语教师教育实践和理论发展。

第 9 章"总结与展望"总结全书，并指出进一步的研究方向。首先，该章在综合分析全书主要研究问题和结果的同时，指出外语学习动机、学习风格、外语学习歧义容忍度及外语学习焦虑等情感认知因素相关量表的设计与分析，以及认知角度研究中相关仪器的选取与数据分析及相关变量的控制等是外语学习情感认知因素研究中应注意的事项；其次，强调指出采用混合型研究方法（mixed-methods research）着重从认知神经心理角度开展动态系统研究是进一步的研究方向。

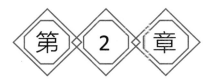

外语学习动机与显性信息提取

本章主要探讨外语学习动机与外语学习显性信息加工之间的关系。第 2.1 节"外语学习动机对显性信息加工的作用"以英语一般过去时输入加工教学为例，考察外语学习动机对显性信息加工的作用；第 2.2 节"不同输入模式下外语学习动机的作用"则对比了形式-意义匹配中，输入加工教学与传统 3P 语法教学对不同外语学习动机水平者的作用有何异同。

2.1 外语学习动机对显性信息加工的作用[①]

2.1.1 引言

输入加工教学是一种基于输入和学习者认知心理的显性语法教学模式，提倡通过显性信息和结构化输入练习来优化学习者的语法形式-意义匹配（VanPatten & Cadierno，1993a）。尽管输入加工教学的有效性已经得到了初步的证实（如 VanPatten & Cadierno，1993a；Lee & Benati，2013a，2013b；冯辉和张素敏，2012；张素敏，2013a，2014），但其教学效果的归因却值得进一步思考。具体来说，输入加工教学在语法形式-意义匹配中的效果是归因于显性信息还是归因于结构化输入练习？虽然有学者对此进行了探索，但尚未形成统一的结论。

目前研究者只是从教法和语言层面分析了输入加工教学中显性信息的作用，而有关外语学习动机对显性信息加工的影响的研究还比较匮乏。不同外语学习动

---

① 本节部分内容引自《外语学习动机对显性信息加工的作用研究》，原载于《外语界》（2015 年第 2 期，第 44-52 页，作者：张素敏和陈先奎）。

机水平者的学习目标、态度及努力程度等存在差异，这些因素显著影响学习者对显性信息的注意及内化（Gardner，1986，2010；Dörnyei，2007，2019）。因此，有必要从外语学习动机角度来进一步分析显性信息加工的作用。另外，国内外关于输入加工教学中显性信息的作用的研究大都选取学习者以前学过的语法项目进行分析。选取旧的语法项目可能会影响研究结果，原因是学习者对显性信息的主观感知与其旧的语法知识体系相关，在学习新、旧语法项目的过程中，显性信息可能会发挥不同的作用（Toth，Wagner & Moranski，2013）。为了更好地探讨显性信息的作用，有必要选取学习者初次接触的语法项目开展教学实验。但遗憾的是，从外语学习动机角度出发，关于输入加工教学对新语法项目学习效果的影响的研究比较缺乏（Han & Liu，2013），不利于准确分析显性信息在新语法项目学习中的促学效果，也不利于结合情感因素来进一步分析输入加工教学中显性信息的作用及其影响因素。

　　鉴于此，本节选取国内初级外语学习者首次接触的语法项目之一——英语一般过去时为语法研究项目，通过输入加工教学实验来考察外语学习动机对显性信息加工的影响。此方面探讨有利于从学习者的个体情感角度丰富输入加工教学中显性信息的作用研究；同时，也有助于教师进一步关注学习者的个体情感差异与教学模式间的匹配情况。

2.1.2　研究背景

2.1.2.1　显性信息在输入加工教学中的作用

　　目前输入加工教学中显性信息的作用研究，涉及不同母语的被试和目标语研究项目，使用的测试方法主要有离线测试和在线测试两种。采用离线测试方法的研究开始得相对较早。比尔·范柏腾（Bill VanPatten）和特蕾莎·卡蒂诺（Teresa Cadierno）首次把显性语言信息作为单独的自变量，通过句子层面的解释题和输出题，研究了英国高中生对西班牙语宾格代词的学习情况（VanPatten & Cadierno，1993b）。研究发现，结构化输入练习本身就能增加学习者的显性知识，因而他们认为没有必要讲解显性信息。此后，许多研究者针对不同的被试和目标语项目，进一步研究了显性信息的作用。大多数研究支持范柏腾和卡蒂诺的结论，认为输入加工教学中没有必要讲解显性信息。也有研究者以美国大学生为被试，以西班牙语宾格代词为语法研究项目，发现显性信息的作用并不显著（Sanz，2004）；还有一些研究者以英国大学生为被试，分别以西班牙语宾格代词和虚拟语气为语法研究项目，也发现显性信息的作用不显著（Sanz & Morgan-Short，2004；Farley，2004a）；同样以英国大学生为被试，亚历山德罗·贝纳蒂（Alessandro Benati）（Benati，2004）和莉莲·黄（Lillian Wong）（Wong，2004）分别以意大利语第三人称将来时和法语否定结构中的 de/d 形式为研究项目，发现输入加工教学中显性信息不起作用。张素敏（2013b）以中国英语学习者为被试，以英语第三人称单数一般现在时为研究项目，发现显性信息对初中生和高中生有不同的作用，并认为实验前学习者的语法研究项目显性知识会影响显性信息在输入加工教学中的作用。鉴于前人大多是以学过的旧语法项目为研究焦点，笔者认为有必要针对学习者首次接触到的语法项目，进一步探讨显性信息在输入加工新语法项目教学中的作用。

　　使用在线测试方法的研究近年来才开始出现。有研究者以学习西班牙语的美国大学生为被试，运用计算机记录学习者在每个测试项目中的反应时间和准确率，分析了显性信息的作用（Fernández，2008）。分析结果显示：在虚拟语气学习中，显性信息组的成绩较好；在词序学习中，显性信息组和非显性信息组之间无显著差异。针对这一研究，有研究者采用类似的方法，以英国大学生为被试，以兼具 SVO 和 OVS 词序的德语使令性冠词格标记为研究对象，重新探析了显性信息在输入加工教学中的作用（Henry，Culman & VanPatten，2009），发现显性信息组在反应时间和准确率上都显著优于无显性信息组。还有研究者采用两项眼动实验测试了 ESL 学习者是否从输入方式的一致性（指听觉而非书面输入加工培训）中受益，以及是否从使用与测试语音相同的语音培训中受益（Kiwako & Wong，2019）。该研究结果证实，输入加工训练能增强学习者进行图片选择时的准确性，但训练方式是否一致对准确性没有显著影响：听觉输入加工培训与书面输入加工培训一样有效，但是并不能立即增强学习者对语法提示的敏感性。需要指出的是，这一研究只是测试了不同输入模态之间的差异，并没有测试显性信息对输入加工结果有无影响。综合上述研究发现，输入加工教学中显性信息的作用很可能与目标语研究项目相关，但目前相关探讨尚不充分，需要基于不同的语法项目进行进一步的分析。

2.1.2.2　外语学习动机与显性信息

　　外语学习动机通常指外语学习者为实现外语学习目标所做出的选择及为此付出的努力，包含学习者的外语学习渴望、态度及努力程度等，综合体现了学习者的认知、情感和行为等特征（Gardner，2010）。虽然不同研究者把外语学习动机分为工具性/融入性动机、内在/外在动机或语言学习/语言课堂动机等不同的类别，但都认为外语学习动机对学习风格、学习策略、元认知意识及自我效能感等重要的学习者个体因素有显著影响，直接关系到学习者对教材、教法、学习任务的掌握及其对显性信息的深层加工（Dörnyei，2009）。如果学习者本身的外语学习动机较低，没有英语学习兴趣和渴望，不愿付出努力，那么无论采用什么样的输入形式，都不会显著提升学习者对显性信息的注意与提取能力（Gass & Selinker，2008；戴炜栋和束定芳，1994a）。因此，在考察显性信息在输入加工教学中的作用时，需要考虑到学习者的外语学习动机。应用语言学及对外英语教学（Teaching English to Speakers of Other Languages，TESOL）领域多囿于传统的认知方面的学习动机探索，缺乏基于课堂教学的研究（Benesch，2012），所以应从学习动机角度来拓宽输入加工教学中显性信息的作用研究。

此外，研究者一般认为学习者知识可分为隐性知识和显性知识两种，并认为语法规则讲解等显性信息能显著提升学习者对语法形式的注意，促进隐性知识和显性知识间的转化（N. Ellis，2005；R. Ellis，2005，2010a，2010b）。显性信息对学习者语法意识的提升作用取决于任务测试的是隐性知识还是显性知识（El-dali，2009）。并且不同外语学习动机水平者学习目标的设定、学习态度及为目标实现而付出的努力存在差异，显著影响显性信息的作用，关系到学习者的隐性知识体系和显性知识体系的建构及相互转化（Dörnyei，2007）。因此，有必要从隐性知识和显性知识两个方面来观察输入加工教学中外语学习动机对显性信息加工的影响。

基于上述分析，本节拟以英语一般过去时输入加工教学为例，分析在首次接触的语法项目学习中，学习者的外语学习动机对显性信息加工的影响。之所以选择英语一般过去时为测试目标，首先是因为英语是中国学校受众最广的外语语种，而一般过去时在英语语法中具有重要的基础性地位，其次是因为被试尚未学习一般过去时，这可以保证它是被试首次接触到的语法项目。

本研究具体回答以下问题：

（1）英语一般过去时输入加工教学中，学习者的外语学习动机是否与隐性信息知识和显性信息知识相关？

（2）输入加工教学中，显性信息在隐性知识和显性知识中的作用是否受到外语学习动机的影响？

2.1.3　研究设计

2.1.3.1　被试

被试是来自某中学 4 个自然班的共 253 名初中一年级学生，平均年龄 12.3 岁，男生 130 名，女生 123 名。背景信息调查显示，被试全部是住校生，均未参加课外辅导班，均是首次接触目标语的研究对象，前测成绩均为 0 分。被试自愿参与所有测试及教学干预。

2.1.3.2　数据收集方法、步骤与分析

数据收集通过外语学习动机问卷调查和教学实验的方式获得。外语学习动机问卷根据佐尔坦·德尔涅伊（Zoltán Dörnyei）（Dörnyei，2007）和高一虹等（2003）的量表改编而成。本节中，量表的 Cronbach's α 系数为 0.94，说明该量表的内在一致性较好，有较高的信度。参考秦晓晴（2003）的研究，研究者根据 253 名被试中学习动机前 25% 和后 25% 的得分来确定高、中、低不同动机水平。

首先，研究者对某校 10 个平行班进行外语学习动机问卷调查，然后根据问卷调查结果，随机抽取两个高外语学习动机班和两个低外语学习动机班，并随机配对分组。其次，对被试进行前测以确保被试对目标语研究对象是首次接触。最后，进行输入加工教学实验。实验 1 中，两个班的外语学习动机差异显著（$t = 3.42$，$p < 0.001$），选取高外语学习动机班（均值为 141.77）为显性信息组，低外语学习动机班（均值为 127.64）为无显性信息组。实验 2 中，两个班的外语学习动机差异显著（$t = -4.76$，$p < 0.001$），选取低外语学习动机班（均值为 109.39）为显性信息组，高外语学习动机班为无显性信息组（均值为 131.19）。两个教学实验随堂进行，各持续两个课时共 80 分钟，由任课教师经研究者培训后施测。任课教师给显性信息组讲解一般过去时规则，并提醒学习者不要依赖实词如 yesterday、ago、last year 等，而是根据词尾形态-ed、-d 来判断过去时态，然后进行结构化输入练习，以强调学习者对形态词素的注意（详见张素敏，2014）。无显性信息组只进行结构化输入练习。

教学干预结束后，研究者根据尼克·埃利斯（Nick Ellis）对隐性知识和显性知识的测量（N. Ellis，2005），通过限时写作题（根据小规模初步测试，限时 8 分钟）和不限时的语法判断改错题测试来分别获得被试的隐性知识和显性知识。写作题根据被试写作中语法研究项目（共 10 个）出现的个数来计分（重复出现的研究项目不累计计分），每个 1 分，得分范围为 1—10 分；10 个语法判断改错题中，5 个句子含相应语法项目，被试每句判断正确得 1 分，修改正确再得 1 分，得分范围为 1—10 分；另外 5 个不含考察项目的句子为干扰项，不计分。最后，运用 SPSS 19.0 进行统计分析，具体包括相关分析、方差分析和独立样本 t 检验。

2.1.4 数据分析

2.1.4.1 外语学习动机与隐性知识和显性知识之间的关系

表 2.1.1 显示，学习者的外语学习动机与写作题成绩和语法判断改错题成绩都呈显著正相关，相关系数分别为 0.14 与 0.19；写作题成绩和语法判断改错题成绩呈显著正相关，相关系数为 0.71。这一研究发现表明，学习者的隐性知识和显性知识相关，均受到学习者外语学习动机的影响。

表 2.1.1 外语学习动机、写作题及语法判断改错题成绩相关分析结果

变量	外语学习动机	写作题成绩	语法判断改错题成绩
外语学习动机	1		
写作题成绩	0.14*	1	
语法判断改错题成绩	0.19*	0.71**	1

注：*表示在 0.05 水平（双侧）上显著相关；**表示在 0.01 水平（双侧）上显著相关，全书余同

为了进一步分析外语学习动机对学习者的隐性知识和显性知识的作用，下面对高、中、低不同外语学习动机水平者的写作题和语法判断改错题成绩进行方差分析。表 2.1.2 显示，高、中、低不同外语学习动机水平者的写作题成绩差异显著（$F = 2.90$，$p < 0.05$），语法判断改错题成绩差异显著（$F = 4.09$，$p < 0.05$）。多重比较结果显示，高、中外语学习动机水平者的写作成绩（均值分别是 2.61、2.08）显著高于低外语学习动机水平者的写作成绩（均值为 0.84）；高、中外语学习动机水平者的语法判断改错题成绩（均值分别是 1.87、1.30）显著高于低外语学习动机水平者的语法判断改错题成绩（均值为 0.50）。研究结果进一步回答了研究问题一，表明隐性知识和显性知识均受到学习者外语学习动机的影响，即学习者的外语学习动机越高，其隐性知识和显性知识水平就越高。

表 2.1.2 三组外语学习动机水平者的写作题和语法判断改错题成绩方差分析及多重比较结果

变量	外语学习动机	均值	标准差	F	多重比较结果
写作题成绩	高	2.61	3.60		
	中	2.08	3.63	2.90*	高>低* 中>低*
	低	0.84	2.38		
语法判断改错题成绩	高	1.87	2.64		
	中	1.30	2.21	4.09*	高>低** 中>低*
	低	0.50	1.43		

2.1.4.2　外语学习动机对显性信息加工的影响

表 2.1.1 和表 2.1.2 表明学习者的隐性知识和显性知识受到学习者外语学习动机的显著影响，下面通过分析不同外语学习动机水平下，有显性信息组和无显性信息组学习者的写作题及语法判断改错题成绩，以进一步分析学习者的外语学习动机对显性信息加工的影响。

表 2.1.3 显示，当有显性信息组的外语学习动机显著高于无显性信息组时，写作题和语法判断改错题测试成绩独立样本 t 检验结果表明，有显性信息组的写作题成绩和语法判断改错题成绩（均值分别为 1.84、1.69）都显著优于无显性信息组（均值分别为 0.06、0.33）（$t = 4.61$，$p < 0.001$；$t = 4.12$，$p < 0.001$）。研究结果说明，当学习者的外语学习动机较高时，输入加工教学中的显性信息显著增加了学习者的显性知识和隐性知识。

表 2.1.3　有显性信息组的外语学习动机显著高于无显性信息组时测试成绩独立样本 t 检验

变量	组别（实验一）	n	均值	标准差	t	p
写作题成绩	有显性信息组	67	1.84	3.16	4.61***	0.000
	无显性信息组	66	0.06	0.24		
语法判断改错题成绩	有显性信息组	67	1.69	2.49	4.12***	0.000
	无显性信息组	66	0.33	1.01		

注：***表示在 0.001 水平（双侧）上显著相关，全书余同

表 2.1.4 则显示，当有显性信息组的外语学习动机显著低于无显性信息组时，其写作题和语法判断改错题测试成绩独立样本 t 检验结果表明，虽然有显性信息组的写作题成绩和语法判断改错题成绩（均值分别为 3.56、1.86）均高于无显性信息组（均值分别为 2.56、1.35），但差异均不显著（$t = 1.34$，$p > 0.05$；$t = 1.13$，$p > 0.05$）。研究结果说明，当学习者的外语学习动机较低时，输入加工教学中的显性信息对学习者的显性知识和隐性知识均作用不显著，即对于外语学习动机较低的学习者而言，无论是否进行显性信息输入，其学习成效都不会发生质的变化。

表 2.1.4　有显性信息组的外语学习动机显著低于无显性信息组时测试成绩独立样本 t 检验

变量	组别（实验二）	n	均值	标准差	t	p
写作题成绩	有显性信息组	55	3.56	4.38	1.34	0.182
	无显性信息组	65	2.56	3.67		
语法判断改错题成绩	有显性信息组	55	1.86	2.32	1.13	0.260
	无显性信息组	65	1.35	2.49		

　　表 2.1.3 和表 2.1.4 综合回答了研究问题二，表明显性信息在输入加工教学中的作用受到学习者学习动机的显著影响，即当学习者的外语学习动机较高时，显性信息会显著增加学习者的显性知识和隐性知识；而当学习者的外语学习动机显著较低时，显性信息在输入加工教学中的作用不显著。

2.1.5　讨论

　　一方面，本节研究结果显示，外语学习动机显著影响学习者的隐性知识和显性知识。这一研究结果丰富了输入加工教学中的个体差异因素研究，说明输入加工教学不仅受到学习者的母语、性别及年龄等因素的影响（Lee & Benati，2013a，2013b），也同样会受到学习者外语学习动机的影响。同时，本节内容为前人相关研究提供了实证支持（Gardner，1986；Dörnyei，2009；戴炜栋和束定芳，1994a；王初明，1991），进一步表明学习者的外语学习动机显著影响学习者的显性知识和隐性知识增长，是外语/二语学习中的一个重要个体差异因素。此外，研究结果还说明在分析输入加工教学效应时，应考虑到外语学习动机这一情感因素的影响。

　　本节研究结果还支持尼克·埃利斯（N. Ellis，2005）和苏建红（2012）等的研究结论，即学习者的隐性知识和显性知识呈显著正相关，存在相互促进或制约作用。有接口理论在一定程度上解释了二者间的相关关系。虽然隐性知识和显性知识的内部类型结构和加工机制在人脑中的运行存在差异（Roehr，2010；Gutiérrez，2012），但强式和弱式有接口理论都认为隐性知识和显性知识在一定条件下相互作用并可以互相转化（N. Ellis，2005；R. Ellis，2010a，2010b）。此外，输入加工教学方式也部分解释了二者间的强相关性。输入加工教学对学习者进行有交际意义的输入强化，引导学习者根据语法形式词来匹配语法形式-意义（VanPatten & Cadierno，1993a；Lee & Benati，2013a）。这种相对真实、充分及可理解的输入，有利于提升学习者在认知上对语法形式的注意、内化及输出，并且在提升学习者的显性知识和隐性知识的同时，相对有利于显性知识与隐性知识间的转化，促进目标语学习的自动生成。

　　需要指出的是，与其他研究（如 Benati，2004；Sanz，2004；Wong，2004）中的后测成绩相比，本节中的后测成绩偏低。原因可能是在本节研究中，语法研究项目是学习者首次接触到的语法项目，相对于其他研究中的旧知识来说，被试接触频次较少；测试材料是语法判断改错题和写作题，相对于其他研究（如 Benati，

2004；Sanz，2004）中句子层面的理解判断题和单词填空题来说，难度较大。由于输入频次、语法项目难度和测试手段等均影响学习者在语法、句法、词素等方面的加工，与隐性学习和显性学习都相关（N. Ellis，2005；R. Ellis，2010b，2010c），因此可以初步推断偏低的测试成绩也许和本节中新的语法研究项目和较难的测试材料相关。此外，本节中的被试是英语水平很低的初中一年级学生，背景调查显示，学习者均只是在课堂上接触英语，英语接触时间仅有 4 年左右，与贝纳蒂（Benati，2004）及黄（Wong，2004）等研究中的二语大学生学习者相比，存在一定的认知差异。此外，年龄也是目标语学习中的一个重要因素（文秋芳，2010）。因此，被试的不同年龄、认知等因素也部分解释了本节中较低的后测成绩。

另一方面，本节研究结果显示，学习者的外语学习动机显著影响其对显性信息的加工。外语学习动机在二语/外语学习中的重要作用在一定程度上解释了学习动机对显性信息作用的影响。外语学习动机包括目标确定、努力程度、实现目标的愿望及对待问题的态度等四个方面（Gardner，1986；Benesch，2012）。它不仅影响学习者的学习策略使用（Oxford & Nyikos，1989），还影响学习者的深层信息加工能力，直接关系到学习者的外语学习成效（Gardner，2010）。高外语学习动机水平者对显性信息输入往往持积极态度，善于采用不同的策略和运用不同的学习风格增强对显性信息的注意、加工与提取；低外语学习动机水平者则往往缺乏内在学习兴趣，并且不善于使用学习策略，不仅学习能力薄弱，缺乏自信心，还比较容易产生自责、自贬等消极情感和学习倦怠现象，为实现目标而付出的持续努力也相对较少（Dörnyei，2009；周慈波和王文斌，2012）。低外语学习动机水平者这种较低的努力程度和较高的情感过滤会直接影响其对显性信息的注意、理解、记忆和提取（Deci & Ryan，2000），因而会不利于其显性知识和隐性知识的增加。

显性信息的性质也较好地解释了外语学习动机的影响作用。显性信息是外语教学中的一个重要组成部分，能增强输入的可理解性和学习者对语法形式的注意，有利于学习者深入地理解语法项目（Fordyce，2014）。但显性信息往往是脱离语境的、孤立的语法规则讲解，不是真实的、以交际为目的的有意义输入，相对于基于意义的结构化输入练习来说比较枯燥、烦琐（VanPatten，2007），需要学习者具有较高的学习动机，以及积极的、持续的努力，才能内化（Deci & Ryan，2000）。低外语学习动机水平者较低的内在学习兴趣、努力程度、注意力及实现目标的愿望等会影响其对显性信息的负荷能力（Gardner，1986；Dörnyei，2009），而如果语法规则讲解等显性信息超出了学习者的认知负荷，其作用就会不明显（Roehr，2010）。因此可以推断说，高、低不同学习动机水平者的不同认知负荷能力影响了显性信息在隐性知识和显性知识中的作用。

外语学习动机对显性信息加工的显著影响对外语教学与研究具有重要的启示意义。其一，教师选择讲授显性信息时，应适当考虑到学习者的个体情感，思考如何使显性教学模式有利于增强学生的学习动机，尽量做到教学模式与学习者的学习情感需求相匹配；其二，教师在反思分析教学模式的效应时，也应注意到学习者的学习动机等情感因素，进行多维全面的思考，以避免孤立割裂地就学习方法而论学习方法，得出片面的甚至错误的结论；其三，鉴于外语学习动机显著影响学习者对显性信息的加工，并影响其隐性知识和显性知识的增长，教师还应针对不同的动机类型及其促学效果采取相应措施，干预学习者的外语学习动机，进而提升学习成效。

2.1.6　结语

本节以英语一般过去时的输入加工教学为例，考察外语学习动机对显性信息加工的影响。研究结果表明，显性信息的作用受到学习者外语学习动机的影响。当学习者的外语学习动机较高时，显性信息的促学效果明显；当学习者的外语学习动机较低时，有无显性信息则差异不显著。本节从外语学习动机、语法研究项目及测试方法等方面丰富了输入加工教学中显性信息的作用研究。但需指出的是，本节只是基于我国学习者英语一般过去时输入加工学习，研究了外语学习动机对显性信息的作用。鉴于显性信息的作用与目标语研究项目的规则原型性（prototypicality of the rule）、凸显度（salience）、可加工性（processability）等相关（R. Ellis，2010a，2010c），且不同母语对信息加工有不同的迁移作用（Han & Liu，2013），因此本节的结论是否适合输入加工教学中其他语法项目的学习或其他母语学习者尚需进一步实证检验。

还需说明的是，学习者的个体差异因素还涉及工作记忆、外语学习焦虑及外语学习歧义容忍度等（Dörnyei，2009；张素敏，2011），而本节仅从外语学习动机角度研究了学习者对显性信息的加工。随着心理学派和社会文化学派将学习者作为整体的"人"的多元、动态关注，个体差异因素在外语学习中的作用日益受到研究者的重视（王初明，1991；高一虹和周燕，2009；张素敏，2023）。因此，外语课堂教学及线上课程开发均需针对不同的个体差异因素开展相关研究，以有效进行显性信息教学。总之，语言教学与学习者、学习内容及学习目的等因素相关，很值得进一步探讨，以获得对外语教学研究的客观和全面的认识。

2.2　不同输入模式下外语学习动机的作用①

2.2.1　引言

输入加工教学是一种基于输入的语法教学模式，通过显性信息讲解、输入加工策略提示及结构化输入练习来优化学习者的认知心理，并使其形成正确的语法形式-意义匹配（VanPatten & Cadierno，1993a，1993b）。传统 3P 语法教学则是一种基于输出的语法教学模式，通过输出来强化学习者对语法形式的注意，这一模式在外语教学中运用比较普遍（VanPatten，2004a；R. Ellis，2010a，2010b）。前人研究大多对比分析了这两种教学模式在学习者在旧语法项目的学习中的效应，较少关注它们在新语法项目学习中的效果。不同于新语法项目，旧语法知识体系影响着学习者对显性信息的主观感知（Toth，Wagner & Moranski，2013），所以有必要针对学习者初次接触到的新语法项目来开展相关研究。

外语学习动机是学习者在二语/外语学习中的一个重要心理情感因素，包括目标确定、努力程度、实现目标的愿望及对待问题的态度等四个方面（Gardner，1986；Benesch，2012）。外语学习动机与学习者的外语学习策略、学习风格等相关，直接影响教学方法的促学效果（张素敏和陈先奎，2015），还关系到学习者的外语学习成效（Dörnyei，2007，2019；Gardner，2010）。为了更客观地分析教学方法的促学效果，有必要考察外语学习动机这一情感因素在不同教学模式中的影响作用（Norris & Ortega，2000）。遗憾的是，此方面研究尚不够丰富。

因此，本节接续前节，拟从外语学习动机角度对比考察输入加工教学与传统 3P 语法教学干预首次接触到的语法项目的主要/直接效应（primary/direct effect），以及对曾经接触到的旧语法项目的训练迁移（transfer of training）效应。目前我国仍以传统 3P 语法教学为主，忽视了学习者内在的信息加工认知心理（戴炜栋，2007；戴炜栋和刘春燕，2004），语法形式-意义匹配尚未在教学实践中有效实现（程晓堂，2013）。此方面的探讨不仅有利于从学习者认知心理角度探讨语法形式-意义匹配，丰富我国的语法教学模式，还有助于从情感及语法研究项目等方面来多维分析国外教学理论在我国教学实践中的应用。

---

① 本节部分内容引自《外语学习动机角度下的输入加工教学和 3P 语法教学对比研究》，原载于《解放军外国语学院学报》（2014 年第 5 期，第 74-82 页，作者：张素敏）。

2.2.2　研究背景

国外输入加工教学和传统 3P 语法教学对比研究成果比较丰富，大多以母语是英语、西班牙语或法语等的大学二语学习者为被试，对比研究这两种教法在西班牙语（如 VanPatten & Cardierno，1993a；Potowski，Jegerski & Morgan-Short，2009）、法语（如 Wong，2010）或意大利语（如 Benati，2001）等二语语法习得中的主要/直接效应。虽然贝纳蒂和詹姆斯·李（James Lee）（Benati & Lee，2008）等极少数研究者研究了输入加工教学的训练迁移效应，但他们只是关注了这两种教法在旧知识学习中的作用，没有针对被试初次接触到的语法项目学习进行研究，因此难以排除被试已有知识对干预效果的干扰作用。也有研究者（Namaziandost，Dehkordi & Shafiee，2019）通过牛津大学快速分班考试，从一所私立语言学院的 70 名学生中选出 54 名中级 EFL 学习者，分为一个对照组（ $n = 18$ ），以及输入组（ $n = 18$ ）、输出组（ $n = 18$ ）两个实验组，调查了基于输入和基于输出的活动对伊朗的英语学习者的词汇知识影响，发现基于输入和基于输出的活动对词汇习得的影响水平相似，均可以增加被试的词汇产出。但需要指出的是，该研究中三个小组均参加的是词汇输出测试，没有涉及复杂构式，因而缺乏复杂构式产出结果。总结可见，前人测试任务大多是句子层面的理解题和输出题，不利于分析输入加工教学和传统 3P 语法教学在语篇层面较难的测试任务中的作用。

国内输入加工教学研究始于 2000 年之后，相对国外而言，起步较晚，数量较少，绝大多数研究只是围绕"注意"及"心理机制"等介绍了输入加工教学（如戴运财和戴炜栋，2010；顾琦一，2009）。衡仁权（2007）虽针对"语法教学"阐释了输入加工教学，但只停留在理论层面。此外，虽有研究者（如冯辉和张素敏，2012）对比探讨了输入加工教学和传统 3P 语法教学的训练迁移效应，但其测试任务只是以语篇填空的形式为主，显示了干预对旧知识点学习的效应。鉴于新、旧语法项目及任务难度会影响学习者的注意、提取和输出（Robinson，2011），需进一步对比分析输入加工教学和传统 3P 语法教学在新、旧不同语法项目学习中的效应。鉴于外语学习动机对显性信息的作用有显著影响（张素敏和陈先奎，2015），有必要从外语学习动机角度对比分析输入加工教学与传统 3P 语法教学对被试首次接触到的语法项目的主要/直接效应，以及对被试曾经接触到的语法项目的训练迁移效应。

目前，从外语学习动机角度对比分析输入加工教学和传统 3P 语法教学中的个体差异研究较为缺乏。外语学习动机可分为内部学习动机和外部学习动机两种：内部学习动机包括学习者的学习兴趣、成就感、责任感、寻求学习机会及自我完善等；外部学习动机则包括奖励/惩罚、功用价值、群体态度及压力等（Gardner，2010；高一虹等，2003）。外语学习动机是影响语法显性信息敏感度及学习成效的一个重要个体差异因素（Robinson，2011），与学习者的外语学习策略、努力程度及学习风格等相关，直接影响教学方法的促学效果（Lee，2004；马广惠，2005；高越和刘宏刚，2014）。如果学习者本身的外语学习动机较低，那么无论采用什么样的教学模式，都不会显著提升其学习成效（戴炜栋和束定芳，1994a）。尽管李和贝纳蒂（Lee & Benati，2013b）针对性别、年龄及母语背景研究了输入加工教学中的个体差异，并推断说外语学习动机等也会影响输入加工教学的效果，但没有进行实证分析，难以了解不同的外语学习动机对输入加工教学的影响。鉴于目前缺乏基于个体差异因素的教学法对比研究，而且外语学习动机与外语学习成效密切相关（Dörnyei，2007，2014，2019），有必要从外语学习动机角度丰富输入加工教学和传统 3P 语法教学对比研究，以了解个体差异因素对教学方法的影响。

基于上述分析，本节拟采用写作题和语法判断改错题，从外语学习动机角度对比考察输入加工教学和传统 3P 语法教学干预被试首次接触到的语法项目的主要/直接效应，以及对被试曾经接触到的语法项目的训练迁移效应。具体研究问题如下：

（1）输入加工教学对一般过去时的形式-意义匹配有何主要/直接效应？与传统 3P 语法教学相比有何差异？对高、中、低不同外语学习动机水平者有何不同的作用？

（2）输入加工教学对第三人称单数一般现在时的形式-意义匹配有何训练迁移效应？与传统 3P 语法教学相比有何差异？对高、中、低不同外语学习动机水平者有何不同的作用？

2.2.3　研究设计

2.2.3.1　语法研究项目及被试

主要/直接效应和训练迁移效应语法项目分别为被试尚未学过的英语一般过去时和已学过的第三人称单数一般现在时。被试是来自某中学三个自然班的 202 名初中一年级学生。通过学习背景调查和前测，剔除课外接触过这两种语法研究项目及新语法项目前测成绩大于 0 分的 33 名学生，同时剔除 15 名未参加前测和后测的被试，最终确定有效被试为 154 人。

2.2.3.2　测量工具

测量工具包括外语学习动机调查问卷和测试两部分。采用根据本节被试改编后的高一虹等（2003）编制的外语学习动机量表来测量学习者的内部动机和外部动机。本节中，量表的 Cronbach's α 系数为 0.89，说明该量表的内在一致性较好，有较高的信度。根据 154 名被试中高分 25%处和低分 25%处的得分来确定高、中、低不同外语学习动机水平。测试包含两部分，分别测试主要/直接效应和训练迁移效应。每部分包含一篇限时作文（根据小规模初步测试，限时为 8 分钟）和 10 个基于句子的语法判断改错题。小规模初步测试显示前测和后测的难度相当，共用时约 18 分钟。作文根据出现的相应研究项目（共 10 个）个数来计分，每个 1 分，重复出现的项目不累计计分，得分范围为 1—10 分。10 个基于句子的语法判断改错题中，5 个含相应语法项目，每题判断正确得 1 分，修改正确再得 1 分，得分范围为 1—10 分；其余 5 个为干扰项，不计分。

2.2.3.3 研究程序及教学实验

首先对被试进行前测和学习背景调查（包括年龄、性别、对本项目的课外接触量与接触时间）；然后以自然班为单位，通过随机的形式分为输入加工教学组、传统 3P 语法教学组和控制组进行教学干预；干预结束后进行即时后测。对被试进行筛选后，运用 SPSS 19.0 整理数据，进行描述性统计分析、方差分析和简单效应检验。

教学实验由任课教师经培训后随堂集体施测，各持续约 80 分钟，分两个课时于一天内完成。两个实验组除教学方法外，其干预材料的难度、词汇、语法项目的数量及干预时间均大体相同。教师为输入加工教学组讲解英语一般过去时的语法规则，并提示学习者注意其输入加工策略，根据词尾形态-ed、-d 等来判断时态，而不是依赖实词如 yesterday、ago、last year 等。同时，学习者通过基于输入的指称任务（referential tasks，强迫学习者专注于一种形式及其含义）和表意任务（affective tasks，包含目标形式的示例，并要求学习者处理句子的意思，发表自己的想法或看法）进行结构化输入练习。例如，指称任务要求被试根据动词词尾指出句子的时态是否为一般过去时；表意任务则要求被试根据设有一般过去时的句子或语篇内容，谈谈自己的观点和态度等。传统 3P 语法教学组则采用"呈现—操练—输出"形式，学习英语一般过去时语法规则，然后通过时态转换、填空等题型进行基于输出的反复操练。例如，要求被试把听到或读到的句子的动词转换成一般过去时的形式，或要求被试用所给动词的一般过去时形式完成句子。控制组只参加前测和后测。

2.2.4 数据分析

2.2.4.1 输入加工教学对一般过去时学习的主要/直接效应

此部分汇报了主要/直接效应分析结果以回答研究问题一。描述性统计分析显示了不同教学模式下不同外语学习动机水平者的一般过去时写作题后测和语法判断改错题后测成绩。第一，两个实验组的两种测试任务的均值都存在差异且都高于控制组：输入加工教学组、传统 3P 语法教学组及控制组的写作题均值分别为2.64、2.38、0；语法判断改错题均值分别为 2.34、1.39、0。第二，两个实验组高、中、低不同外语学习动机水平者的两种测试任务的均值都存在差异且都高于控制组：输入加工教学组与传统 3P 语法教学组中高、中、低不同外语学习动机水平者的写作题均值分别为 4.50、3.65、0.95，以及 3.00、1.97、2.38；语法判断改错题的均值分别为 1.75、2.53、0.21，以及 2.57、2.38、0.88；控制组的成绩则均为 0。研究结果初步显示，控制组与实验组之间、两个实验组之间、同一组的不同外语学习动机水平者之间都存在差异，说明不同的教学方法与外语学习动机水平都可能会影响学习者的形式-意义匹配。

为了检验各组及不同外语学习动机水平者的均值之间的差异是否显著，下面以两种测试任务为因变量，以教学方法和外语学习动机为自变量，进行多因变量双因素方差分析。表 2.2.1 显示：①在写作题成绩上，教学方法作用显著（$F = 13.17$，$p < 0.001$），多重比较结果显示输入加工教学组和传统 3P 语法教学组都显著高于控制组，高外语学习动机水平者的写作成绩显著高于低外语学习动机水平者；②在语法判断改错题成绩上，教学方法、外语学习动机、教学方法与外语学习动机之间的交互作用都显著或边缘显著（$F = 13.15$，$p < 0.001$；$F = 4.73$，$p < 0.01$；$F = 2.25$，$p = 0.067$），多重比较结果显示两个实验组的成绩显著高于控制组，输入加工教学组显著低于传统 3P 语法教学组；高、中外语学习动机水平者的成绩都显著高于低外语学习动机水平者。研究结果显示：①输入加工教学组和传统 3P语法教学组都优于控制组，都有利于初中生一般过去时的形式-意义匹配，但前两组之间在写作题上无显著差异，而在语法判断改错题上，输入加工教学组的成绩显著低于传统 3P 语法教学组；②外语学习动机显著影响学习者的一般过去时学习，学习者的外语学习动机越高，写作题及语法判断改错题成绩就会越高。

表 2.2.1　教学方法和外语学习动机在一般过去时成绩中的主体间效应检验

自变量	因变量	F	多重比较结果
教学方法	写作题成绩	13.17***	1<2***；1<3***
	语法判断改错题成绩	13.15***	1<2***；1<3***；2<3**
外语学习动机	写作题成绩	1.67	高>低*
	语法判断改错题成绩	4.73**	高>低***；中>低***

续表

变异来源	因变量	F	多重比较结果
教学方法*外语学习动机	写作题成绩	1.82	—
	语法判断改错题成绩	2.25 *	—

注：*表示边缘显著；1 表示控制组；2 表示输入加工教学组；3 表示传统 3P 语法教学组；教学方法*外语学习动机表示二者之间的交互作用。高、中、低分别表示高、中、低不同水平外语学习动机者。余同。

由于表 2.2.1 显示教学方法和外语学习动机这两个因素在一般过去时语法判断改错题成绩中有边缘显著的交互作用，下面使用 SPSS 15.0 的句法编辑器编程后进行简单效应检验。表 2.2.2 显示：①外语学习动机在输入加工教学组（$F = 7.32$，$p < 0.001$）和传统 3P 语法教学组（$F = 11.71$，$p < 0.001$）中均达到了显著意义，说明在这两个组中，高、低不同外语学习动机水平者的一般过去时语法判断改错题成绩有显著差异。结合图 2.2.1 可以看到，在输入加工教学组的英语一般过去时语法判断改错题成绩中，中外语学习动机水平者 > 高外语学习动机水平者 > 低外语学习动机水平者；在传统 3P 语法教学组中，高外语学习动机水平者 > 中外语学习动机水平者 > 低外语学习动机水平者。②教学方法在高、中、低三种外语学习动机水平上都达到了显著水平（$F = 8.78$，$p < 0.001$；$F = 14.75$，$p < 0.001$；$F = 4.45$，$p < 0.05$），说明在高、中、低不同外语学习动机水平上，不同教学方法下学生的成绩均有显著差异。结合图 2.2.1 可以看到，在高、低这两种外语学习动机水平上，传统 3P 语法教学组 > 输入加工教学组 > 控制组；在中外语学习动机水平上，输入加工教学组 > 传统 3P 语法教学组 > 控制组。这一研究结果表明，输入加工教学对于中外语学习动机水平者作用最显著。

表 2.2.2　教学方法和外语学习动机在英语一般过去时语法判断改错题成绩中的简单效应检验

变异来源	平方和	均方	F
外语学习动机对于控制组	2.46	1.23	0.39
外语学习动机对于输入加工教学组	46.53	23.26	7.32***
外语学习动机对于传统 3P 语法教学组	74.43	37.21	11.71***
教学方法对于高外语学习动机水平者	55.78	27.89	8.78***
教学方法对于中外语学习动机水平者	93.75	46.88	14.75***
教学方法对于低外语学习动机水平者	28.25	14.12	4.45*

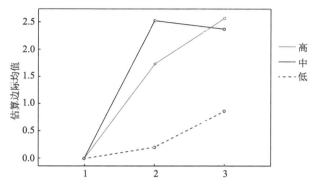

图 2.2.1　英语一般过去时语法判断改错测试中教学方法与外语学习动机交互图

注：1=控制组；2=输入加工教学组；3=传统 3P 语法教学组

　　上述分析综合回答了研究问题一，并得出以下结论：①输入加工教学和传统 3P 语法教学都有利于初中生一般过去时的形式-意义匹配，都具有主要/直接效应，在写作题上二者无显著差异，但在语法判断改错题上，输入加工教学的促学效果不如传统 3P 语法教学；②输入加工教学对中外语学习动机水平者的作用最显著。

2.2.4.2　输入加工教学对第三人称单数一般现在时学习的训练迁移效应

　　此部分汇报了训练迁移效应分析结果以回答研究问题二。描述性统计分析显示了在不同教学模式下不同外语学习动机水平者的第三人称单数一般现在时写作题后测成绩和语法判断改错题后测成绩。第一，两个实验组在两种测试任务中的总体均值都存在差异且均高于控制组，输入加工教学组、传统 3P 语法教学组、控制组的写作题总体均值及语法判断改错题总体均值分别为 1.89、0.50、0.06，以及 1.07、0.37、0.30。第二，高、中、低不同外语学习动机水平者在输入加工教学组、传统 3P 语法教学组及控制组中的写作题均值分别为 1.50、3.71、0.42，0.67、0.45、0，以及 0.15、0.04、0；语法判断改错题均值分别为 0.63、1.65、0.74、0.52、0.25、0.50，以及 0.54、0.30、0.12。此结果同样说明，不同的教学方法与外语学习动机水平均可能会影响学习者的形式-意义匹配。

　　为了检验各组及不同外语学习动机水平者的均值之间差异是否显著，下面以两种测试任务为因变量，以教学方法和外语学习动机为自变量，进行多因变量双因素方差分析。表 2.2.3 显示：①在写作题成绩上，教学方法、外语学习动机、教学方法与外语学习动机之间的交互作用都影响显著（$F = 8.73$，$p < 0.001$；$F = 3.58$，$p < 0.05$；$F = 3.50$，$p < 0.01$），多重比较结果显示输入加工教学组显著优于传统 3P

语法教学组和控制组，中外语学习动机水平者显著高于低外语学习动机水平者；②在语法判断改错题成绩上，多重比较结果显示控制组显著低于输入加工教学组。此结果说明输入加工教学具有显著训练迁移效应，且对中外语学习动机水平者的促学效果最显著。

表 2.2.3　教学方法和外语学习动机在英语第三人称单数一般现在时成绩中的主体间效应检验

变异来源	因变量	F	多重比较结果
教学方法	写作题成绩	8.73***	1<2***；3<2**
	语法判断改错题成绩	2.07	1<2*
外语学习动机	写作题成绩	3.58*	中>低*
	语法判断改错题成绩	0.32	—
教学方法*外语学习动机	写作题成绩	3.50**	—
	语法判断改错题成绩	0.83	—

注：1 表示控制组；2 表示输入加工教学组；3 表示传统 3P 语法教学组

由于表 2.2.3 显示教学方法和外语学习动机这两个自变量在英语第三人称单数一般现在时写作测试中有相对显著的交互作用，下面对这两个自变量也进行简单效应检验。表 2.2.4 显示：①外语学习动机在输入加工教学组（$F = 12.31$，$p < 0.001$）中达到了显著水平，说明在输入加工教学组中，不同外语学习动机水平者的第三人称单数一般现在时写作测试成绩有显著差异。结合图 2.2.2，解释是：在输入加工教学组中，中外语学习动机水平者>高外语学习动机水平者>低外语学习动机水平者。②教学方法在中外语学习动机水平者中达到了显著意义（$F = 16.19$，$p < 0.001$），说明对于中外语学习动机水平者，不同教学方法下学生的第三人称单数一般现在时写作题成绩有显著差异。

**表 2.2.4　教学方法和外语学习动机在英语第三人称单数一般现在时
写作题成绩中的简单效应检验**

变异来源	平方和	均方	F
外语学习动机对于控制组	2.03	1.02	0.23
外语学习动机对于输入加工教学组	106.66	53.33	12.31***
外语学习动机对于传统 3P 语法教学组	1.13	0.57	0.13
教学方法对于高外语学习动机水平者	11.32	5.66	1.31
教学方法对于中外语学习动机水平者	140.30	70.15	16.19***
教学方法对于低外语学习动机水平者	7.81	3.91	0.90

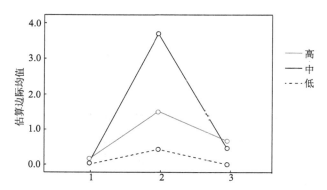

图 2.2.2　英语第三人称单数一般现在时写作测试中的教学方法与外语学习动机交互图

注：1=控制组；2=输入加工教学组；3=传统 3P 语法教学组

2.2.5　讨论

　　问题一研究结果说明：①输入加工教学和传统 3P 语法教学都有利于初中生一般过去时的形式-意义匹配。输入加工教学组和传统 3P 语法教学组均优于控制组，前两者虽然在写作题上无显著差异，但在语法判断改错题上输入加工教学的效果不如传统 3P 语法教学；②输入加工教学对于中外语学习动机水平者的作用最显著。问题二研究结果说明：无论是写作任务还是语法判断改错任务，输入加工教学都具有显著训练迁移效应，且优于传统 3P 语法教学，并且对中外语学习动机水平者的作用最显著。因为训练迁移效应能更好地判定输入加工教学与传统3P 语法教学相比的优越性（Benati & Lee，2008），所以可以总结说，与传统 3P 语法教学相比，输入加工教学在语法形式-意义匹配中的促学效果更明显。

　　本节的研究结果证明：在较难的测试任务中，输入加工教学对被试初次接触到的语法项目同样具有主要/直接效应，并且对旧语法项目的学习具有显著训练迁移效应。本研究的发现不仅为相关研究（如 VanPatten & Cadierno，1993b；Wong，2010；张素敏，2013b）提供了进一步的实证支持，还从新语法学习项目对旧语法学习项目的迁移作用方面，为范柏腾提出的输入加工理论提供了新的证据。同时，本节还从实证角度证实了李（Lee，2004）的第五个和第九个研究假设：针对新知识的学习，输入加工教学同样具有显著教学效应；输入加工教学对较难的学习任务同样效应显著。鉴于语法判断改错题和限时写作题分别测试学习者的显性知识和隐性知识（R. Ellis，2005），本节的研究结果还说明输入加工教学不仅能提升学习者的显性语法知识，还能改善其隐性知识。

　　选择性注意及凸显是所有学习中的关键因素（N. Ellis，2008），为输入加工教学的促学效果提供了理论支持。许多研究者（如 VanPatten，2004a，2004b；Lee & Benati，2013a，2013b）发现，在二语/外语加工过程中，许多语法形式词因其相对低的凸显性而不容易被学习者习得。例如，虽然二者都表示"过去"意义，但 yesterday 与词素-ed 相比，是一种更强的心理物理形态，因此更容易被学习者感知，而学习者对词素如-ed 等的感知则容易被遮蔽和受阻。本节中，输入加工教学提醒学习者注意词尾的语法形式词-ed，在采用结构化输入练习从认知上强调英语一般过去时的构成的同时，凸显语法形式词的句首位置（Doiz，2013）。这些都有助于降低学习者在输入加工过程中的工作记忆负担，从而有利于其对语法形式的注意、内化及准确输出。此外，输入加工教学还隐蔽了输入中的时间状语等非语法线索，因而增加了词尾语法形式词的功能承载量（Bardovi-Harlig，2007；Wong，2010）。在本节中，结构化输入练习隐蔽了表示过去的时间状语（如 yesterday 等），推动学习者只能借助词尾语法形式词去推断意义，进一步增强了学习者对语法形式词的注意。在学习者不能借助时间状语匹配形式与意义之间的关系时，研究者采用输入加工教学提示学习者注意语法形式词及其所表达的意义，有利于学习者将抽象的时体特征准确映射到具体的动词形式上。输入的真实和可理解性也部分解释了输入加工教学的促学效果。基于学习者认知心理的输入加工教学，强调形式间的有意义联结，通过有意义的情景语境和语言本体语境来提升学习者对语法形式词的注意。意义是学习的前提，这一基于意义的语法解释与过多的以形式为中心的语法教学相比，更容易优化学习者的认知方式与启动学习者理解语言的运行机制（Niemeier，2013；王初明，2007）。

　　本节研究结果也说明，输入加工教学的促学效果受到学习者的外语学习动机的影响。相对于高、低外语学习动机水平者，输入加工教学更适合中外语学习动机水平者。这也许与学习者的外语学习动机、学习态度、歧义容忍度等二语习得的主要影响因素相关（Gardner，2010；张素敏，2012）。持积极学习态度的学习者在目标语学习中会更出色，但渴望值或歧义容忍度太高可能会造成学习者在认知上的被动而不能对有用信息进行精确提取，而不利于目标语学习（Ashouri & Fotovatnia，2010）。因此，可以推断说，学习者的外语学习动机太高或太低都可能不利于输入加工教学效应的充分发挥。此研究结果也说明，输入加工教学和其他教学方法一样，都有其局限性，不一定适合所有的语境，也不一定适合所有的学习者。因此，在外语教学中，学习方法对不同个体和语境的适切性应是需要考虑的一个重要因素。本节研究发现同时也为李（Lee，2004）的第六个假设提供了实证支持，即输入加工教学效应也许因学习者的个体差异而存在差异。因此，国外的外语教学理论在我国外语教学与研究中的应用除了考虑教学方法彼此间的不同，也应考虑到学习者的个体差异因素。本节还同时发现，输入加工教学对不同外语学习动机水平者的作用很可能会因语法研究项目与测试任务的不同而有所不同。鉴于有研究发现情感因素的影响作用会因不同的学习任务而存在差异（张素敏，2011a，2011b），本节结论的普适性尚需基于不同测试任务和语法项目进行进一步的检验。

2.2.6　结语

本节以英语一般过去时和第三人称单数一般现在时为例，从外语学习动机角度对比探讨了输入加工教学和传统 3P 语法教学效应。研究结果表明：①输入加工教学在学习者初次接触到的语法项目学习中具有显著的教学效应，并能显著迁移到以前接触到的旧语法项目的学习中去，而且在这方面显著优于传统 3P 语法教学；②虽然整体而言，两种教法都对高外语学习动机水平者作用显著，但输入加工教学对中外语学习动机水平者的教学效应最显著。本节结论在一定程度上丰富了输入加工教学研究理论，有利于从教学模式和学习者情感因素两方面来全面了解国外的外语教学理论在我国教学实践中的应用。需要指出的是，本节只是从外语学习动机角度，基于英语一般过去时和第三人称单数一般现在时，对比分析了输入加工教学和传统 3P 语法教学。学习者的外语学习焦虑、外语学习歧义容忍度及不同的外语学习风格等也是影响学习者外语学习成效的重要个体差异因素（Budner，1962；Mclain，1993；张素敏和王桂平，2006），这些个体差异因素在不同的教学模式中有何影响作用？在不同的语境下存在哪些不同？对于不同难度的语法项目学习又有何影响作用？这些均是需要进一步思考的问题。

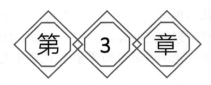

第 3 章

交互式语言教学与错误反馈

本章主要分析二语习得中的错误类型及学习者对不同错误的反馈形式。第 3.1 节"交互式语言教学认知原则"围绕运用"输入假设""输出假设""关键期假设""交互假设""续论"等相关二语习得理论分析课堂交互中的认知原则。第 3.2 节"二语习得中的错误分析与学习者情感认知"从错误产生的阶段、类型及原因等方面探析错误分析的教学意义。

3.1 交互式语言教学认知原则[①]

3.1.1 引言

交互式语言教学就是通过交互，提高学生的语言存储（Brown，2007a，2007b）。交互假设研究者认为，交互是交际语言教学的中心，对于每一位从事语言教学的教师来说都很重要。交互的内容可以是真实的听读材料，也可以是交谈中或合作完成任务时合作者的输出（Rivers，1987）。针对语言教学，道格拉斯·布朗（Douglas Brown）提出了涵括认知、情感和语言在内的十二条原则（Brown，2007a）。其中认知原则可细分为语言自动生成、有意义学习、奖励期待、内部学习动机和策略运用五部分；情感原则可细分为语言自我、自信、大胆尝试和语言文化关系四部分；语言原则可细分为母语作用、中介语和交际能力三部分。对于认知原则，研究者中存在一定的分歧和误解。有研究者（Gass & Mackey，2007）提出，基于任

---

① 本节部分内容引自《高校外语教学环境下的交互式语言教学认知原则再思考》，原载于《外语界》（2010 年第 4 期，第 43-49 页，作者：张素敏）。

务的教学或注重形式的教学都过于依赖交互假设。他们认为交互式原则像其他二语习得理论一样，主要是探讨语言是如何被学会的，直接应用到语言课堂中还为时太早。国内有关交际教学法的讨论也很多。例如，李观仪秉承传统的教学法，李筱菊则依据交际教学法理念，先后在国内外知名期刊上表明自己的观点和立场（戴炜栋，2008）。

鉴于国内外专家对交互式语言教学原则的态度存在分歧，本节以该原则中的语言自动生成、有意义学习、奖励期待、内部学习动机和策略运用等内容为主线，结合"输入假设""输出假设""关键期假设""交互假设""续论"等相关二语习得理论和目前我国外语教学实际问题和改革趋势，进一步从理论和实践两方面分析交互式语言教学认知原则。本节进而指出，交互式语言教学原则在某种程度上丰富了二语习得理论和教学实践，同时针对我国各高校缺乏语言真实性输入和输出的环境、班容量很大、师资力量相对薄弱等现存问题，并结合我国外语教学改革实践，对交互式语言教学原则在中国外语教学环境中的有效运行进行分析，并相应地提出应加强间接语境建设，进行适当的"显性学习"，尊重个体差异因素，以及加速教材、课程设置、评估与测试等方面改革的建议。

结合我国外语教学实际和教学改革发展趋势，运用"输入假设""输出假设""关键期假设""交互假设""续论"等相关二语习得理论，进一步分析交互式语言教学认知原则，不仅有助于科学全面地认识相关原则，也可为我国外语教学中实际存在的问题和教学改革实践提出参考性建议。

3.1.2　语言自动生成原则

语言自动生成原则是：把对几个语言形式的控制适时地转移到相对无限的语言形式的自动生成上来（Brown，2007a）。语言自动生成原则旨在说明，成人外语学习者可借鉴儿童的潜意识学习，不要过分倾向于关注某些语言细节，而应转向对语言的真正有意义运用。这一原则还基于"输入假设"和"关键期假设"指出，儿童尤其是生活在目标语语言文化背景下的儿童能成功地掌握目标语，并且儿童成功的外语学习应归因于其习得外语的潜意识性。对目标语输入的接触和有机会体验输出使得儿童看似不用"想"就能学会目标语，而对语言的过度分析、对语言形式的过分考虑、对语言规则的过多解释则会阻碍学习自动化的渐进形成。下面结合二语习得相关研究结果和我国目标语输入和输出实际环境，对语言自动生成原则进行进一步探讨。

3.1.2.1 我国外语学习环境下语言自动生成存在的问题

首先进行儿童与成人间的二语习得比较。在围绕"输入假设"和"关键期假设"解释目标语自动生成原则时，布朗（Brown，2007a）提到，与成人相比，儿童更容易成功地掌握目标语。罗德·埃利斯（Rod Ellis）认为，成功只是特指涉及发音的情况下，并且即使是在发音层面，儿童是否比成人更具优势也尚未得到证明（R. Ellis，1994a）。埃利斯甚至提到，儿童与成人相比，能更快地学习目标语是一个错误假设（R. Ellis，1994a）。桂诗春（1992）也指出，泛泛地基于"关键期假设"讨论外语学习的最佳年龄不易获得肯定性结论，而在一定的学习环境下，外语初始学习时间较晚的个体也能像儿童等早期学习者一样学好外语，甚至效率更高。并且，通过调查，一些外语界知名专家发现，虽然他们学习英语的第一时间都远远晚于所谓的语言学习关键期，但是其英语都达到了或者非常接近母语者的水平。这些均表明，与成人相比，儿童更能成功地掌握目标语这一观点在学术界并未形成共识（Singleton & Ryan，2004）。所以，用目前尚无定论的"儿童能成功学习目标语"为前提来制定交互英语的原则是欠妥的。

下面基于"交互假设"从我国外语学习环境下的隐性学习可行性角度分析语言的自动生成原则。隐性学习泛指一种非刻意的、潜意识的信息输入过程，在教学研究中则指不借助语法规则的学习（Hulstijn，2005）。布朗（Brown，2007a）指出，尤其是生活在目标语语言文化背景下的儿童，更容易成功地掌握目标语。可见，隐性学习强调，目标语语言文化背景对于目标语学习的自动生成很重要。在中国外语学习环境下，目标语语境缺失使外语学习者很难与目标语语境产生直接交互，因而很容易发生"母语补缺"从而导致不地道加工（王初明，2016）。也有许多研究者基于"续论"分析发现，创设与目标语语境密切结合的续作更易于提升学习者在语法、语义、概念学习方面的地道性（张素敏和张继东，2019，2023）。因而，我国目前的外语学习环境是否有利于外语学习者像儿童那样进行隐性的"潜意识学习"，从而自动生成语言，是一个很值得思考的问题，"续论"的提出也为目标语的自动生成提供了新的理论研究基础。

我国的外语学习环境，从整体上来看，缺乏目标语语言文化背景。据一项研究估计，儿童到6岁时一般花费了12 000—15 000小时来学习母语，而我国从小学至大学英语学习的总课时数尚不满1300小时（R. Ellis，1994a）。这说明我国外语学习者对目标语语言和文化的接触在"量"上明显不足；不仅如此，在接触的"质"上也明显不足。一项研究（Cross，1977）显示，在母亲对幼儿的话语中，只有3.3%是不流利的句子，2%是不可理解的句子，9.8%是不间断性句子，其余数据均是正面数据（positive evidence）。还有研究（Newport，Gleitman & Gleitman，1977）分析了 1500 个相关语料后发现，只有一句话语不具有流利性。由此可见，母语学习中丰富的母语接触环境和较高的接触密度使得输入的"质"很高，而相比之下，目标语学习则因语境的缺乏，在语言信息和情感信息的接触量及接触密度上均缺乏真实的社会交际性。因而，从"输入假设""输出假设""互动假设"来看，与母语学习相比，目标语学习在语境、社会接触密度等方面的差异会影响学习者的目标语学习。

我国英语外语学习者语言接触的质在规范性上相对薄弱，主要体现在师资队伍薄弱和直接语境缺乏两方面。从师资上来讲，高校的英语教师，尤其是非重点院校的英语教师很难有机会去真实感触目标语国家的语言与文化，存在一定的目标语语境输入、输出不足。高等学校外语专业教学指导委员会 2008 年进行的一项问卷调查结果显示，2005—2008 年每所高校出国接受培训或到国外工作、学习的人数为平均 4 人次/年。按当时的比例预测，每名教师要等 10—100 年才能获得一次进修机会（王海啸，2009）。笔者 2009 年 10 月针对河北、山东、河南、山西、四川、安徽和江苏等地的某些高校教师进行非正式访谈后也发现，有机会出国进修的英语教师平均数占教师总数的 1/20 还要低。可见师资队伍很薄弱，不仅仅体现在缺乏外语类核心期刊文章和学历偏低上，更体现在缺少定期出国的机会来进一步提高自己的语言能力和知识结构上（束定芳，2004）。薄弱的教师队伍不可能给学生提供真实的、充分的目标语环境体验。从直接语境上来讲，中国学生在缺乏真实的交际环境和对象的情况下，很少有机会用英语参与真正的社会交际（吴旭东，1997）。所以，生活在目标语社会文化背景下学习目标语的直接语境目前在中国是不存在的。这就表明在目标语输入和输出都很匮乏的语境下，在较短的时间内，年龄已经超过所谓的语言学习关键期的学生难以像儿童那样潜意识地习得目标语，因而也在一定程度上难以达到目标语的自动生成与熟练习得。

3.1.2.2　我国外语学习环境下语言自动生成的条件建设

针对我国外语学习环境中存在的上述输入、输出及互动"量"和"质"方面的明显不利因素，考虑到年龄因素对课堂学习和心理状态有不同的影响，即年龄大些的学习者在学习语言形式方面能力较强，在使用监控系统中的知识方面能力也较强（杨连瑞和张得禄，2007），笔者提出了以下建议。

一是加强师资建设。通过教学反思模式、教学经历学习理论和教学行动研究模式三种途径，在理论、信息和技能三个方面加强教师基本素质建设，使教师能走上自我指导和自我持续发展之路①，进而改善课堂教师输入的质。正如我国外语界所言，中国语言教学研究理论有待进一步更新、开发，应以解决我国外语教育教学中的实际问题为出发点（文秋芳，2020；王初明，2020b）。因此，教师教育培训内容不仅需要包括国外的"输入假设""输出假设""互动假设"等相关理论实践，更应结合具有中国特色的、密切结合目标语语境输入和即时输出的外语教学理论如"续论"等，进行多层面、多角度、多学科的建设和开发。

二是应根据学习者不同的认知特点，尤其是应充分发挥成人学习者的认知优势，适当地进行显性教学。目标语学习者尤其是初学者，在注重听说交际的同时，应该坚持拼写单词和听写短文等练习形式，积累一定的词汇量和阅读量，这样在有利的语言环境中去学听说就并非难事了，因为在一定的环境里，死的知识也有转化为活的技能的可能（李观仪，2003）。布朗（Brown，2007a）也提醒人们说，有意识地学习语言点也是必要的。已有研究（Taguchi，2008）显示，即使是"潜入式"学习，语言习得的关键因素也是在于学习者的有意识学习（conscious learning）和对目标语的注意（attention）。因此，采用什么样的教学模式，既能以交际意义为目的，又能达到对形式的注意，还能激发学习者的学习兴趣，同时对于教师来说又具有很强的可操作性，是许多"输入假设""输出假设""互动假设"研究者所关注并致力解决的一个问题（戴炜栋和陆国强，2007；文秋芳，2017；王初明，2016，2020b）。

三是要善于运用间接语境。"互动假设"研究者认为，在缺少目标语母语者提供直接语境的情况下，宜充分利用间接语境，视人为目标语语境，把目标语母语者看作真实的目标语语境（王初明，2007）。针对语境建设，王初明（2016，2017，2020a）在系列论文中建立并完善了"续论"，指出"续"包含促学的诸多变量，强互动可引发强协同。此外，"读后续写""读后续说""读后续译"等相关"续作"的促学效果也得到了充分验证（S. M. Zhang & L. J. Zhang，2021；姜琳、陈燕和詹剑灵，2019；许琪，2016；张素敏，2019a，2019b；张素敏和李昱丽，2023），证明"续"有助于阻止或减弱母语语境的干扰，促进外语与恰当情景语境的互动，对补缺真实的语境有很好的参考价值。还需强调的一点是，语境要和明确的外语学习目标相联系（胡明扬，2002）。毕竟我们学习外语的目的远远不是消除"哑巴"和"聋子"外语，或说起外语来带外国腔，而是要在外语学习中，尽量增加外语语言知识，从而使用外语这一工具汲取国外文化知识和科技知识中的精华（李观

---

① 选自教育部高等学校外语专业教学指导委员会主任委员戴炜栋教授 2009 年题为"外语教学与教师专业发展"的报告。

仪，2003）。总之，儿童与成人的目标语习得结果对比和我国的外语习得环境分析表明，成人英语外语学习者难以像儿童那样潜意识地习得目标语，以及达到对目标语的自动习得。建议通过师资培训和视目标语母语者为语境，以及基于"续论"的续作等方式创造间接语境，或利用虚拟现实技术创设直接目标语语境（张素敏和李昱丽，2023），并在明确学习目标的前提下适当进行"显性学习"，把交互式教学法和传统教学法结合运用，以弥补这一不足。

3.1.3 有意义学习和奖励期待原则

有意义学习和奖励期待原则强调输入和输出后的反馈，都是交互式语言教学中的重要原则（Brown，2007a）。下文在阐释有意义学习和奖励期待这两大教学原则的界定和内涵的同时，针对我国外语课堂教学现状，对外语课堂中有意义学习和奖励期待这两大交互原则在应用中需注意的问题进行分析，并有针对性地对解决方案进行思考。

3.1.3.1 有意义学习和奖励期待原则的界定

教育心理学家大卫·奥苏贝尔（David Ausubel）提出，有意义学习过程的实质就是符号所代表的新知识与学习者现有认知结构建立起非任意性的（nonarbitrary）、实质性的（substantive）联系（转引自陈琦和刘儒德，2007）。可以通过激发学生的学习兴趣，关注学生的学术目标和职业目标来强化有意义学习。"输入假设"和"输出假设"研究认为，有意义学习的对立面是机械学习。交互式语言教学方式既满足了有意义学习的外部输入条件，也满足了有意义学习的内部提取条件，实现了新旧知识之间、当前课堂学习内容和将来学生学术研究或就业之间、目标具体要求和目标实现手段之间的交互，具有很好的理论意义和现实意义。借鉴操作性条件反射学说，布朗（Brown，2007a）认为课堂语言教学中应运用奖励期待原则，即及时对学生的目标语输出进行适当的口头表扬；鼓励学生间相互鼓励、正能量互动；对学习动机低的班级要及时地通过多种表扬方式进行鼓励，并提醒学生注意自己取得的进步；教师在课堂上要充满激情和热情，同时要使学生意识到学习某一目标语的长期效益，如将来的研究方向、学术发展及工作机会等。

3.1.3.2 外语课堂应用中应注意的问题

首先应注意的是对有意义学习的正确领会与运用。有"输入假设"和"输出假设"研究者（VanPatten，2007）认为，语言输入是以是否传递或获取信息来进行有意义的交际为标准的，并非所有的课堂语言环境都是输入。一些演示性的句型练习和针对语法等错误的修正性反馈都不是输入，因为它们虽然对于语言学习有一定的作用，但不能代表原始输入（primary input），原因是它们不能帮助目标语学习者生成隐性语言系统。所以听说教学法中一遍遍的句型操练占据了过多的课堂时间，很容易变成机械学习，造成学生"输"而不"入"，更不会"出"。此外，在传统 3P 语法教学模式课堂上，学生接触到的是大量的语言知识或者语法分析，而不是真正的语言交际样本，也不是实际的语言交际活动。因此，传统 3P 语法教学模式课堂上学生的外语接触非常有限，存在一定的输入贫乏（束定芳，2006；张素敏，2010）。鉴于此，在课堂上应避免过多的语法解释、抽象理论与原则，以及机械句型练习或机械性记忆，同时还应避免那些目的不明确或与单元课程目标完成不相关的课堂活动。此外，任务或任务类型过于复杂也会增加学习者的认知负荷，造成学习者把重点放在技巧上而不是语言知识应用上，这一点也应在课堂讲解中加以注意。

其次值得注意的是，在课堂学习内容及学习途径方面，教师和学生之间总会出现不匹配现象。例如，交互式外语教学法所提倡的学生结对作业、自我发现错误和纠错等教学活动，在师生间存在显著认同差异（Nunan，2001）。鉴于此，建议在有意义学习的组织上，充分考虑教师和学习者的情感需求、学习策略和学习风格，让双方适度进行合作学习。在创造和提供交际资源时，根据不同社会文化背景、学生实际学情和教学实际环境来灵活处理（束定芳，2006）。此外，也有研究（Wang & Zhang，2021）显示，教学中教师的教学动机和身份建构对其教学目标的可持续性发展有重要影响。因此，建议在课堂教学管理中关注学生认知及情感等因素，切实遵循"交互假设"中的师生互动，在以"学生"为中心的同时，也应适当关注目标语教师的情感因素，注意"教师-学生"双中心建设（张素敏，2013b）。

3.1.4　内部学习动机原则

内部学习动机原则也是交互式教学认知原则中的一个主要部分（Brown，2007a），有关动机的定义和分类呈多样化。行为主义理论将动机定义为强化期待，强调外部奖励或惩罚的强化作用；而认知主义理论认为思维决定行为，从而强调内部动机的作用。学习动机相应地也分为内部学习动机和外部学习动机两大类。借鉴行为主义理论和认知主义理论，布朗（Brown，2007a）把内部学习动机看作一种交互式外语教学原则，并对内部学习动机和外部学习动机进行了协调处理。下文从我国的课程设置和考核制度等方面，分析制约学生内部学习动机的因素，并提供参考措施。

3.1.4.1　外语教材、课程设置和标准化测试

近年来我国外语教材、课程设置和标准化测试建设取得了很大成就，但受政治、经济和社会文化等多种因素的影响，学校使用的教材、课程的设置和一些标准化测试，有时很难充分体现教师和学生的观念和意识，因为大部分院校的教材选择由学院决定，而不是由教师本人决定。有"交互假设"研究者发现，某些教材虽然在名称上冠以"交际/交互"，但实际并不重视语言形式、功能及使用语境之间的匹配，并未反映出"交互假设"的本质和内涵（冯辉和张雪梅，2009）。中国目前的外语课程学习的应试倾向很明显，学生学是为了应试，教师教也是为了应试，而不是为了培养学生使用语言的能力，训练的也只是学生如何猜题以应付考试的本领，这种培养方式不利于学生内部学习动机的激发和创造力的培养，会阻碍学生自主学习能力的发展，不利于学习者真正掌握外语（束定芳，2004），因而会造成对成果、正确性和竞争的一味强调，而忽视了相互合作对学习者个体能力塑造的作用。如此出于外部学习动机的教学后果就是在一定程度上降低了学生对知识和经历的内在渴望，长此以往，则会导致学生单一追求知识能带来的物质利益，而不是去欣赏创造力和进行知识探索。这样培养出来的个体最终会因不敢冒险和创新及害怕失败而失去成功潜能。也有证据表明，国内的英语课程体系和应试教育在一定程度上制约了学生的求知欲和学业、学术潜力，挫伤了学习者的积极性（钟美荪，2008）。不仅如此，英语外语学习者受挫的态度和动机等情感因素还会减少外语接触量，进而影响其外语磨蚀程度（S. M. Zhang & L. J. Zhang，2021；倪传斌，2010）。从"交互假设"中的教材与师生之间的互动来看，这说明我们目前的教育体制与学习动机激发条件还存在一定的差距，尚不能完全激发学习者的外语学习动机及兴趣。

3.1.4.2　学生内部学习动机的激发

要激发学生的内部学习动机，解决教育中存在的一些问题，就必须首先注意测试和评估等机制的反拨作用，在评估和测试等方面进行大胆的探索和改革，进而正确指导我们的办学体制和教育方式。这就需要以教师为中介，在学生和教育体制之间达成一定的协调，帮助学生在接受社会教育现实的基础上，把这些外部压力转换成内在的动力和方向。其次，强调学习内容、课堂活动及评估考试中的

师生共建。以学生为中心，在某种程度上对学校课程设置进行修订，通过允许学生制定一些学习目标来尽可能地制定个体化课程和教学活动。同时，通过教育和协商，让学生把社会的期待当成是保障社会正常和谐秩序的一种手段。

此外，也让学生参与一些测验和考试的设计，进行学生间互评，让学生感到测试只是学生自我分析的一种反馈工具，而不是根据某种标准被衡量。还应在课堂上积极采用一些激发学生自主决策和自主学习能力的课堂活动，例如，在写作课堂上，教师把写作看成一种学生自由开放地形成观点的思考过程或创造性模仿过程（王初明，2016；张素敏和张继东，2019）；教师向学生展示阅读技巧，指导他们把获取的信息转换成书面语；学生自己提供阅读资料给全班同学阅读；学生谈论自己感兴趣的而不是教师指定的主题，以提高交谈的积极性；学生听自己领域内的讲座以获取信息来弥补自己的不足；教师运用交际法来教授语言以完成某些特殊的交际功能。总之，正如戴炜栋（2009a，2009b）所言，在不同的教学层面，都应抓好教学资源、教学方法、教学手段、评估测试等基本环节，根据不同的教学目的、不同课型、不同层次学生的实际情况探索教学策略。

3.1.5　策略运用原则

策略运用原则是交互式语言教学的第五条原则。下文结合我国外语课堂的上课现状和"输入假设""输出假设"相关文献，分析交互式语言教学中教师的提问策略和课堂组织策略，着重探讨"外语课堂小组学习"在大班上课的可行性；同时针对课堂策略使用与学生学习策略和学习风格的匹配及反馈等提出一些建议。

3.1.5.1　小组合作学习策略

外语课堂上，教师需要运用小组合作学习、结对学习或独立作业等形式来满足学生对不同学习风格和学习策略的需求。教师课堂策略的运用，应至少保证大多数学生能接受，并尽可能地照顾到每一位学生。对班容量相对较大的班（30—50 人），教师要做到顾及每一位学生难度很大，而班容量非常大的班更是不可能做到，这就需要教师根据"输入假设""输出假设""互动假设"，运用小组合作学习策略。布朗（Brown，2007a，2007b）认为，小组合作学习策略解决了传统教法无法解决的大班上课问题，在给学生提供互动参与机会的同时，也在某种程度上向个体化教学迈进了一步。小组合作学习的方式包括做游戏、角色扮演、剧作演出、项目设计、访谈、填充信息、拼图、问题解决、进行决策和交换意见等。需要注意的是，有研究者（Kumaravadivelu，2006）指出，众多的课堂研究成果表明，那些所谓的交际课堂其实很少有交际特点。这些交际合作学习方式在中国大学外语教学环境中的可行性也受到了国内研究者的质疑。早在 20 世纪 80 年代初，就有研究者（张日昇，1981）提出，一些交际性课堂活动的基本性质与中国的物质环境安排是不相符的。

3.1.5.2　我国外语课堂的物质环境

《高校外语专业教育发展报告（1978—2008）》调查指出，有的高校非外语课堂的班容量多达 100 余人，很难进行课堂讨论等学习活动（戴炜栋，2008）。高等学校外语专业教学指导委员会（蔡基刚，2003）2001 年底对 340 所本科院校进行的统计调查也发现，平均每所院校的外语课堂的班容量都远远超过了布朗提到的"大班"（30—50 人）概念，其中班级人数在 60—79 人的占 18.8%，而 80 人以上的占 5.9%，甚至某大学有 35 个班级的人数是 100—150 人，并且本科院校的学生人数以每年 7%—8% 的速度迅速发展。如此大的班容量，不适合小组合作学习策略的有效实施。也有实证研究（庞继贤和吴薇薇，2000）显示，不少学生在小组活动中只是在"说话"，而不是在进行"交互"。同学之间的协同很少，主要体现在有的同学滔滔不绝，有的听不懂也不问，有的不听别人的发言而是忙着在想轮到自己时该说些什么。还有研究（常俊跃和宋璐，2023）显示，小组合作中的部分组员因互助意识不强而未能很好地交流，且组内评价不够。笔者在网上检索 1994—2023 年近 30 年间的国内外语类核心期刊《外语教学与研究》《现代外语》《外语界》《外国语（上海外国语大学学报）》《外语教学》《外语教学理论与实践》发现，以"外语课堂小组学习"为主题的文章为 0 篇，以"小组合作学习"为主题的文章只有 3 篇，以"合作学习"为主题的文章也只有 34 篇。这一结果从某些角度说明了外语课堂小组学习在中国超大班课堂环境中水土不服。除了班容量过大这一原因外，教师提问策略的应用（邓秀娟和郑新民，2008）和学习者的情绪体验及互动合作模式（张凯、李玉陈和凯泉，2023）也会影响课堂小组学习的效果，但关于教师应该如何在课堂上进行有效提问，以及如何增强情绪语境体验，相关方面的研究还没有得出一致结论，尚需进一步探讨（杨连瑞和张得禄，2007；张素敏和李昱丽，2023）。

3.1.5.3　原因分析和对策

学生小组合作学习的不理想状态和教师较少使用与小组有关的策略也有一定的关系，所以教师应了解一些提问策略（Brown，2007a，2007b）。教师的提问应引发学生的链型语言输出，并且语调要适当，以鼓励沉默寡言的学生从情感上接受并开口讲目标语。同时，众多的研究（R. Ellis，Loewen & Erlam，2006；Lyster & Mori，2006；Mcdonough，2005）表明，有无反馈或反馈的不同形式会影响学生对目标语的习得，所以教师要对学生的反应做出恰当的反馈。当然，要解决班容量大这一问题，单靠教师的调节和交互式的课堂教学原则是远远不够的，还需要制定合理的语言政策来指导。语言政策的制定不仅要考虑到社会的需求，还要考虑到学习者的需求和学习条件，同时也要考虑到教育体制和师资及课程环境（束定芳，2004）。

3.1.6　总结

结合相关"输入假设""输出假设""互动假设""续论"相关理论和目前我国外语教学的实际问题和改革趋势，本节以语言自动生成、有意义学习、奖励期待、内部学习动机和策略运用等原则为主线，进一步从理论和实践两方面分析了交互式语言教学认知原则，指出其在某种程度上丰富了二语习得理论和教学实践等优点，同时针对目前我国各高校存在的语言真实性输入和输出环境缺乏、班容量很大、师资力量相对薄弱等问题，并结合我国的外语教学改革实践，对交互式语言教学认知原则在中国外语教学环境中的有效运用进行了思考，并相应地提出了加强间接语境建设、适当进行显性教学、尊重个体差异因素、强调有意义输入，以及加速教材、课程设置、评估与测试等方面的改革的建议，在科学地认识相关原则的前提下，为解决我国外语教学中实际存在的问题和教学改革实践提出了参考性建议。总之，我们需要结合我国的外语教学实际环境，在灵活运用与整合各种教法的同时，及时反思自己的教学思想（戴炜栋，2009a，2009b）。

3.2　二语习得中的错误分析与学习者情感认知[①]

3.2.1　引言

错误分析兴起于 20 世纪 40 年代，研究方向主要集中在错误产生的阶段、起

---

① 本节部分内容引自《二语习得中的错误分析》，原载于《河北师范大学学报（教育科学版）》（2009 年第 2 期，第 131-134 页，作者：张素敏、王友鸿和赵丽红）；部分内容引自《二语习得中的反馈与目的语发展研究》，原载于《外国语(上海外国语大学学报)》（2011 年第 5 期，第 63-70 页，作者：张素敏）。

因和类型等方面，认知理论是其心理学基础，与诺姆·乔姆斯基（Noam Chomsky）的语言习得机制和普遍语法有密切关系（R. Ellis，1994a）。错误分析对于教师、学习者和语言研究者来说，都具有重要意义（Ccrder，1981），但错误分析在解释二语习得过程方面缺乏一个得力的方法和理论框架（R. Ellis，1994a）。鉴于不同的反馈方式会影响学习者的认知负荷和情感态度（Marisela et al.，2018），本节在简述错误产生的阶段、类型及原因的同时，着重指出错误的归类标准、研究方法和纠错态度三个方面存在的不可控主观因素，并基于错误分析中存在的问题，提出外语教学过程中，在错误表层下探索深层的语境及情感因素的交互影响很有必要。本节同时指出，我们对学习者所犯错误也根据其发展阶段，划分为阶段性错误和障碍性错误。

3.2.2　错误产生的阶段、类型及原因

目前较为权威的语言错误产生的三个阶段是：①形成系统前阶段（学生在未掌握外语之前，利用已学外语语言知识进行思想表达和交流活动时所犯的语言错误，这是超越学生语言发展阶段性质的错误，学生本人不知道犯了错误，更不会自行改正错误）；②形成系统阶段（学生在学习语言的过程中经内化已形成所学语言的规律系统，但由于理解不透彻或不完整而产生的语言错误）；③形成系统后阶段（学生在学习语言的过程中，已内化形成比较完整的语言规律系统，但由于熟练程度不够仍会出错，对于这类性质的语言错误，学生知道出错的原因并能自行改正）。

总结语言错误类型后发现，最普遍的分类有过度类推、忽略规则的限制、应用规则不完全，以及遗漏、添加、选择和次序不当等许多方面。也有研究者从音位、词汇、语法和话语等方面对错误进行了分类；还有研究者根据错误对信息可接受程度的影响，对错误类型进行了全局性和局部性划分（桂诗春，2004）。根据语言学习认知观，失误（mistake）分为单词层面的词汇感知失误（如拼写）、词际层面的词汇语法失误（如替代）和句子层面的句法失误（如句子片段和结构缺陷）三大类。

分析相关文献后发现，错误产生的原因主要有三个。原因之一是语际干扰。语际干扰又称为母语干扰，是在学习者学习外语时，其已有的母语知识或经验对外语学习所产生的影响。就语言学习来说，如果在一种语境中学会的知识有助于在另一语境中进行的学习，就产生了正迁移；反之，则产生了负迁移。在学习掌握二语（外语）时，学习者的母语的发音、词汇、语法的特点和文化背景差异都

会产生负迁移，即干扰（Jarvis，2016；沈家煊，2020；张素敏和张继东，2023）。原因之二是语内干扰（Richards，1971）。语内干扰是学习者根据已获得的有限的、不完整的目标语的经验或知识，对目标语做出不正确的假设或过度概括，从而类推出偏离规则的结构。例如，汉语 EFL 学习者学习了一般过去时表达形式-ed 后，会过度规则化，出现 goed、wanted to went 等错误。这类错误可视为发展中的错误，它们并不反映母语的特点，而是 EFL 学习者在学习过程中不能正确内化元语言知识而产生的。原因之三是不当的课堂情景教学所造成的受训干扰和非语言因素的干扰。例如，精神疲劳、注意力不集中、紧张、环境嘈杂等心理因素（Horwitz，Horwitz & Cope，1986；张素敏和王桂平，2006），以及目标语语境缺失等客观环境因素（王初明，2016，2017）也会造成学习者语言表达的失误。

错误产生的阶段、类型及原因等方面的研究为进一步的错误研究提供了理论基础和实例支持，同时也引发了一些思考。首先，如何根据错误产生的不同阶段进行有效的反馈，以帮助目标语学习者发现和修正错误，是研究者下一步应该思考的问题。其次，由于个体错误产生的原因各有不同，如何针对个体差异对症下药、量体裁衣，也是研究者需要进一步思考的问题。最后，错误的类型各有不同，如何有效地对错误进行归类，以及如何从不同阶段不同的错误中发现同一母语者的目标语错误的同质性及不同母语者之间的目标语错误的异质性，均是应进一步解决的问题。

3.2.3　错误分析中存在的问题

3.2.3.1　错误的归类标准

卡尔·詹姆斯（Carl James）将错误分析定义为研究外语学习中不成功的语言的出现、性质、原因和后果的过程（James，2001）。但正如罗德·埃利斯（R. Ellis，2010b）所言，"标准的"目标语和"成功的"语言的划分标准本身就是一个问题，因为不同的变量会对相同的语料产生差异很大的解释。通过文献分析，笔者还发现，研究者在研究和介绍错误分析时，对错误和失误的区分不一致，甚至自相矛盾。皮特·科德（Pit Corder）认为错误的出现是由于学习者缺乏目标语知识，体现了学习者语言能力的缺乏，是学习者本人所不能改正的；而失误属于语用范围，体现了学习者在语言能力运用过程中的不当，并认为学习者能否改正是区分错误和失误的标准（Corder，1981）。詹姆斯（James，2001）则把科德（Corder，1981）所指的失误叫作口误（slips of tongue），把科德所指的错误划分为错误和失误两种类型。詹姆斯（James，2001）还认为意识性（intentionality）是区分过失（fault）、错误或失误的关键。据此，詹姆斯（James，2001）把错误定义为目标语中无意识（unintentionally）的偏误，是犯错者本人所不能自我改正的；而失误既包括有意识的偏误，也包括无意识的偏误，是犯错者本人能够自我修正的。詹姆斯还提到，最实用有效的错误划分方法是把偏误划分为失误、口误、错误和文法错误（solecisms）四种类型（James，2001）。詹姆斯（James，2001）还认为，诗歌和广告语言中所谓的有意识错误（deliberate errors）不是错误，而是偏误。可见，不同学者针对同一错误的不同划分标准出入较大，甚至让人感到矛盾和费解。

也有研究者从教师角度及偏误者角度进行了不同的划分。茱莉安·埃奇（Julian Edge）认为，失误是口误、错误和试错（attempts）的总称，失误应具体归为哪一种错误类型是由教师根据对偏误者的了解而定的（Edge，1989）。不同教师因歧义容忍度及目标语知识等的不同会对同一种偏误持有不同的看法，并且教师和学生之间也会对同一种错误有不同的认识。可见，埃奇（Edge，1989）对目标语错误的划分的主观性较强。罗德·埃利斯（R. Ellis，1999）则提到幼儿在母语习得中的错误是过渡性形式（transitional forms），而成人在运用母语时所犯的错误是口误，二语学习中的错误则是不应该出现的形式（unwanted forms），三者之间是有区别的。可见，不同于埃奇（Edge，1989）根据教师来划分错误类型，罗德·埃利斯（R. Ellis，1999）对错误的划分则是根据学习者因素而定的，同样具有一定程度上的主观性。布朗（Brown，2001）则从母语与二语之间的区别入手，认为失误是一种运用错误（performance error），是由于学习者随意的猜测（random guess）或口误而出现的对已知语言系统的错误运用，它在二语和母语学习中都会出现，是有别于二语学习中的错误的。但布朗（Brown，2001）在描述学生在英语输出中所犯的错误时，用了 mistakes 和 slips of tongue，并没有提到 error。布朗本人也指出错误和失误的区别并不总如所说的那么容易。

从上述文献可以看出，研究者们对于失误、偏误、口误和错误的定义和划分非常混乱，难以统一，甚至自相矛盾，并且在定义和划分标准上，以"标准的""成功的""意识性""能否自我改正"等受个体差异因素影响的变量为标准，很不科学。基斯·约翰逊（Keith Johnson）把语内干扰与语际干扰所造成的各种不正确现象及发展阶段中的不正确现象以及其他原因所造成的不正确现象，都用"错误"一词来概括，并没有刻意地区分"错误"和"失误"（Johnson，2002）。大卫·W.卡罗尔（David W. Carroll）在研究语言心理学时，提到了幼儿在音素发展这一层面中的错误，和约翰逊一样，也只用了"错误"一词（Carroll，2005）。还有研究者（S. M. Zhang & L. J. Zhang，2021）基于"续论"中的"多轮续写"，进一步分析了学习者在词汇、动词短语、过去时间表达词素、拼写及冠词使用中的错误，也没有刻意区分"错误""失误""口误"。所以，在二语习得研究中，建议使用"错误"一词（Carroll，2005；Johnson，2002），并且在无须区分研究目的时，不必刻意区分"错误"和"失误"。

还值得一提的是，笔者认为，错误还可以根据其发展态势或结果划分为认知阶段性错误和障碍性错误。对于儿童来说，有些错误只是阶段性的，由于其物理活动及内部机制尚未准备好，体验、认知及情感等尚未发育到一定阶段，因此会出现暂时性的错误，但随着其生理、体验及情感等各方面发展到一定的阶段，相应的错误就会逐渐消失。正如一项研究所示（Ne'eman & Shaul，2021），许多试图预测婴幼儿阅读能力的研究可能都倾向于过度识别儿童阅读障碍，因为到一年级结束时，这些被确定为具有"阅读障碍"的儿童在阅读方面与其他儿童并无显著差异。该研究通过追踪不同学校 3 岁 10 个月至 6 岁的 98 名儿童，分别分析了特定的认知和语言能力对其读取精度和读取速度的预测指数。此外，该研究还分析了是否可以使用经过验证的测量方法，来区分生理、心理上尚未准备好阅读的儿童与存在阅读障碍的儿童。研究通过在不同时间点上测量这些儿童一般的认知技能、语言能力和阅读能力，发现儿童的认知能力（如执行功能和记忆力）是区分存在阅读障碍的儿童与未准备好阅读的儿童的主要指标。这一研究结果对于识别和干预有阅读障碍的儿童有很重要的启示意义。因此，我们认为对学习者不同的错误类型也需要进行进一步分类，建议根据其发展阶段，划分为阶段性错误和障碍性错误。

还需要补充的是，不同的研究者对错误的反馈效果会得出不同的结论。彼得·克罗斯韦特（Peter Crosthwaite）认为错误不应该被认为是不应该出现的形式，而是 EFL 学习者中间语言发展的必要组成部分，从中我们可以发现学习者的语言发展迹象和各种过程（Crosthwaite，2018）。克罗斯韦特（Crosthwaite，2018）同时提出纠错并不能成功地减少写作中的语法和词汇错误。但张素敏和张军（Lawrence Jun Zhang）提出，自我发起的纠错可以提高学习者在时间表达中的语法形式词素的准确性加工能力（S. M. Zhang & L. J. Zhang，2021）。正如他们（S. M. Zhang & L. J. Zhang，2021）所述，纠错产生的不同促学结果很可能归因于纠错中不同的发起者。在他们（S. M. Zhang & L. J. Zhang，2021）的研究中，学习者的错误更正全部是由学习者自己发起的，而在克罗斯韦特（Crosthwaite，2018）的研究中，纠错是由老师和同伴发起的。许多教师的纠错反馈往往不会被学生注意到（Lasagabaster & Sierra，2005）。此外，克罗斯韦特（Crosthwaite，2018）认为，他人发起和他人修正的纠错是在学术写作任务中单项进行的，而张素敏和张军（S.

M. Zhang & L. J. Zhang，2021）则通过"多轮续写"的形式发现，续写中的纠错是续写者在多轮续写中因协同效应的逐步产生而生成的自主意识。学习自主性与语言学习成效正相关（Rutherfort，1987）。纠错效果与发起者和执行者密切相关（Crosthwaite，2018），不同的任务有不同的要求，任务设计者会或多或少地使用目标语言并产生不同种类的纠错（Antón，2011）。错误是 EFL 文本质量的可靠预测指标，并且通过对错误进行子分类可进一步提高文本质量预测的可靠性（Yves & Sylviane，2011）。因此，在某种程度上，我们可以得出结论，即基于"续论"的"多轮续写"可以激发学习者对语言形式-意义匹配的自觉意识与修正。

3.2.3.2　错误分析研究方法

错误分析研究方法在语料收集与错误发现、错误描述与解释、错误评估等方面取得了一些成果，为后人进行错误分析提供了一定的参考价值（Brown，2007a），但也存在以下不足之处，需要在错误分析研究中加以关注。

第一，语料收集的内容和方式会影响研究的效果。罗德·埃利斯（R. Ellis，1999）指出，学习者的输出形式（口语/书面语）、方式（对话/演讲/文章/信件等）和内容等语言因素，以及学习者的语言水平（初级/中级/高级）、母语及语言学习环境（课堂/日常生活）等因素都是语料收集时需注意的因素。早期的错误分析却很少注意到这一点，语料的收集方式以一般的面谈或翻译与写作等非自然的形式为主，自然观察描述性研究偏少，对有关发现和控制学习者错误影响因素的研究更是缺乏关注，因此，针对真实课堂相对缺乏有效的错误干预措施。从对比语言学角度来讲，语言之间的距离（language distance）越近，目标语学习中产生的错误会越少（Laroche，1983），但母语的影响不是错误产生的唯一原因（张素敏，2018a，2018b），外语教师对学习者母语的了解并不能完全帮助其辨识学习者的错误（Hamid & Doan，2014）。因此，语料收集还需注意母语以外的其他因素，如学习者的情感等个体差异因素，以及教师与学习者对错误的不同识解等。

第二，早期的错误发现往往侧重于语法规则，而不是从语用及动态的角度去发现错误。虽然科德（Corder，1981）强调了"解释"在错误发现过程中的重要性，并区分了标准性解释、权威性解释和合理性解释，但这种区分方法很难在实际分析中实现，原因是对"标准性""权威性""合理性"的界定很难有统一的标准。虽然张素敏和张军（S. M. Zhang & L. J. Zhang，2021）对不同语言错误之间的相关性进行了分析，并采用"多轮续写"形式分析了学习者错误发现及修正的动态发展过程，但没有对错误的产生进行质性分析，因而也难以追溯导致错误产生的学习者主观因素。同样遗憾的是，即使研究者能意识到这一点，也不能提出一种更有效的错误发现方法。值得一提的是，也有研究者（Jiao et al.，2019）基于音段及超音段特征，提出了一种自动标注方法，以辨析发音的不准确程度，并通过该方法对 75 位发音异常的被试进行标注识别，发现该自动标注方法与人工标注方法的相关系数是 0.90，能够 100%识别发音错误。

第三，错误的描述也存在一定的问题和难度。无论是基于语言教学和大纲的描述，还是基于不同的语言背景或运用表层结构的描述，无论是把错误分成缺省、缀加和规则扩大化而进行描述，还是根据错误出现的阶段进行描述，都侧重于关注言语表达的表层结构，缺乏从深层结构剖析学习者的语言学习建构过程，以及这一建构过程中的心理、情感及环境等。此外，有些描述需要咨询学习者本人，同时也需要学习者有能力对自己的语言习得行为做出解释说明，而这一层面的描述主观性太强，并且在实际教学研究中也具有一定的局限性。埃斯班·巴斯克斯-卡诺（Esteban Vázquez-Cano）、安娜·冈萨雷斯（Ana González）和何塞·萨斯-洛佩斯（José Sáez-López）的描述则具有一定的借鉴意义。该研究基于 1237 个数字交互样本，对大学生在异步数字写作中出现的拼字错误进行了分析描述。该研究样本来自西班牙国立远程教育大学等机构的学生之间与学术工作相关的主题电子邮件（Vázquez-Cano，González & Sáez-López，2019）。书面文本统计和词汇计量分析及多重回归分析涉及四个独立变量，即性别、研究、对话者（教授/学生）和数字设备（固定/移动），以及三个正字法子级别（标点、重音和拼写）。该研究结果表明，大学生异步数字写作中的拼字法还有很大的改进空间：总共 71.3%的错误不是由独立变量造成的，而是由被试对拼字规则的忽视或对语言的不正确使用造成的。可见，对相关变量的多维调查会有助于对错误的识别、描述及分析。

第四，对错误起因的解释也存在分歧。心理语言因素、社会语言因素、知识面与语言结构本身都可能是造成语言错误的原因。但由于错误分类标准的不统一和主观性较强，语际干扰错误、语内干扰错误及其他类别的错误在整体错误中所占的比例往往成为争论的焦点。罗德·埃利斯（R. Ellis，1999）认为，既然很难对错误做出一个清楚的解释，那么错误分析对于二语习得研究的价值也是值得怀疑的。但需指出的是，罗德·埃利斯所言也有其偏执性，因为错误分析的目的并不是单纯地做出解释或利用解释对错误进行预测。错误本身就因人而异，对错误的解释也应因人而异。如前人研究者所述，即使是同一学习者，也会因其不同的学习阶段和不同的学习动机、目的和水平而存在差异（Ne'eman & Shaul，2021），所以，错误分析的目的应是通过对错误的正确认识，探寻减少错误出现的有利语境和措施，需要综合考虑认知、情感和环境等因素，分析错误反馈在二语课堂教学中的作用（张素敏，2011b）。

　　关于错误评估，研究者一般认为错误有轻重之分。值得一提的是，不同的研究者对于如何区分错误的轻重有不同的看法。有研究者认为影响整个句子的全局性错误要比影响句子中某个成分的局部性错误更严重，并且认为用有标记形式的错误代替无标记形式的错误，要比用无标记形式的错误代替有标记形式的错误更严重（Santos，1987）。也有研究者（James，2001）认为高密度比高频次造成的理解困难更大。但也有研究者指出，错误就是错误，没有轻重之分（Vann et al.，1984）。还有研究者发现，母语者与非母语者、教师与非教师在错误评估上也存在显著差异（Lennon，1991）。由此可见，错误的评估不仅取决于语言错误表达本身，还受到评价者本人的认知情感等主观因素的影响，尚缺乏一个可以参考的统一标准。此外，时间、地点、情景及结构或表达的难易程度等语境因素也会影响研究者对错误的评价，而目前的研究大多没有考虑到这些，只是通过单独的句子或话语语料来做出判断。还需指出的是，错误分析很难解释在有意识的情况下采取的规避交际（avoidance）策略。由于意识的程度不一样，很难认定所采取的避免交际策略是否就等于错误（戴炜栋和束定芳，1994b）。有研究者（Vallente，2020）指出，针对学习者错误的反馈很可能会被反馈者认为很尴尬（embarrassment）。因此，对于错误的反馈评估需要考虑到学习者因素。

3.2.4　对待错误的情感态度

　　长期以来研究者们对于二语习得纠错问题的看法不一。有研究者认为学习者的错误之所以有意义，是因为它们为研究人员提供了学习者如何学习或习得语言的证据，并有助于了解其在学习过程中所使用的学习策略和步骤，所以在课堂中应该为学习者提供自我纠正或他人纠正的时间和机会。杰克·理查兹（Jack Richards）从成功的学习效果角度肯定了学习者的错误（Richards，1971）。理查兹指出，错误不应该只是被当作学习者在语言学习过程中失败的例证，也应该被当作学习者语言体系发展的证据和积极习得语言的证据。此外，学习者的错误能够使我们了解他们的语言发展规律以及他们处理语言信息的过程（Littlewood，1984）。但也有研究者提出，教师纠错会打击学生的学习积极性。史蒂芬·克拉申（Stephen Krashen）就提出，对偏误进行纠正是一种"严重的错误"，纠正偏误不仅效果甚微，还会妨碍交流的正常进行（Krashen，1982）。针对有些错误，学习者能自我发起修正，或者如果不影响交际，教师就没必要纠正，以降低学生的交际焦虑。文秋芳和庄一琳（2005）的观点比较折中，她们认为，为了培养学生的自主学习能力，纠错的责任应由教师和学生共同分担，但学生承担责任的大小应视学生自我纠错能力的高低而定。

　　还有研究者从实证角度分析了纠错问题。姜望琪和李梅（2003）通过对 508 个纠偏案例的分析认为，到底由谁更正错误是根据特定语境中各人的纠错能力决定的，并且到底由谁纠偏，要考虑包括说话人、听话人、谈话内容等在内的语境因素、语言因素和情感因素。他们的研究从实证的角度说明，重视造成错误的过程而不是对结果的纠偏有利于学生外语学习成效的提高，并且大多数学生也希望教师纠正自己的错误。值得注意的是，姜望琪和李梅（2003）等研究者用的都是"纠偏"（repair）这一新概念，而不是"纠错"，与会话分析研究领域中的会话修正（conversational repair）一致。这也从另一个侧面反映了研究者对错误的不同态度。桂诗春（2004）也提出失误取决于任务，不一定是学习者语言水平的标志。但由于学生和教师对如何纠错和纠正何种错误的认识存在差异，不同英语水平的学生的自我修正频次、类型以及结构存在显著差异（林莉兰，2006），并且自我修正的能力也存在性别和年龄差异（陈立平、李经伟和赵蔚彬，2005），建议教师从不同学生的认知和心理情感等个体差异因素出发，根据学习者的语言学习能力和情感需求及教学要求和交际目的而灵活掌握。此外，王初明（2007）也指出，教师在互动过程中应考虑到被反馈者的情感因素，并进行引导及给予反馈，这样有利于提高被反馈者的学习效率（王初明，2018）。也有研究表明，外语学习焦虑和外语学习歧义容忍度等情感因素显著影响学习者对纠错的注意：与高外语学习焦虑的学习者相比，低外语学习焦虑者更能注意到教师的反馈（Sheen，2008）。有研究者在研究外语写作过程中的显性反馈和隐性反馈时提出，学习者对反馈的领会提取和持续性习得不仅和反馈的不同形式相关，而且和学习者的情感态度、观念和目标等因素也有重要的关系（Storch & Wigglesworth，2010）。因此，教师在进行反馈时，应综合考虑学习者的认知情感等因素的影响和作用，采取适当的显性纠错/隐性纠错或在线纠错/离线纠错策略。同时，学习者也应有意识地提升自我纠错意识，以了解自我情感对纠错形式、过程及结果的影响（张素敏，2011b）。

3.2.5　总结

　　二语习得中的错误分析研究试图通过研究学习者的语言错误，对二语习得过程进行规律总结和解释，不仅丰富了外语教学的理论探讨，还为实际教学活动提供了很有价值的方法，并为进一步认识学习者的外语学习过程提供了参考。同时，错误分析研究也存在一些不足之处，例如：①在定义理论上，受主观性因素的影响，难以确定统一的标准；②在研究方法上，以一般的面谈或翻译与写作等非自然语料形式为主，自然观察描述的研究偏少；③口语错误研究很少，往往以语料库为研究对象，有关影响学习者错误的情感和语境因素的语用研究较为缺乏；④共时研究偏多，历时研究缺乏；⑤侧重于对词素、音位和语法等言语表层结构的描述，缺乏从深层结构解释剖析学习者的语言学习建构过程。所以，笔者认为，错误分析的意义不应只是形成一种理论、制定某种标准，或是消除错误，而是探索学习者在错误表层下的深层的心理情感因素，树立对错误的正确认识，并对症下药，使学习者在犯错的过程中不断进步，逐步达到对语言的准确掌握。

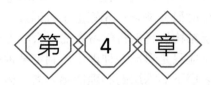

语言概念信息加工

本章主要从认知语言学角度和英汉对比语言学角度分析英汉不同语类中的概念与概念迁移、母语背景和语境对时间概念加工的影响，以及概念性迁移的方向和迁移域。第 4.1 节"认知语言学视角下的概念性迁移研究"主要从认知语言学角度分析概念的跨语言影响；第 4.2 节"母语背景和语境对时间概念加工的影响"对比英语母语者、ESL 学习者及 EFL 学习者的英语一般过去时概念形式-功能匹配，分析母语迁移和语境在时间概念加工中的作用；第 4.3 节"汉英双语加工中的概念迁移和概念化迁移"运用概念性迁移假说区分概念和概念化，综合考察中国英语学习者中英文运动事件焦点、路径及背景识解，分析概念性迁移产生的方向及迁移域。

4.1 认知语言学视角下的概念性迁移研究①

4.1.1 引言

概念性迁移关注思维建构和意义表达中的跨语言差异和影响，认为外在的语言表现取决于内在的概念结构，强调概念系统的语言特定性、双向性和交互性既是观察到的现象，也是一种研究取向和假设（Jarvis，2011）。作为跨语言影响研究中的重要领域，概念性迁移日益引起国内外学者的关注（如 Bahrami，2020；Jarvis，2007，2000a，2011，2015；Odlin，2005，2008，2015；Pavlenko，2009；

---

① 本节部分内容引自《概念性迁移研究：理论与方法》，原载于《外语界》（2016 年第 4 期，第 11-18 页，作者：张素敏、孔繁霞）；本节部分内容引自《汉英概念域中的词汇化概念迁移与概念化迁移》，原载于《外语教学》（2023 年第 3 期，第 23-29 页，作者：张素敏、张继东）。

Yu & Odlin，2015；刘永兵和张会平，2015；裴晨晖和文秋芳，2020；张素敏和孔繁霞，2016 等）。梳理国内外相关论著发现，概念性迁移研究主要包括以下内容：①概念性迁移的定义与分类；②概念性迁移的判断方法；③相关实证研究证明概念性迁移的存在或说明概念性迁移的相关影响因素。本节集中于前两个方面，结合概念性迁移相关理论和实证研究，探讨概念性迁移的定义、分类、判断方法及目前实证研究中存在的不足。

概念的发展和成熟是目标语学习中的一个重要标志（Jarvis & Pavlenko，2008；Murphy，2002），探讨概念性迁移对目标语学习者的语言、概念及思维模式发展的作用，以及不同语言之间的对比研究，有重要的理论意义和应用价值。分析概念性迁移相关文献发现：①概念性迁移研究虽日趋丰富，但其理论上仍存在分歧，方法上仍不够严谨，许多问题尚未解决，甚至存在把语言性迁移（linguistic transfer）及未完全内化的目标语现象过度解释为概念性迁移的情况（张会平和刘永兵，2014）；②有不少研究者对语言相对论、言为心声假说、概念性迁移假说及更为具体的概念迁移和概念化迁移等的区别和联系不够了解，对相关研究方法缺乏适切运用（Jarvis，2011）。因此，探讨概念性迁移相关研究，不仅有助于学习者厘清相关术语及理论，更好地理解语言、认知及思维之间的关系，还有利于概念性迁移在二语习得研究领域的自主性、系统性和科学完整性，还可以使学习者从概念层面理解外语学习中的某些隐性不地道现象（姜孟和周清，2015；张素敏，2021a；张素敏和张继东，2023），为我国外语教学与研究提供思维概念层面的参考。

4.1.2　概念性迁移相关理论

4.1.2.1　概念的定义及类别

不同研究者对概念进行了不同的界定。有研究者把概念定义为一些因本质相同或极其相似而被归为同类别的事物在大脑中的表征（Murphy，2002）。也有研究者认为概念是一些彼此典型相关的事物、事件或类型在大脑中的表征（Galotti，2004）。斯科特·贾维斯（Scott Jarvis）认为典型的概念由一系列视觉、嗅觉或图式等组成（Jarvis，2007）。这些视觉、嗅觉或图式呈层级排列，能使人判断出某一类别的下义成员，也能使人辨认出以前未见过的其他成员。贾维斯（Jarvis，2011）进一步提到，概念是物体、性质、行动、事件、关系、情况、感觉或任何其他可感知到的或想象中的现象在大脑中的表征。由此可见，虽然研究者们对概念的界定各有侧重，但都认为概念是相互关联的事件、物体、图像、声音、味道等在大脑中的表征。

一般认为概念可分为词汇化概念（lexicalized concepts）和语法化概念（grammaticalized concepts）两种（Murphy，2002；Jarvis，2011；Jarvis & Pavlenko，2008）。词汇化概念主要涉及单词，具有多模态脑表征，存储在隐性记忆中，既包括视觉信息（脑图像）、听觉信息（声音），也包括感觉信息（质地）和运动信息（感官-运动）等；语法化概念则指时、体和数，涉及语法、句法及语用关系模板或图式。不同语言具有不同的思维认知模式及表层语言表达习惯（沈家煊，2018，2020；王文斌，2013a，2013b，2019），可造成不同语言之间的对应词的词汇化概念和语法化概念不一定完全相同（Jarvis，2011）。阿内塔·帕夫连科（Aneta Pavlenko）详述了三种跨语言的概念关系：概念对等（conceptual equivalence）、部分（不）对等[partical (non)equivalence]和概念不对等（conceptual non-equivalence）（Pavlenko，2009）。这就意味着，翻译中的对等词在概念上并非总是对等的，有些词汇会部分对等，而有些词汇在另一种语言中则会找不到相对等的概念。上述三种概念关系会产生不同程度的迁移：①概念对等会促进二语词汇学习中的正迁移，学习者只需在二语词汇与现存的概念之间建立关联即可；②部分（不）对等则会部分促进二语词汇学习中的正迁移，而当学习者错误地认为是完全对等时，则会产生负迁移，所以，这种情况下的二语学习者需要进行概念重建；③概念不对等需要二语学习者生成新的类别，并在没有概念竞争的情况下促进新概念的使用。根据认知语言学，学习者在此情况下的任务就是发展新的语类以实现新词汇与现实世界所指间的匹配。

4.1.2.2 概念性迁移的理论形成、相关理论及分类

语言相对论和言为心声假说的发展促成了概念性迁移假说，但彼此间又有区别（Jarvis，2007）。语言相对论在13世纪开始出现，19世纪由于语言学家、哲学家和教育家威廉·冯·洪堡特（Wilhelm von Humboldt）的著作而开始受到研究者的关注，19—20世纪流行于美国的萨丕尔-沃尔夫假设是语言相对论的现代说法（转引自 Han & Cadierno，2010）。其核心观点是一个人的语言会影响其思维，人们的母语结构会部分地或全部地决定他们的世界观和社会文化。言为心声假说是语言相对论的新发展，其观点是所有言语者都对其体验到的事物有本质上相同的充要脑表征（Slobin，1991，1993，1996），即人的母语不会影响其大脑对周围世界的映像，但当人要用语言去表达这些思想时，其母语会影响其注意力的方向，因而会影响其对这些表征的选择和成分的组织；并且人从小受到的有关用言语来

表达经历或事件的教育也会影响其二语的重组和建构。所以，人学习某一种语言，就包含学习用另一种思维方式去说话（Cadierno，2010）。因此，在丹·斯洛宾（Dan Slobin）的框架中，个体大脑的概念存储中并不存在语言的特殊性，当学习者只是选择大脑中存储的概念以进行言语表达时会具有差异性，即概念层面不存在语言独特性，语言独特性只存在于概念化层面。值得商榷的是，人类语言的形成离不开体验和感知，而体验与感知会受到地缘、气候、民族等差异的影响，因而，在一定程度上会存在概念认知差异。一个经常被引用的例子是：因纽特人对雪的概念不同于热带地区的人群。因而，可以认为，虽然人类对基本的喜怒哀乐等情感有相同的认知和概念及概念化形式，但在某一特殊领域仍存在概念层面的语言独特性。

　　概念性迁移假说这一术语由帕夫连科（Pavlenko，1998）和贾维斯（Jarvis，1998）率先使用，但类似观点可以追溯到洪堡特（Humboldt，1836/1960，转引自Odlin，2005）。它具有三种含义（Jarvis，2011；Jarvis & Pavlenko，2008）：①观察到的现象，即具有不同母语背景的二语学习者有时用不同的概念来表达物体、事件、性质和关系等，这是概念性迁移的非正式层面（informal level）；②研究取向，即认知语言学和认知心理学视角下的跨语言影响研究，这是概念性迁移较为正式的层面；③假说，即某些跨语言影响源自学习者已形成的概念和概念化模式，这是概念性迁移最为正式的层面。概念性迁移的研究目的不是探讨使用不同语言的人是否具有不同的概念或概念化，而是根据认知语言学有关跨语言概念差异理论和实证研究形成可检验的假设，并检验英语外语学习者、双语者或多语者对语言的使用（理解和产出）是否与这些假设一致（Jarvis，2011）。

　　由此可见，语言相对论与概念性迁移虽都关注语言与思维间的关系，但彼此间存在差异。具体而言，语言相对论主要关注的是非语言行为，而概念性迁移主要关注的是理解和产出中的语言行为，旨在确定概念性影响如何与母语相关，或先前学过的语言如何影响正在学习和运用的语言。也就是说，语言相对论更多地关注语言对认知的影响，而概念性迁移更多地关注认知对语言使用的影响，尤其是通过一种语言获得的认知类型对理解或产出另一种语言的影响。此外，概念性迁移把语言相对论不太感兴趣的概念性宏观计划加工（macroplanning）和微观计划加工（microplanning）纳入自己的研究范围。概念性迁移不囿于与语言认知类型特殊相关的某些案例，这些案例可以追溯到其源语言（母语或先前学过的语言）结构，而类似语用迁移也关注语言使用者长期融入某一特殊语言群体而引起的跨语言差异。

　　斯洛宾提出的言为心声假说为概念性迁移理论发展提供了支撑，但与概念性迁移假说相比过于谨慎和狭隘。原因有二：①言为心声假说虽认为语言的特殊性存在于话语的宏观准备和微观准备两个阶段，而不只是在微观准备阶段，但没有涉及信息在大脑中如何进行储存的差异性；②言为心声假说明确提出，涉及概念意义的语言特殊性只有在言语者准备交流其意图时才发生，并不存在于概念本身，对语言相对论持过于谨慎的态度。概念性迁移假说则认为，概念意义的语言特殊性也会在一些非言语行为如感知、相似性判断及事件回忆中发生。因此，言为心声假说不能直接反映出人对现实世界的感知、感官-动作及体现（Slobin，1993）。二者间的区别还在于，概念性迁移假说更关注跨语言差异中的迁移，而言为心声假说则只关注跨语言差异本身。

概念性迁移包括概念迁移和概念化迁移，对二者进行区分对于概念性迁移研究具有重要的理论价值（Jarvis，2007）。二者间的最本质区别是：概念迁移源于个体大脑长时记忆中的概念集，而概念化迁移源于个体记忆中的加工集。具体来讲，概念迁移指的是概念所产生的影响，具有不同语言背景的二语/外语学习者和双语者往往用不同的、专属于自己语言的概念方式来指相同的物体或事件，表示的是对这些外语学习者的语言观测结果。概念化迁移指的是知识在工作记忆中进行加工时所产生的影响。在加工过程中，个体从长时记忆中选择特殊概念进行加工，并对相关概念进行有机的排序、重建和融合，以暂时建构各种真实的或想象的现象，如气味、声音、味道、感觉、关系，以及物体、事件、场景、情况、插曲等。例如，在不同民族的厨房中我们会发现相同或不同的调味品，这些调味品可视为概念集中的各种概念；我们可以用不同的调味品调制出不同的味道，而即使是相同的调味品，用不同的方法也可以调制出不同的味道，这些调制方法则可视为概念化过程。所以，概念性迁移既包括概念迁移，也包括概念化迁移。总之，与语言相关的概念涉及与词汇化概念（如单词）和语法化概念（如性、数等词素句法等）等相关的学习者概念知识，而概念化涉及话语中与信息语言组织相关联的这些知识的加工。有研究者（Daller，Treffers-Daller & Furman，2011；Jarvis，2011；Jarvis & Pavlenko，2008）提出，当概念迁移和概念化迁移不易区分时，可归为概念化迁移。值得商榷的是，这一论断有些笼统模糊。本书认为，当二者不易区分时，可适当采用问卷调查、访谈或有声思维等质性研究方法，或从文化、风俗等角度进行语言对比来进一步确定。

4.1.3　判断概念性迁移的方法

概念性迁移研究往往会运用对比方法，但不同于抽象的外部语言（external

languages）间的对比分析假设，概念性迁移主要关注大脑中通过个体行为而表现出的内部语言（internal languages）间的对比，尤其是内部语言与内部概念之间的交互作用。概念性迁移通常通过观察个体的言语或非言语行为，来辨认个体的内部思维概念，并基于此判断某一学习者的内部语言所附有的内部概念是否影响其第二内部语言的使用（Jarvis，2000a，2000b）。

不同研究者对判断概念性迁移的前提条件从不同角度进行了分析。特伦斯·奥德林（Terence Odlin）认为，研究概念性迁移的前提有二：①要有至少两种单语者，并且这两种语言的差异很大，足以有意义地分析出语言对认知的影响；②研究者应使用非言语因素非常强的测试任务，以便测试出专门与语言相关的因素对认知能力的影响，如注意、事或物的分类及经历回忆等（Odlin，2005，2015）。一些研究者进一步强调指出，认知和概念层面的跨语言差异只能在非言语任务中发现，因为这些任务不会受到语言使用的干扰，因而更能显示出思维类型（Bylund & Jarvis，2011；Athanasopoulos & Bylund，2013；Bylund & Athanasopoulos，2014）。非言语性任务主要涉及范畴化、注意力和记忆三部分。范畴化包括图片归类、物体相似性判断及归类、匹配图片或物体等；注意力则往往通过追踪被试看图或看录像时的注视点来获得；记忆则要求被试回忆自己所见、所闻、所经历的事件等，并通过画图或选择图片来匹配这些见闻或经历等。

贾维斯（Jarvis，2015）则提出异议，认为这些任务虽然没有要求被试通过书面或口头完成，但并不能保证被试在任务完成过程中没有默读（subvocal speech），所以并非是完全意义上的非言语任务。贾维斯（Jarvis，2015）同时认为，当不同语言的说话者在接受或对相同的物体、事件、关系等表现出不同的分类方式时，言语性的所指命名和描述任务同样也能有力地显示出与概念相关的差异。所以，既需要非言语性任务也需要言语性任务来证明概念性迁移。基于此，贾维斯（Jarvis，2000a，2000b，2007，2015）提出概念性迁移研究的两个前提是：①语言使用中的某一特殊的例子应体现出跨文化影响；②这种跨文化影响源自概念层面。

概念性迁移数据收集方法包括高度控制的接受性任务、相对自由的语篇或话语自然输出性任务等（Jarvis，2007）。一般来讲，控制较多的方法包括看图说话（picture naming）、看图分类（picture classification）、看词读音（word naming）、看词翻译（word translation）、词汇判断（lexical decision）、词汇偏向任务（lexical preference tasks）及语法判断题（grammaticality judgement）等。词汇启动及反应时的测量往往使用看图说话、看词翻译及词汇判断等任务。一些控制性任务如词汇判断，也被应用在神经图像研究中，目的是测量脑激活水平和神经活动区。其他的控制性任务如词汇偏向任务和语法判断题，往往被用来获取学习者的词汇-

语义证据或词汇句法知识。自然输出数据的收集方法包括自然语言使用观察、口头采访、书面日志、书面写作以及口头或书面描述图片或无声电影等，能为词形迁移和词目迁移提供丰富的语境化证据。获取引导性描述数据，与图片描述任务相比，无声电影描述更具优势，原因是无声电影所引发的数据更自然，更接近自然话语输出，因而也更能提供可信的研究结果（Pavlenko & Jarvis，2002）。下面针对概念迁移和概念化迁移，分别探讨概念性迁移的研究方法。

4.1.3.1 判断概念迁移的研究方法

贾维斯（Jarvis，2007）详细说明了判断概念迁移的四个前提条件。①对等：A 语言中的某一概念在 B 语言中没有对等词（反之亦然）。②内在内容：A 语言中的某一概念在 B 语言相应的概念中没有相同的内在内容。③内在结构：A 语言中的某一概念在 B 语言相应的概念中没有相同的内在结构。④外在成员：A 语言中的某一概念不属于 B 语言相应的概念中的上义词类别，或在这些类别中所处的等级不同。

虽然很难证明说某一种语言的人所有的概念是说另一种语言的人所缺乏的，但可以找到概念迁移四个前提条件的相关证据。与第一条概念迁移前提条件相关的证据可以从以下两条中找到：①母语是 A 语言的 B 语言使用者不能在 B 语言中激起 A 语言中所缺乏的特定概念；②属于 A 语言群体的 B 语言使用者试图把 A 语言的概念表达给 B 语言单语者，而这些概念表达对于 B 语言单语者来说是不熟悉的（Jarvis，2007）。概念迁移存在的其他几个前提条件的证据大多存在于二语使用者如何用 A 语言来对物体和行为进行分类，是否与他们运用 B 语言进行的分类相同，以及其他语言使用者如 C 语言使用者运用其所懂的所有不同的语言进行物体和事件分类时是否存在差异等方面（Jarvis，2000b）。

尽管有研究为内部概念中的跨语言差异和概念迁移提供了强有力的证据，但仍需更多的概念迁移研究来直接探讨概念的内部结构（Jarvis，2007；张素敏，2021a；张素敏和张继东，2023）。一个可行的方法是，给言语者一系列相关的图像并要求他们就这些图像所代表的特殊概念做出判断。为了证明跨语言差异，有必要显示出说不同语言的人的判断会存在差异；为了证明概念迁移，有必要显示出二语使用者的类型判断与其母语具有一致性，并且他们的二语语言行为受到其母语概念内部结构的影响。

4.1.3.2 判断概念化迁移的研究方法

学界一般认为概念化迁移有三个层面：①A 层是一般非言语认知（general

nonlinguistic cognition）；②B 层是与用来交流的概念性材料相关的宏观言语计划（macroplanning for speaking）；③C 层是如何组织这些概念性材料以进行交流的微观言语计划（micoplanning for speaking）（Levelt，1989；von Stutterheim & Nüse，2003；Jarvis，2007；张素敏，2021；张素敏和张继东，2023）。B 层和 C 层的概念化迁移是言为心声假说的精华。

　　研究者主要考察了概念化迁移的不同层面，同时也开始从学习者个体差异及二语的社会化程度等方面对其影响因素进行了分析。威廉·莱维尔特（Willem Levelt）认为语言特异性只存在于 C 层（Levelt，1989）。斯洛宾（Slobin，1991）同意莱维尔特（Levelt，1989）的观点，并在后续言为心声研究中（Slobin，1993，1996）认为跨语言差别和跨语言影响不可能存在于 A 层。有研究者认为语言影响思维涉及 B 层和 C 层，跨语言影响甚至可能存在于 A 层，但总体而言并不认为认知决定于语言（von Stutterheim & Nüse，2003）。也有研究者认为认知受到与语言特殊相关的范畴的影响，语言对概念形成的影响不止于宏观言语计划或微观言语计划层面，而且还涉及 A 层的一般非言语认知（Daller，Treffers-Daller & Furman，2011）。并且有研究者（如 Bylund & Athanasopoulos，2014；Athanasopoulos et al.，2015）发现，跨文化影响能反向迁移到高级二语学习者的母语中去。贾维斯和帕夫连科（Jarvis & Pavlenko，2008）却提出，影响概念性迁移的因素不见得是学习者的二语学习水平，还可能是学习者的二语社会化（socialization）水平。虽有研究者（如 Adamou et al.，2019）从概念角度分析了运动事件中的系动词使用等，但均没有基于概念性迁移假说明确区分概念与概念化，因此难以阐释迁移具体产生的原因。由此可见，目前研究对概念化迁移具体发生在哪个层面尚存争议，不同层面的概念化迁移在迁移方向、迁移域及迁移量上存在哪些差异也尚无明确的答案，仍需从语言对比角度进一步区分概念和概念化以提供进一步的证据进行阐释（张素敏，2021a；张素敏和张继东，2023）。

　　国内虽然近几年也有学者开始关注概念性迁移，但并没有区分概念迁移和概念化迁移，在研究方法上也存在一些问题（如刘永兵和张会平，2015；姜孟和周清，2015；Zhang & Liu，2014；李锡江和刘永兵，2020）。比如，刘永兵和张会平的系列研究把奥德林（Odlin，2008）提出的语言形式、意义和概念层面所引起的词汇、语法及话语迁移统称为概念性迁移。他们还认为，如果二语学习者出现了系统性动词搭配、组合和语义韵错误，并且这些错误和相应的汉语动词用法类似，则被判断为词汇化概念迁移或语法化概念迁移。笔者认为，刘永兵和张会平对概念性迁移存在一定的过度解释情况，把本来属于语言形式的迁移或不完整的外语学习过度解释为概念性迁移。还如，刘永兵和张会平（2015）提出的"二语学习概念迁移理论框架",以及姜孟和周清(2015)提出的"语言概念能力假设",都没有对概念迁移和概念化迁移进行区分,而是将其统称为概念迁移。相关实证研究虽借助语料库发现了中英双语者的英语作文中的反事实表达存在汉语形式及思维方式(贾光茂,2019),以及时空状语语序分布中存在母语概念迁移(李锡江和刘永兵,2020),但均未区分概念迁移和概念化迁移,在一定程度上造成结论有所出入。随着学界对概念、概念化的细化认识,以及迁移研究的深入展开,有必要明确区分概念迁移和概念化迁移,以充分了解不同语言间迁移产生的方向及迁移域(张素敏,2021a;张素敏和张继东,2023)。

4.1.3.3　概念性迁移研究方法中需注意的事项

基于以上分析,概念性迁移研究中应注意的事项如下。

第一,在数据收集时有必要超越少数简单易行的类型,应对与语言任务相关的特殊语境及要求等进行控制,以更加全面地探讨工作记忆。原因是与母语外的另一种语言的首次接触时间和总接触时间,以及数据收集时的语言模式如情感、声音、动态和场景等会影响工作记忆中语义的组织、匹配及概念的组织,这些都可能会影响数据的信度与效度(Flecken,von Stutterheim & Carroll,2013;Athanasopoulos et al.,2015)。

第二,应注意避免过分阐释概念迁移,不要把缺乏足够证据或者使用传统的语义和结构分析能够说得通的跨语言影响案例过度解释为概念性迁移(Jarvis,2015),并在此基础上进一步区分概念迁移和概念化迁移。原因是个体在用同一种语言重述自己的生活经历时,往往会说不同的经历,并且在用单词进行联想测试时,会根据自己的预设语用需求调整自己的语言;在不知道个体如何理解某一情景的语用要求时,很难从他们的语言中得到有关的概念所指(Green,2000)。并且双语者在描述自身体验时,对目标语及母语不同语言的使用往往会产生自偏压效应(self-bias effect),即用目标语描述与自我相关的刺激时,其情感激活度及激化量均显著低于其母语描述(Ivaz,Costa & Duñabeitia,2016),说明不同的语言使用即使是在概念相同的情况下,也会产生不同的概念化。

第三,在检验概念性迁移假说时,应使用统计中的趋势分析而不是典型示例分析。原因是许多跨语言概念差异不见得都可归因于语言本身,语言群体内部的差异也会影响语言间的概念性差异研究(Jarvis,2007)。尤其是语言对比中的语言本体研究中,典型事例较多,而趋势分析相对较少,易造成以偏概全现象的出现。当然,重视趋势分析不是忽视个体差异性。一些个体差异因素如外语学习动机、外语学习歧义容忍度、外语学习态度等相互关联，且与目标语学习成效密切相关，均是概念性迁移研究中需要进一步研究的领域。总之，要想达到对学习者或双语者及多语者大脑中不同语言之间交互作用的较好理解，需要进一步加强对迁移研究方法的研究。

4.1.4　概念性迁移研究的发展方向

其一，在二语研究中，需要进一步关注概念性迁移的方向及其影响因素。虽然迁移的方向性不是一个新的话题，但很少有研究涉及概念性迁移的方向及其影响因素。信息组织中基于母语的概念网络（conceptual networks）原则只能部分地重建为混合型结构，需要不同语域和形式-功能间知识的交融加工（Flecken，von Stutterheim & Carroll，2013）。这种信息加工类型对于母语者来说是高度自动生成的，是发生在概念层面的，正在二语学习过程中，很有可能存在信息组织过程中的注意方向概念迁移，即概念性迁移。那么如何引导二语/外语学习者迁移概念方向，生成概念性迁移呢？什么样的环境或教学干预手段更有效？在概念中的物体、质量、行动、事件、关系、情况、感觉等哪个方面会更有效？语言学能、工作记忆、学习动机和性格等个体差异因素如何影响概念性迁移的方向及迁移的程度？对这些问题的进一步思考不仅会从频次和二语形式的本质如复杂性与凸显性等输入特点方面，还会从学习者方面给概念性迁移提供进一步的数据支持。

其二，从概念性迁移角度进行不同语言间的综合性作用分析（combinatorial analysis）也是概念性迁移研究中需注意的一个方向。多种语言的交互作用使得多语研究比双语研究更为复杂。三种语言就可能有多种不同的组合，因此需考虑到综合性作用分析（Brown，2011，2015；Peukert，2015）。单语者、双语者与多语者之间有截然不同的心理（Cook，1991），多语者的概念类型和事件建构同时受到多种语言的影响，是呈现出多种语言的某一共性，还是多种语言的复合特征，抑或是独立的某一特征？这些都需进一步的探讨。并且虽然有少数研究者尝试结合言为心声假说和概念性迁移假说解释母语是荷兰语的德语学习者在非及物性动词结构中的概念迁移（Baten & Cuypere，2014），但正如贾维斯（Jarvis，2007，2015）所言，大多数概念性迁移研究都是基于言为心声假说或语言相对论进行解释。虽然许多研究声称是概念性迁移研究，但判断标准与研究方法只是涉及词汇、语法等错误，并没有真正从概念性迁移的角度进行分析。

其三，虽然不少研究者采用不同的言语性任务或非言语性任务研究概念性迁移，但目前仍缺乏说服力很强的概念性迁移研究方法（Jarvis，2015）。有些现象看似是概念性迁移，实则是源于形式-意义匹配中的跨语言影响中的语义迁移，而非源于学习者的大脑表征方式。即使研究者确信某一特殊的跨语言影响源于概念层面，也很难排除掉其他可能性。语言相对论多以学习者的非言语行为为因变量，旨在确定在何种程度上我们所接触到的语言影响了我们的认知和概念化类型。与语言相对论不同，概念性迁移研究始于对学习者目标语输出和理解的观察（张素敏，2021a）。为了证明跨语言影响是否源于概念层面，需要对比代表某一语言背景的学习者的概念性类型和非言语倾向，而要进行对比，就会涉及学习者的概念性倾向调查（Jarvis，2015）。那么，采用什么样的方法能更好地找到概念性迁移的证据，以更好地判断概念性迁移？这也是一个目前急需进一步深入研究的方向。

4.1.5　结语

语言指导着我们的思想、概念表征的形成及认知过程，是我们获得经历的一个重要途径，甚至能培养我们关注或记住所经历的某一细节，使我们能够区分某一特定事物（Jarvis，2015）。通过说某一种语言所获得的与该语言特殊相关的概念化类型影响着人们对另一种语言的使用。因此，概念性迁移研究，与语言相对论和言为心声假说相比，更有助于加深我们对语言与思维间关系的了解，尤其是有利于解释思维对语言的影响作用。但目前通过概念性迁移进行的跨语言影响研究仍有待进一步深入，大多只是基于概念理论（theories of concepts）或基于概念语义理论（theories of conceptualist semantics）。

目前虽然已有足够的证据证明概念性迁移的存在，但尚缺乏强有力的研究方法，需进行更多的相关研究，以达到对语言相似性、语言学能及语言习得顺序等词汇相关因素的全面了解。采用什么样的研究方法能更为有效科学地证明概念性迁移的存在？概念性迁移到底存在于语言的哪个层面？在不同的层面又会发生什么程度的概念性迁移？学习者的认知情感个体差异因素在概念性迁移中又有什么样的作用？什么样的教学干预能更好地优化学习者的目标语学习概念？对上述问题的进一步探讨不仅会为概念性迁移提供新的理论视角，还会为学习者目标语学习的地道性提供参考，有利于从概念性迁移角度帮助学习者优化其外语认知。

4.2 母语背景和语境对时间概念加工的影响①

4.2.1 引言

基于概念的目标语研究着重分析形式-功能匹配中学习者对某一特殊概念的表达方式、同一概念不同表达方式间的交互作用及历时变化（Bardovi-Harlig，1999，2007）。但当前研究多是基于学习者的输出，虽然详细描述了某一概念的不同表达方式及其变化，但并未对其进行系统的解释（Meisel，1987；Mai & Yuan，2016）。

范柏腾（VanPatten，2004a，2015）认为学习者输入加工过程中的意义优先原则在形式-功能匹配中作用明显，贾维斯和帕夫连科（Jarvis & Pavlenko，2008）则强调学习者的母语背景作用。此外，越来越多的研究者认为二语习得是认知科学的一个分支，形式-功能加工与学习者的内部因素和外部因素都相关（White，2004；Larsen-Freeman & Long，2000）。目前综合内部心理语言加工因素和外部语言环境因素的研究相对缺乏（DeKeyser，1993；Freed，1995，1998；Hardison，2014）。目标语加工和习得具有复杂性、动态性和调适性，是不同因素间交互作用的结果（Cooper，1999；Larsen-Freeman，2012），因而有必要从内部语言加工机制和外部语言环境因素两方面来系统研究学习者对同一概念不同表达方式的加工。

动词时体的屈折变化是英语学习中的重点和难点，而一般过去时是时体学习中的一个重点，也一直是目标语研究者关注的一个热点（Bardovi-Harlig，2007；McManus，2015；Yao & Chen，2017；张素敏和陈先奎，2015）。英语一般过去时作为一种构式，对频次和语境高度敏感（Bergs & Diewald，2008），只能通过学习者体验与语境产生互动才能获得（王初明，2015）。但目前的研究多基于情状体假设或输入加工原则分析学习者是否能正确地运用某一构式，相对缺乏不同母语背景和语境下一般过去时概念的不同表达方式加工研究，不利于从母语背景和语境两方面综合分析时间域加工。

基于以上分析，本节拟通过分析英语母语者、ESL 学习者及 EFL 学习者在英语一般过去时概念的不同表达方式加工中的异同，来阐释母语背景和语境在时间

---

① 本节部分内容引自《母语背景和语境在时间概念加工中的作用研究》，原载于《外语教学与研究》（2018年第 1 期，第 89-100 页，作者：张素敏）。

概念加工中的作用，借此来丰富我们对不同母语背景和语境下的学习者对时间概念表征加工的认识，并从母语迁移和语境两方面拓展一般过去时构式研究的维度。

4.2.2　研究背景

4.2.2.1　英语一般过去时概念相关研究

基于概念的目标语研究强调功能和意义在语言习得中的作用，认为概念表达中信号（cues）及其所解释的意义（功能）之间并非 1∶1 的映射关系（Bardovi-Harlig，2007；von Stutterheim & Klein，1987）。如例 4.1 所示，英语一般过去时表达中有三种表示方法：语用（when he came in）、词汇（yesterday）和形态（came、was）。

> 例 4.1　Yesterday, when he came in, I was reading a book.

在这三种表达方式中，第一种语用方式最早出现，这是学习者表达时态的第一阶段；第二阶段是用时间状语等实词来表达时态；第三阶段是用语法标记等形态词来表达时态（Dietrich，Klein & Noyau，1995）。研究者还提出，早期阶段的学习者倾向于进行一对一形式-功能匹配（one to one form-function mapping），而后期阶段的学习者则倾向于进行多对一形式-功能匹配（Bardovi-Harlig，2007）；成人目标语学习者不同于儿童母语学习者，他们已在母语学习过程中具备了完整的语义和语法概念，因此在时间概念学习中只需掌握某一时间概念的特殊表达方式即可（Klein，1995）。

输入加工研究者也提出，学习者要构建内部的语言体系，必须赋予语言表征意义和功能，原因是学习者在形式-功能匹配中倾向于意义优先原则，即当语法标记和实词都表达同一概念时，倾向于先加工有意义的实词（VanPatten，2004a，2004b，2015）。例如，例 4.1 中学习者会倾向于先根据实词 yesterday 来加工一般过去时概念。与侧重现象描述的概念研究者不同，输入加工研究者针对意义优先原则分析了输入加工教学在英语一般过去时加工中的作用。虽然解释题或填空题测试结果显示，输入加工教学有利于学习者对英语一般过去时语法标记的正确理解和输出（Benati，2005；Benati & Angelovska，2015；Benati & Lee，2008；张素敏，2015；张素敏和陈先奎，2015），但语言知识或技能不等同于认知能力，传统的基于卷面成绩的数据不能有效地观察到被试的内部加工机制表征，存在一定的局限性（蒋楠等，2016），因此并不能代表学习者的内部加工机制得到了优化。并且被试只是目标语学习者，缺乏母语者和非母语者间的对比，很难说明目标语学习者的加工已经优化到或接近母语者水平。此外，上述研究都是基于意义优先原则，而这一原则是否存在，目前尚缺乏实证支持。因此，有必要针对一般过去时概念加工进一步考察学习者的意义优先原则。

母语迁移指学习者的母语对其非母语学习或加工的影响（Jarvis，2000b）。迁移研究者认为，母语特有的世界观很可能会影响到学习者对另一门语言的学习，其目标语学习中会出现不同的母语类型倾向（Talmy，2000；Batoréo & Ferrari，2016），原因是学习者在母语学习过程中已经知道或掌握了某一种概念表达信号（Slobin，1996；N. Ellis，2012）。也有许多时体研究通过口头或写作输出任务分析了迁移现象的存在（如 Jarvis，2016；von Stutterheim et al.，2012a，2012b 等）。中国虽有研究者基于情状体假设分析了英语一般过去时学习（如徐佳欢和郑超，2005），但缺乏与母语者数据的对比分析，难以说明学习者的一般过去时功能-形式匹配是母语迁移的结果，原因是不同母语者间的中介语差异——并且至少是两种不同母语者间的差异——才能作为迁移存在的证据（Jarvis，2000b）。

此外，不同的母语背景还会影响到学习者的英语一般过去时概念表达，因为学习者对语法标记-ed 等的形态意识（morphological awareness）会从一门语言迁移到另一门语言中（McManus，2015；Zhang，2013）。然而，目前基于学习者时间概念表达加工的迁移研究甚少（Jarvis，2016）。在英语一般过去时概念加工中，母语者和非母语者存在哪些差异？具有不同母语背景的同一目标语学习者之间又存在哪些差异？对这些问题的探讨不仅会丰富我们对学习者时间概念表征的认知，也会为母语迁移提供进一步的数据支撑。此外，母语迁移只是学习者目标语建构过程中的一个方面，不能完全解释中介语特征（Pienemann，1998；Juffs，2005）。鉴于目标语学习环境是语言习得和加工中的一个重要因素（Freed，1995；N. Ellis，2006），有必要关注形态加工中目标语学习环境对母语迁移的影响。

4.2.2.2　学习环境相关研究

学习环境一直是二语习得领域关注的一个热点（Freed，1995，1998）。目标语学习环境与母语学习环境间的对比研究是学习环境研究中的一个重点，研究结果却大相径庭。有研究者（如 DeKeyser，1991；Díaz-Campos，2004）发现，目标语环境下的语法技能学习与母语环境下的目标语学习无显著差异。也有研究者通过分析学习者的口语语料发现，目标语语境下学习者的一般过去时使用的准确性要明显优于母语语境下的学习者（Howard，2001）。还有研究者发现，学习者的口语准确性和流利性在目标语语境下进步更明显（Hardison，2014；Francesca，

Diao & Donovan，2016）。

也有研究者分析了目标语语境效应的影响因素。例如，有研究者（Kanwit，Geeslin & Fafulas，2015）提出，目标语语境效应和不同的目标语学习项目相关。也有研究者认为，不同的效应和学习者在目标语学习环境中的时间长短（Llanes，2012）、目标语接触密度（Hernandez，2010）及社会网络层次（Dewey et al.，2012）等相关。还有研究者认为，不同的效应与学习者的目标语语境初始接触年龄（Muñoz & Llanes，2014）、学习动机（Hardison，2014）和自主性（Brown，2016）相关。

需要指出的是，目前语境研究结论尚不统一，主要归因于前人研究多是基于听、说、读、写等标准化测试成绩。这些测试工具虽在一定程度上能考察学习者学习某一知识或技能的准确性，但不能反映出不同语境究竟在认知加工过程中会给学习者造成什么样的影响。此外，上述研究虽发现学习者目标语语境的促学效果与其目标语初始学习年龄、时间、接触密度及学习动机等因素相关，但这些因素对其时体学习的影响又是怎样发生的？长期处于目标语语境中是否会使时间概念的某些维度处于激活状态而更容易通达？对这些问题的探析无疑会进一步加深我们对语境因素的了解。并且，有研究显示，学习者的目标语初始接触时间显著影响到其目标语语法表征加工的地道性（Birdsong，2014；Long，1990）。也有研究显示母语语境下的外语学习是具有很大可控成分的学习过程，而目标语语境下的二语学习则是自然的、自动生成的过程，因而 ESL 学习者和 EFL 学习者会有不同的外语表征加工方式（Bialystok，1994；李荣宝、彭聃龄和李嵬，2000）。基于此，笔者推测，目标语语境下的 ESL 学习者的时间概念加工要比母语语境下的 EFL 学习者更接近目标语母语者。

总之，学习者的母语背景和目标语学习环境都会影响其一般过去时概念形式-功能匹配，而目前的研究多侧重母语背景或语境等某一个方面，或基于意义优先原则假设来单方面分析目标语学习者的一般过去时输出或理解的准确性或流利性，相对缺乏母语者与非母语者之间及母语语境与目标语语境下的时间概念表征加工对比研究。因此，有必要通过研究不同母语背景和语境下学习者的一般过去时概念加工结果，以更为科学地、系统地分析不同学习者的时间认知机制。

4.2.3　研究设计

4.2.3.1　研究问题

本节旨在综合分析母语背景和语境在时间概念加工中的作用。具体研究问题如下：

（1）在一般过去时概念加工中，母语者和非母语者之间有何异同？

（2）在一般过去时概念加工中，目标语语境下的 ESL 学习者和母语语境下的 EFL 学习者之间有何异同？哪一种语境下的学习者更接近英语母语者？

4.2.3.2　被试

三组被试共 176 名：66 名英语母语者（平均年龄为 16 岁）、19 名西班牙语母语者（平均年龄为 16 岁）、91 名汉语母语者（平均年龄为 18 岁）。英语母语者和西班牙语母语者是来自美国科罗拉多州同一所学校的高中生，汉语母语者是来自河北省某高校的大一新生。研究者在被试自愿的情况下收集相关数据。被试由最初的 198 名最后筛选出有效被试 176 名，原因是其中 12 名不愿提交自己的测试结果，3 名没有根据指示进行回答，7 名没有标注自己的母语背景。

4.2.3.3　研究聚焦

研究聚焦于英语一般过去时，原因有三：第一，英语一般过去时的语法标记 -ed 相对于时间状语功能负荷小，其冗余性和不显著性易使学习者受到输入加工意义优先原则的影响。因而，对于 ESL/EFL 学习者来说，尤其是对母语中没有形态变化的汉语英语学习者来说，会造成一定的形式-功能匹配困难（Benati, 2005）。第二，虽然西班牙语和英语有许多类似的形态结构，也运用词素形态表达时体概念，但西班牙语的词素变体比英语更为丰富。研究者借此推测西班牙语母语者的英语一般过去时概念加工也会与英语母语者存在差异。第三，前人研究多基于口语、书面语语料等测试学习者的理解或表达，缺乏英语一般过去时概念加工研究。

4.2.3.4　测试任务和标注

测试材料是包含时间概念不同表达方式的 20 个句子。其中，10 个句子含目标语研究对象，时态是英语一般过去时；10 个句子是干扰项，时态是英语第三人称单数一般现在时。这 20 个句子随机分布。

测试要求被试在规定时间内尽可能快地判断句子的时态，并标记出其判断依据。所有句子包含 7—9 个中国初中三年级教学大纲中要求的词语，且都是简单句，目的是尽可能地保证测试句子在句法、长度及词汇难度上都无显著差异，且简单易懂。小规模测试显示这 20 个句子都不会产生阅读困难。为了确保时态表达方式的位置不会影响到学习者的判断依据，研究者平衡了时间状语和语法标记在句子中出现的位置。如例 4.2 所示，句子 a 中，语法标记-ed 出现在时间状语 last week 前面，而在句子 b 中，语法标记-ed 出现在时间状语 yesterday 的后面。测试包含 a 句型和 b 句型各 10 个。

> 例 4.2　a. I invited my friends to my home last week.
>
> 　　　　b. Yesterday, he visited one of his friends.

标注方式如下：如果被试是根据例 4.2a 中的 last week 或例 4.2b 中的 yesterday 等时间状语做出的判断，则标注为"LCW"（lexical content word，实词），表示被试是根据实词这一时间概念表达方式进行的一对一形式-功能匹配加工；如果被试是根据例句中的动词词尾-ed 做出的判断，则标注为"GM"（grammatical marker，语法标记），表示被试是根据语法标记进行的一对一形式-功能匹配加工；如果被试同时根据时间状语 yesterday、last week 和动词词尾-ed 进行的判断，则标注为"LCW+GM"（"实词+语法标记"），表示被试是根据实词及语法标记进行的多对一形式-功能匹配加工。

4.2.3.5　数据收集程序和统计分析

正式测试前，研究者对抽样样本所在学校的平行班级的学生进行了测试，目的是尽力确保被试理解测试要求和内容，以及设定正式施测时长。根据测试情况，笔者换掉了部分不熟悉的词汇，并设定最终施测时长为 4 分钟左右。

施测在常规任课教师的协助下完成。施测任务完成后立刻收回相关数据。剔除不合格数据后，应用 SPSS 15.0 统计英语一般过去时测试任务中不同形式时间概念加工的单个频次和整体频次；然后，运用 Log-likelihood Calculator 1.0 计算对数似然比，分析不同母语者在英语一般过去时概念加工中的差异。

4.2.4　数据分析

4.2.4.1　不同母语者一般过去时概念加工描述性分析

表 4.2.1 显示了三组被试的英语一般过去时概念加工的单个频次和整体频次描述性分析结果。具体来讲，英语母语者、西班牙语母语者及汉语母语者根据语法标记进行一对一形式-功能匹配的整体频次分别是 375、67、183；根据实词进行匹配的整体频次分别是 195、68、295；根据"实词+语法标记"进行的多对一匹

配的整体频次分别是 90、55、432。表 4.2.1 初步说明母语者和非母语者的英语一般过去时概念加工存在差异。整体而言，英语母语者更多地根据语法标记进行一对一匹配加工，西班牙母语者倾向于均衡地分配其注意机制，而汉语母语者倾向于进行多对一匹配加工而同时关注语法标记和实词。

表 4.2.1　三组被试英语一般过去时概念加工描述性分析

组别	判断依据	单个频次										整体频次
		1	2	3	4	5	6	7	8	9	10	
英语 母语者	GM	50	36	33	33	42	31	41	37	36	36	375
	LCW	7	22	22	22	17	22	16	21	22	24	195
	GM+LCW	9	8	11	11	7	13	9	8	8	6	90
	整体频次	66	66	66	66	66	66	66	66	66	66	660
西班牙语 母语者	GM	11	8	5	4	6	5	9	6	5	8	67
	LCW	4	8	8	10	9	7	5	6	6	5	68
	GM+LCW	4	3	6	5	4	7	5	7	8	6	55
	整体频次	19	19	19	19	19	19	19	19	19	19	190
汉语 母语者	GM	10	8	5	18	61	7	14	45	12	3	183
	LCW	41	40	38	22	11	38	26	19	30	30	295
	GM+LCW	40	43	48	51	19	46	51	27	49	58	432
	整体频次	91	91	91	91	91	91	91	91	91	91	910

注：表头数字 1—10 代表测试句子的序号

4.2.4.2　西班牙语母语者和英语母语者一般过去时概念加工对比分析

为了发现西班牙语母语者和英语母语者在英语一般过去时概念形式-功能匹配加工中的差异是否显著，研究者运用 Log-likelihood Calculator 1.0 计算了对数似然比（表 4.2.2）。

表 4.2.2　西班牙语母语者和英语母语者对比分析

判断依据	F_1	Norm. F_1	F_2	Norm. F_2	对数似然比 G^2	p
GM	67	35.26%	375	56.82%	−14.41***	0.000
LCW	68	35.79%	195	29.55%	1.80	0.180
GM+LCW	55	28.95%	90	13.64%	17.86****	0.000

注：****表示显著水平为 0.000 1

结果显示：西班牙语母语者和英语母语者在根据语法标记判断一般过去时概念上差异显著（$G^2 = -14.41$，$p < 0.001$）；在根据实词进行判断上差异不显著（$G^2 = 1.80$，$p > 0.05$）；在根据语法标记+实词进行判断上差异显著（$G^2 = 17.86$，$p < 0.0001$）。研究结果表明，非英语母语者与英语母语者相比，更倾向于根据"语法标记+实词"进行多对一匹配加工，且英语母语者更倾向于根据语法标记进行一对一匹配加工，但二者在实词加工上无显著差异。这一研究发现说明，西班牙语母语者和英语母语者虽然在词源上更接近，但同样会存在语法标记加工差异。

4.2.4.3　汉语母语者和英语母语者一般过去时概念加工对比分析

为了发现汉语母语者和英语母语者在英语一般过去时概念加工中的差异是否显著，研究者同样运用 Log-likelihood Calculator 1.0 计算了对数似然比（表4.2.3）。

表 4.2.3　汉语母语者和英语母语者对比分析

判断依据	F1	Norm. F1	F2	Norm. F2	对数似然比 G^2	p
GM	183	20.11%	365	56.82%	−143.44*****	0.000
LCW	295	32.42%	195	29.55%	1.02	0.313
GM+LCW	432	47.47%	90	13.64%	147.28*****	0.000

注：*****表示显著水平为 0.000 01

结果显示：汉语母语者和英语母语者在根据语法标记进行一般过去时概念判断上差异显著（$G^2 = -143.44$，$p < 0.000\,01$）；在根据实词进行判断上差异不显著（$G^2 = 1.02$，$p > 0.05$）；在根据"语法标记+实词"进行判断上，差异显著（$G^2 = 147.28$，$p < 0.000\,01$）。研究结果和表 4.2.2 类似，同样表明非英语母语者与英语母语者相比，更倾向于根据"语法标记+实词"进行多对一匹配加工，而后者更倾向于根据语法标记进行一对一匹配加工，但二者在实词加工上无显著差异。

4.2.4.4　不同语境下的非母语者一般过去时概念加工对比分析

虽然表 4.2.2 和表 4.2.3 研究结果类似，但对比二者之间的对数似然比发现，同是非母语者，汉语母语者与英语母语者之间的差异却远远大于西班牙语母语者与英语母语者之间的差异。鉴于本节中汉语母语者是母语环境下的 EFL 学习者，而西班牙语母语者是目标语环境下的 ESL 学习者，下面运用 Log-likelihood Calculator 1.0 计算二者间的对数似然比，以探析不同语境对非母语者一般过去时概念加工的影响（表 4.2.4）。

表 4.2.4　汉语母语者和西班牙语母语者对比分析

判断依据	F1	Norm. F1	F2	Norm. F2	对数似然比 G^2	p
GM	183	20.11%	67	35.26%	−14.08***	0.000
LCW	295	32.42%	68	35.79%	−0.53	0.467
GM+LCW	432	47.47%	56	28.95%	13.55***	0.000

结果显示：不同语境下的汉语母语者和西班牙语母语者在根据语法标记判断一般过去时概念上差异显著（G^2 = −14.08，p < 0.001）；在根据实词进行判断上差异不显著（G^2 = −0.53，p > 0.05）；在根据"语法标记+实词"进行判断上差异显著（G^2 = 13.55，p < 0.001）。研究结果表明，母语语境下的 EFL 学习者与目标语语境下的 ESL 学习者相比，更倾向于根据"语法标记+实词"进行多对一匹配加工，而后者更倾向于根据语法标记进行一对一匹配加工，但在实词加工上二者无显著差异。

4.2.5　讨论

4.2.5.1　母语背景在学习者一般过去时概念加工中的影响

首先，本节发现，三组不同母语者在根据实词加工英语一般过去时概念上都不存在显著差异，但英语母语者显著倾向于根据语法标记来进行一对一加工，而非英语母语者则显著倾向于根据"实词+语法标记"来进行多对一加工。

此研究结果说明，在时间概念加工中，学习者对实词的加工不同于其对语法标记的加工，即不同母语的学习者会同样在输入中寻找有交际意义的实词进行加工，而语法标记加工则会因 ESL/EFL 学习者的母语影响等而存在差异。综合不同母语者在实词加工上的相似性及其在语法标记加工上的显著差异性，可以认为本节研究结果为输入加工意义优先原则假设及范柏腾（VanPatten，2004a，2004b）、贝纳蒂（Benati，2005）和张素敏（2015）等的实证研究提供了理据支撑。形式-功能匹配取决于形式的凸显性及其对功能的解释系数（N. Ellis，2006）。尽管时间状语和屈折词素都可表达一般过去时概念，但它们具有不同的凸显性。时间状语是实词，处于时态表达方式的第一阶段（Dietrich，Klein & Noyau，1995；Bardovi-Harlig，1999，2007），与处于第三阶段的屈折词素相比，具有更强的心理物质形式和交际意义，因而会被优先加工，而语法标记由于其冗余性及学习者的母语、水平等因素，虽可能被学习者注意到，但很可能因不被赋予功能/意义而不被加工，而是在学习者达到熟练阶段或不会造成认知负担的情况下，才有可能被加工（VanPatten，2004a，2004b）。

其次，本节同时发现，虽然汉语母语者和西班牙语母语者都与英语母语者在英语一般过去时概念加工中存在差异，但前者与英语母语者之间的差异远远大于后者与英语母语者之间的差异。也就是说，以和英语有类似时体形态特征的西班牙语为母语者更接近英语母语者。不同的语言距离可部分解释英语母语者与汉语母语者和西班牙语母语者之间差异的大小。西班牙语和英语中限定词的过去时标记是强制性的，西班牙语中也有许多屈折词素，如-é、-aste、-ó、-amos、-asteis、-aron、-í、-iste、-ió、-imos、-isteis、-ieron 都可以用来表达过去时；而汉语的体词"了"是默认值，并且还经常使用"是……的"强调句式（*shì ... de* cleft）（Mai & Yuan，2016），这一点与英语完全不同。母语与目标语之间时体形态的相似性有助于学习者产生词素形态意识迁移（morphological awareness transfer）（Zhang，2013），进而影响到学习者的时体词素习得与加工（Liu et al.，2017）。因而，西班牙语母语者会更多地注意加工英语一般过去时概念表达中的屈折词素。没有动词形态屈折变化的汉语，与西班牙语相比，与目标语英语之间的距离更远，所以不熟练的汉语母语者对时体形态的意识相对较弱，会认为实词更值得依赖，因而更倾向于根据"实词+语法标记"来加工英语一般过去时概念。需要指出的是，虽然西班牙语母语者更接近英语母语者，但和英语母语者之间的显著差异说明，语言中的冗余性对非母语学习者的影响远远大于母语学习者，母语与目标语中类似的特征不足以使学习者完全内化目标语的特征（VanPatten，2015），母语的时体形态和特征会制约学习者对目标语时体形态和特征的重组加工（Mai & Yuan，2016）。

4.2.5.2 不同语境对非英语母语者一般过去时概念加工的影响

进一步的分析还发现，母语语境下的 EFL 学习者与目标语语境下的 ESL 学习者之间差异显著：前者更倾向于进行多对一匹配加工，即根据"实词+语法标记"来加工英语一般过去时概念，而后者更倾向于根据语法标记来进行一对一匹配加工。

目标语语境下的 ESL 学习者较好的词素形态加工能力表明，尽管学习者的母语会影响其目标语认知，但目标语语境所提供的大量构式与语境间的互动体验很可能也会在一定程度上制约母语迁移。本节中西班牙语母语者是在美国土生土长的西班牙后裔，整个的正规教育环境是目标语语境，学习者只是在家庭中说西班牙语；而汉语母语者是中国外语学习环境下的英语学习者，都没有国外学习经历。二者在目标语的初始接触时间、接触时长、接触密度和社会网络层次等重要语境因素（Hernandez，2010；Muñoz & Llanes，2014）上存在明显的差异。此外，目标语语境所提供的真实输入和即时输出环境也可能为学习者的形式-功能匹配意识提升提供了社会情感支架（Larsen-Freeman，2012），激发了其交际意图，进而促进了构式与情景间的关联（王初明，2015）。所以，可以推断说语言结构与语境互动体验更能促进构式内化，目标语语境下的二语学习可能会因影响到学习者的认知倾向（N. Ellis，2006，2012）和情感过滤而更能激活学习者时体概念加工中的形式-功能通达。

此外，学习者的母语学习时期与目标语学习时期的对等性或重叠度也解释了不同语境在时间概念加工中的不同作用。在美国土生土长的西班牙语后裔是混合双语者，即在基本对等的双语语境中学习母语和目标语，而汉语母语者是在小学三年级时（8—9 岁）才开始在正式课堂上进行英语学习的非平衡双语者，即在习得了母语后才开始学习目标语。前者的目标语学习过程在一定程度上类似于母语学习过程，是与学习者的内在机制几乎同步发展的自然习得过程，而后者的目标语学习则是在学习者母语的基础上的非自然学习过程（Bialystok，1994；李荣宝、彭聃龄和李嵬，2000），因而有理由推断，前者的母语习得机制对目标语习得机制的迁移程度较后者要小，形式-功能匹配的自动生成性较大；而后者则正如一些研究者（Klein，1995；Zhang，2013b）所言，其目标语时体语法加工的起点是母语，因此会受到外语学习者成熟期限制和母语迁移的较大影响。可以认为，学习关键期有可能显著影响到学习者的目标语时体概念加工，学习者的母语学习时期与目标语学习时期的高度对等性或高度重叠度会更有利于学习者时体概念形式-功能通达。

4.2.6　结语

本节通过英语母语者、ESL 学习者及 EFL 学习者之间的三角论证，分析了母语背景和语境在英语一般过去时间概念加工中的作用。研究结果在为时间概念形式-功能匹配加工中的意义优先原则提供佐证的同时，表明目标语语境在一定程度上会促进非母语学习者的加工方式更接近母语者。本节研究结果有助于更全面地认识学习者的目标语时间概念加工。需要说明的是，本节关于语境变量的实验设计存在一定的局限。理想的设计应当是考察在美国的中国学生和在中国的中国学生的区别，或是在美国的西班牙学生和在西班牙的西班牙学生的区别，然而受客观条件的制约，现在的研究对象构成使得语境变量和母语背景变量混杂在了一起，这里面是否存在潜在的交互作用，还有待进一步考察。此外，本节只是采用英语一般过去时概念的不同表达方式加工任务来获取数据，虽然可收集到相对较多的被试数据，但仍存在一定的局限性。采用眼动技术或事件相关电位（event-related potential，ERP）技术也许会得到更为可信、科学的加工过程和结果，因而采用相关方法收集在线精细加工数据也是需要进一步研究的方向。

4.3 汉英双语加工中的概念迁移和概念化迁移①

4.3.1 引言

运动事件包含焦点、运动、路径和背景四个要素，是人类认知中的重要部分，对外语学习非常重要（Talmy，1985；Cadierno，2008），而不同语言对运动事件有不同的识解，运动事件因而成为认知语言学和二语习得领域共同关注的主题（如Alonso，2011；Pavlenko & Volynsky，2015；李福印，2020；许家金和刘洁琳，2018）。但研究者多通过动词及动词短语分析不同语类运动事件识解中的路径或运动方式（如 Muñoz & Cadierno，2019；Pavlenko & Volynsky，2015；纪瑛琳，2020）；缺乏结合焦点和背景信息综合考察运动事件的研究，不利于全面阐释运动事件识解中的语义元素。此外，虽有研究者（如 Adamou et al.，2019；李锡江和刘永兵，2020）从概念角度分析了运动事件，但均没有基于概念性迁移假说明确区分概念与概念化。概念性迁移包含概念迁移和概念化迁移，区分二者可增强概念性迁移研究的可操作性（Jarvis & Pavlenko，2008；Jarvis，2011；张素敏和孔繁霞，2016），不仅有利于判断运动域母语-目标语之间的迁移是由于概念缺失，还是由于概念组织加工错误，还有利于判断母语-目标语之间的概念性双向迁移及迁移域。鉴于语言差异与思维模式差异密不可分（沈家煊，2020），事件的构式表达往往取决于言语者的概念化重构，而汉语和英语具有不同的形式概念特征和思维范式（宋文辉，2018；王文斌，2019；王文斌和何清强，2016），本节综合分析汉英双语者运动事件中的英文焦点、路径和背景描述，从概念和概念化两方面分析母语-目标语之间

---

① 本节部分内容引自《运动事件中的概念性迁移方向与迁移域》，原载于《外语教学与研究》（2021 年第 3 期，第 400-412 页，作者：张素敏）。

概念性迁移的方向与迁移域，从汉英不同概念特征和思维范式角度探索其产生的根源，可推进概念性迁移假说。

4.3.2　运动事件相关研究

运动事件可被定义为一种场景，指一物体相对于另一物体所产生的位移或存在的位置（Talmy，1985；Daller，Treffers-Daller & Furman，2011）。根据路径要素的不同词汇化形式，伦纳德·泰尔米（Leonard Talmy）将语言分为动词框架语言（verb-framed language，V 语言，如西班牙语）和卫星框架语言（satellite-framed language，S 语言，如英语）两大类（Talmy，2000）。斯洛宾（Slobin，2004）将汉语、泰语等连动型语言定义为第三种语言类型：均等框架语言（equipollently-framed language，E 语言）。陈亮和郭建生（Chen & Guo，2009）通过汉英小说运动事件描述对比支持汉语属于 E 语言这一说法。也有一些研究者认为现代汉语融合了 S/V/E 三种语言类型或至少其中两种类型（Beavers，Levin & Tham，2010；邓巧玲和李福印，2017）。李福印（2020）还提到现代汉语基本上属于 S 语言或 V+S 语言。可见，学界对现代汉语的类型虽存在争议，但均认为汉英存在语言类型差异，具有不同的信息认知加工模式。

许多研究者从语言认知或习得角度发现不同语言类型母语者的运动事件识解存在差异。有研究者采用运动事件句子翻译任务发现，西班牙语-英语双语者在英译中出现西班牙母语的动词词汇化方式（Alonso，2011）。也有研究者采用图片任务从运动方式、方向性和时体规定性三方面分析俄语、英语运动事件识解，认为双语者的目标语识解差异不仅与语言有关，还与注意等心理现象相关（Pavlenko & Volynsky，2015）。同样采用图片任务，还有研究者发现，法语、德语、意大利语、西班牙语等非常相近的语言类型之间也存在运动事件识解差异（Hijazo-Gascón，2018）。曾永红和白解红（2013）及张拥政和于翠红（2017）则提出，运动动词跨语言差异与双语者的目标语水平相关。甚至有研究者聚焦于路径的语义成分分析，并进一步提出只有高水平者才存在路径动词反向迁移（Muñoz & Cadierno，2019）。但也有研究者通过短视频描述，考察德法双语者的运动事件识解，认为语言间的差异非类型性，而是一个主导性语言影响较大的渐变体（Berthele，2017）。许家金和刘洁琳（2018）通过考察汉英双语者的英语方位动词描述也只发现了母语迁移。总之，研究者采用不同的测试任务研究不同母语者发现，不同的语言类型存在运动事件识解差异，与双语者的目标语水平和主导性语言相关。

目前运动事件研究的内容及角度尚需扩展，研究内容多为语言类型学分析，虽有学者尝试用概念迁移解释运动事件（如 Muñoz & Cadierno，2019；许家金和刘洁琳，2018），但多分析路径或运动方式，对焦点及背景的分析相对较少，不利于全面解析运动事件语义要素。鲜有研究者基于概念性迁移假说从概念和概念化两方面分析或归因识解差异。事件的构式表达往往取决于言语者对所表达事件的重新概念化，而汉英具有不同的形式概念特征（宋文辉，2018），汉英民族不同的思维范式导致其时空性语言描述各有侧重（王文斌，2019；王文斌和何清强，2016）。鉴于概念的发展和成熟是外语学习的一个重要标志（Jarvis & Pavlenko，2008），有必要基于概念性迁移假说综合考察汉英运动事件的焦点、路径及背景语义要素识解，以全面观察运动域母语-目标语之间的双向迁移，并分析其应该归因于概念缺失还是概念组织加工错误。

4.3.3　概念性迁移相关研究

概念性迁移包括概念迁移和概念化迁移两类，指说话者使用某一语言时会受到其另一门语言的心理概念和概念化思维模式的影响，是一种跨语言现象，也是一种研究取向，更是一种理论假说（Jarvis，2011）。概念性迁移假说提出，概念迁移源于个体大脑长时记忆中的概念集，涉及词汇化概念与语法化概念等知识；概念化迁移源于个体的加工集，涉及信息的组织加工（Jarvis & Pavlenko，2008；Daller，Treffers-Daller & Furman，2011；张素敏和张继东，2023；张素敏和孔繁霞，2016）。

概念性迁移实证研究多集中在词汇化概念层面，从介词、名词、代词、系动词及时空状语语序分布等方面分析不同词类及句法迁移。贾维斯和奥德林（Jarvis & Odlin，2000）通过电影片段描述发现，不同母语者在空间介词 on 和 in 的使用上存在差异；也有研究者通过图片命名任务发现，俄英双语者的杯具命名存在差异（Pavlenko & Malt，2011）；贾光茂（2019）则借助语料库发现中英双语者在英语作文中的反事实表达中存在汉语思维方式；也有研究者通过段落测试任务，分析墨西哥的罗马尼亚语-西班牙语双语者的系动词使用情况，认为概念差异会导致语言迁移（Adamou et al.，2019）；李锡江和刘永兵（2020）则发现，时空状语语序分布中存在母语概念迁移。虽有研究者尝试从概念角度分析运动事件中的双向迁移，但结论不尽相同。帕夫连科和贾维斯（Pavlenko & Jarvis，2002）通过 4 个长约 3 分钟的有声无话语视频发现，语言横组合和纵聚合均存在俄英双向迁移；有研究者分别以日英、德法双语者为被试，发现双语者的母语和二语概念会融合建构新的概念系统（Brown & Gullberg，2008；Flecken et al.，2015）；也有研究者采用图片任务发现，德语-土耳其语双语者（Daller, Treffers-Daller & Furman，2011）及汉英双语者（邓巧玲和李福印，2017）的目标语会反向影响其母语言语表征；但也有研究者发现，早期汉英双语者在词汇化模式上未出现英语反向迁移（Wang & Li，2019）。不尽相同的研究发现在一定程度上说明，有必要采用不同的测试任务区分概念和概念化，细化分析双语者的运动事件描述，以发现迁移产生的方向及层面。

　　还需要说明的是，概念性迁移研究的目的不是探讨不同语言的人是否存在不同的概念或概念化，而是区分概念迁移和概念化迁移，检验双语者/多语者的语言使用是否与概念性迁移假说一致（Jarvis，2011）。前人研究多基于图片、语料库或某一电影片段阐释不同语言具有不同的词汇化概念，虽有研究者指出运动域存在概念迁移，但研究发现存在分歧，很可能归因于前人未能明确区分概念迁移和概念化迁移。运动域母语-目标语之间的概念迁移及概念化迁移产生的方向是否对等？具体发生在语法、词汇、句法等哪些方面？明确区分概念和概念化，综合考察运动事件焦点、路径和背景语义要素识解，有助于回答上述问题，找到概念迁移和概念化迁移产生的根源，因而有利于判断母语-目标语间的迁移是归因于概念缺失还是归因于概念组织加工错误，也有利于溯源不同的迁移方向和迁移域。如前文所述，汉英分属 S/V/E 语言与 S 语言（Beavers，Levin & Tham，2010；邓巧玲和李福印，2017），具有语言和思维模式差异（沈家煊，2020；王文斌，2019；张素敏和张继东，2023），因而考察汉英双语者在中英文运动事件识解中的焦点、路径及背景异同，分析双语者业已形成的母语概念和概念化模式与其目标语概念和概念化模式之间的交互影响及层面，在为概念性迁移假说提供焦点、路径和背景综合信息的同时，可从汉英双语者的形式概念特征和思维范式角度探析概念性迁移形成的根源，亦可为双语者不同信息加工的对比提供一定的参考。

4.3.4　研究设计

4.3.4.1　研究问题

　　（1）汉英双语者在中英文运动事件焦点识解上是否存在概念性迁移？如果是，其迁移方向和迁移域具体体现在哪些层面？

　　（2）汉英双语者在中英文运动事件路径识解上是否存在概念性迁移？如果是，其迁移方向和迁移域具体体现在哪些层面？

　　（3）汉英双语者在中英文运动事件背景识解上是否存在概念性迁移？如果

是，其迁移方向和迁移域具体体现在哪些层面？

4.3.4.2 被试

被试为某高校 159 名非英语专业二年级学生，剔除不理解题意（如评论而不是描述运动事件）及描述未达到全部视频的 70% 的数据后，有效被试共 100 名（男生 6 名，女生 94 名）。问卷调查显示，被试的英语接触初始年龄平均为 8.9 岁，平均年龄为 20.2 岁，均通过了全国大学英语四级考试（以下简称"四级考试"），无出国经历，英语主要学习及接触环境是英语课堂。在被试自愿情况下收集相关数据。

4.3.4.3 语料搜集

语料选自动画片《小鹿斑比》，共截取 31 个无声无字幕短视频（其中 5 个作为练习视频），均由笔者剪辑产生。每个短视频在时间上无显著差异（均值为 2.26s，$p > 0.05$），均是完整的自动性运动，如视频中会出现"小鹿飞奔向妈妈""松鼠从树上跳到地面""蝴蝶飞向花朵"等一个个完整的运动事件。受视频中运动事件客观存在的制约，视频的时间较短，每个视频均根据被试练习结果播放三遍。要求被试在规定时间内描述看到的运动事件，练习显示每个视频描述约计时 1.5 分钟，共计 46.5 分钟左右。正式施测时一半视频要求被试先用英语进行描述，另一半则要求其先用中文进行描述，以平衡语言顺序的影响。研究者即施测者，只要求被试认真观看视频并迅速描述看到的动作，并告知被试所描述结果不计入平时成绩。

4.3.4.4 语料标注与分析

剔除无效数据后共得到 2005 个中英文运动事件描述。根据本节的研究目的，综合参考泰尔米（Talmy，1985）对焦点（即运动中的焦点物体）的界定及邓巧玲和李福印（2017）对背景和动词的划分，标注了焦点、背景和路径。具体标注过程在一位语言学及应用语言学方向的硕士研究生的有偿协助下完成（Cohen' kappa 系数分别是 0.81、0.83 和 0.81），如例 4.3 至例 4.6 所示，F = 焦点，AE = 冠词使用错误，AR = 冠词使用正确，PV = 路径动词，PSat = 路径附加语，PDV = 指示路径动词，PV-plus = 与方式动词具有均等语力的路径动词，SG = 起点背景，MG = 中介背景，GG = 终点背景。

例 4.3　……[AE] A mother deer [F] leaves [PV] the forest [GG].

鹿妈妈 [F] 要离开 [PV] 这片森林[GG]。

例 4.4　…[AE] little deer [F] goes [PDV] towards [PSat] the big deer [GG].

　　　　……一只小鹿 [F] 走向 [PSat] 大鹿 [GG]。

例 4.5　Two squirrels [F] run down [PSat] from [PSat] the trees [SG].

　　　　两只松鼠 [F] 从 [PSat] 树上 [SG] 跑下来 [PV-plus]。

例 4.6　The [AR] birds [F] flew through [PSat] the trees [MG].

　　　　鸟儿 [F] 飞过 [PSat] 树梢 [MG]。

　　所收集语料首先运用 AntConc 3.2.0 统计了焦点、路径和背景的频次。接着，运用 Log-likelihood Calculator 1.0 计算对数似然比，以观察运动事件中英文识解中的概念和概念化模式有无双向迁移及具体涉及层面。同时，汉语母语者（笔者）和英语母语者（美国外教）分别对中英文运动事件描述中的中文地道性和冠词使用进行评判，以进一步发现中英文之间的概念性迁移方向及迁移域。

4.3.5　数据分析

4.3.5.1　中英文焦点描述对比分析

　　在对比被试中英文运动事件焦点信息描述频次的同时，笔者运用语境关键词（key word in context，KWIC）以"[F]"（焦点）为关键词进行检索并随机提取一定数量的索引行进行观察。

表 4.3.1　中英文焦点描述频次和频率

中英文焦点描述频次和频率		英文焦点描述中的冠词使用频次和频率	
中文	2000（99.75%）	整体	1520（100%）
英文	1995（99.50%）	冠词使用错误[AE]	705（46.38%）
		冠词使用正确[AR]	815（53.62%）

　　表 4.3.1 显示了被试中英文焦点描述的结果。被试中英文焦点描述频次分别为 2000、1995，差异不显著（$G^2 = 0.01 < 3.84$，$p > 0.05$）。观察索引行发现：中文焦点信息主要采用"数量词（或省略）+形容词（或省略）+名词"的表达方式，如"一只小鹿、一只鹿、小鹿"；而英文主要采用"冠词（定冠词/不定冠词）+形容词（或省略）+名词（单数/复数）"的形式，如 a little deer、the little deer、a deer、 the deer。汉语是"名动包含"格局，缺乏冠词形式特征和冠词概念，学习者易产生冠词使用错误（沈家煊，2018）。为了确定被试在焦点描述中的冠词使用错误是因为概念迁移还是概念化迁移，笔者在研究中根据英语母语者对本语料中冠词使用的评判结果，进一步分析双语者焦点描述中的冠词使用情况。

从表 4.3.1 可见，被试焦点描述中的冠词使用总频次为 1520，其中冠词使用错误频次为 705，占 46.38%，远远大于 10%，属于系统性偏误（Crompton，2005）。较高的冠词使用率和较高的错误率说明，学习者的语法概念集中已存储了英语冠词概念，但尚不能完全正确组织加工冠词，母语中冠词概念及形式特征的缺失影响了其冠词概念化。

4.3.5.2　中英文路径描述对比分析

英语是"名动分立"，汉语是"名动包含"，汉语不同的词类系统也易造成学习者出现动词误用（沈家煊，2018）。因此，本部分在对比被试中英文运动事件路径信息描述频次的同时，同样以"[P]（路径）"为关键词随机提取一定数量的索引行进行观察，以发现被试中英文路径描述是否存在概念迁移或概念化迁移，并剖析其存在方向、层面及原因。

表 4.3.2　中英文路径描述频次和频率

路径信息	中文频次和频率	英文频次和频率
路径附加语[PSat]	1290（68.58%）	1678（93.22%）
路径动词[PV]	349（18.55%）	40（2.22%）
指示路径动词[PDV]	8（0.43%）	82（4.56%）
与方式动词具有均等语力的路径动词[PV-plus]	234（12.44%）	0（0%）

表 4.3.2 显示了被试中英文路径描述结果。被试的中英文路径信息描述差异显著，主要体现在路径附加语（$G^2 = -69.38$，$p < 0.001$）、路径动词（$G^2 = 268.14$，$p < 0.001$）及指示路径动词（$G^2 = -74.08$，$p < 0.001$）上。从量化数据的概率倾向性来看，被试的英文路径附加语频率为 93.22%，属典型的 S 语言；中文路径附加语频率为 68.58%，路径动词和与方式动词具有均等语力的路径动词频率分别为 18.55%、12.44%，融合了 S/V/E 语言类型。观察索引行发现：汉语中的"下来"是与方式动词具有均等语力的路径动词，如"跑下来""跳下来""走下来"等；对于英语中的"down + from"，本节被试相应的英文表达为"方式动词 + down + from + 背景"，如 run down from、come down from、walk down from 等。在中文

描述中，"跑下来""钻出来""跳起来"等与方式动词具有均等语力的路径动词使用偏多，"爬到、跳到、走到、跑到"等"方式动词 + 到"的出现频次也较多，而英文相应描述则均用 to，出现了"down + from"和 to 的过度产出。这一研究发现说明，被试的中英文路径概念信息类似，但在概念化上出现了明显的母语特征，母语思维范式对目标语的形式概念特征产生了负概念化迁移。

4.3.5.3　中英文背景描述对比分析

在对比被试中英文运动事件背景信息描述频次的同时，以"G]"（背景）为关键词随机提取一定数量的索引行进行观察，以进一步发现被试中英文背景描述是否存在概念性迁移，并判断其产生的方向和层面。

表 4.3.3　中英文背景描述频次和频率

背景信息	中文频次和频率	英文频次和频率
起点背景[SG]	206（17.10%）	164（13.87%）
中介背景[MG]	50（4.15%）	32（2.71%）
终点背景[GG]	949（78.75%）	986（83.42%）

表 4.3.3 显示了被试中英文背景描述结果。被试的中英文起点背景信息差异显著（$G^2 = 4.00$，$p < 0.05$），中文描述比英文描述显著较多关注起点背景，而中介背景（$G^2 = 3.64$，$p > 0.05$）和终点背景（$G^2 = -1.60$，$p > 0.05$）描述差异不显著。此外，中英文均倾向于描述终点背景，频率分别为 78.75%、83.42%，而对中介背景信息的描述很少，频率仅分别为 4.15%、2.71%。同时，观察索引行还发现了一些不地道的中文描述，如"小鹿在雪地上跑，直至一条小溪""鹿妈妈口中耐心地询问着鹿宝宝走到她跟前""叫喊着前面两只狗，并向它们跑去""它匍匐前进，没有声响""鹿宝宝走到一块冰湖前在下雪天"等。这说明目标语（英语）在一定程度上反向迁移至了被试句法层面的母语信息组织加工中。

4.3.6　讨论

4.3.6.1　英文焦点和路径描述中的母语概念迁移和概念化迁移

中英文不同的形式概念特征可解释被试在英文焦点描述中的母语概念迁移。冠词涉及句法、语用，在指称表达上具有复杂性，在定指表达上尤为复杂，是外语学习中的一个难点（邵士洋和吴庄，2017）。因相应母语概念的缺失，双语者往往会错误地使用母语形式来表达二语冠词概念（Pavlenko & Jarvis，2002）。目标语学习过程是将新的语言形式映射到母语心理概念系统上的过程，也是重组、调整和扩充先前母语概念表征系统的过程，双语者的目标语和母语之间的概念差异显著影响其对二语概念的注意和加工，会出现冠词和词汇组织等方面的迁移（Jarvis，1998）。英语中含有冠词语法化概念知识，汉语则缺乏对应的概念信息；英语使用冠词来限定名词/名词短语以表明已知或未知信息，而汉语在限定名词/名词短语时则使用概念上与冠词较为接近的数量词或指示代词等，这些限定词也常常在一定语境中被省略（张会平，2013）。例如，"小鹿、一只小鹿、这只小鹿"在汉语中均可以被接受，且无须关注所指对象信息是已知还是未知。二语冠词的选择在很大程度上取决于母语指称表达的实现形式（Snape，García-Mayo & Güre，2013），运用"基于母语的概念"来表达"基于二语的概念"，无疑会导致双语者因母语中冠词概念及其形式特征的缺失而产生概念迁移（Jarvis，1998；俞理明、常辉和姜孟，2012；张素敏和张继东，2023）。

本节中零冠词、定冠词和不定冠词的高使用率和高错误率则说明，概念和形式密切相关，中英文不同的思维模式会影响双语者在焦点描述中的冠词概念化。本节中，双语者使用基于母语的概念来表达焦点，如在英语可数名词 deer 前不加限定性成分，违背了英语冠词语法化概念特征，却符合汉语的表达习惯，从一定程度上说明焦点描述中存在概念化迁移（Jarvis，2007）。因此，可以说被试受其母语内部概念建构的影响，出现了运动事件焦点前冠词使用错误现象。本节根据冠词组织加工中的概念化迁移指出，语言形式与概念这两种形式的迁移存在接口，语言形式与概念的匹配度则很可能取决于双语者的母语与目标语概念间的相似度。本节中冠词的高频使用说明，双语者已初步形成了定冠词、不定冠词及零冠词的语法化概念，并开始尝试运用"基于二语的概念"加工冠词形式，但加工过程中的冠词高错误率则说明，汉语的"名动包含"格局导致被试不能完全内化目标语的概念信息加工系统而出现母语负迁移（沈家煊，2018），被试不能准确匹配冠词的形式与概念。因此，中英文不同的思维模式从形式与概念的匹配上解释了汉语母语者为什么难以完全按照英语冠词概念系统正确组织信息，这是概念化迁移产生的一个重要根源。

汉英双语者"down + from"和 to 的过度产出这一概念化迁移现象亦可归因于中英文不同的思维模式。概念组织模式的语际差异是概念化迁移产生的一个主要原因，可体现在路径信息描述中的词汇选择上（Jarvis，2011）。汉英不同的思维模式会产生汉语母语向英语目标语的负迁移（沈家煊，2018），这可能导致汉语母语者惯用汉语思维方式将动词"到"译为英语路径附加语 to，来表达运动事件的最终状态。同时，由于汉语存在连动结构，而英语中没有与之对应的表征形式，双语者倾向于使用各种方式来表达缺失的路径信息，如将汉语路径动词识解为英语路径附加语"down + from"和 to 等，由此造成英文识解表现出词汇选择中的概念化迁移。汉语中的"下来"是与方式动词具有均等语力的路径动词，而在英语中找不到与其概念对等的词汇，学习者采用了两个介词附加语 down、from 如 run down from 来表达，符合汉语的概念信息加二思维方式，而在英语中，学习者经常用 off 来表达从某位置上离开、下来之意（许家金和刘洁琳，2018）。本节与许家金和刘洁琳（2018）的研究结论一致，同样发现很少有被试用 off 来表达汉语的"下来"。鉴于语言组织差异体现了思维模式差异，可产生语言学习迁移（沈家煊，2018，2020；王文斌，2019），学习者对"down + from"和 to 的过度产出在一定程度上说明，母语思维模式是影响目标语词汇选择的一个主要因素。

4.3.6.2　学习者中英文背景描述中的双向概念化迁移

本节研究发现，被试的中英文识解在背景上都更加关注终点背景，此结果与陈亮和郭建生（Chen & Guo，2009）及曾永红和白解红（2013）等研究有所不同，他们发现汉语很少描述背景信息。不同的测试任务也许解释了不同的研究结果。不同输入模态间的语言信息加工转换会因任务的不同而产生不同的认知负荷（Bahrami，2020）。陈亮和郭建生（Chen & Guo，2009）分析的是汉英小说文本；曾永红和白解红（2013）则分析的是静态图片描述任务，因此被试的注意力相对缺乏起点和终点预期；本节使用无声动画短视频描述任务。无声视频引发的数据更接近自然语言（Pavlenko & Jarvis，2002），场景不同的动态短视频，相对于小说文本及静态图片，能够增加被试的直观性自然体验，因而可能会增强其感官感知而加快其反应速度，进而使其感知到运动事件移动轨迹中的起点并有终点预期，而小说文本及静态图片任务则相对刺激较弱，缺乏运动事件动态轨迹，可能会造成焦点及背景的刺激相对不连贯而增加被试的人知负荷。视频中相对较强的感官感知可能会降低被试的认知负荷，进而促使其中英文识解都更关注背景信息中的终点和起点。

在起点背景信息上，被试的英文水平相对低于其中文水平，这可能是由于概念化趋同现象及双语者的运动事件记忆。学习者把起点背景信息中的汉语"从"译为 from，可以认为是受"语义等同假说"影响的概念化趋同现象（Swan，1997）。利用母语的词汇概念系统和思维模式来组织建构概念意义相似的二语词汇，可在一定程度上使学习者在较短时间内组织加工二语相关词汇（俞理明、常辉和姜孟，

2012）。但这一趋同现象同时受到学习者的目标语学习水平及工作记忆的制约，不完全是正概念化迁移（Jarvis，2007）。不同语言因不同的运动事件记忆而对信息的注意有所不同（Engemann et al.，2015）。本节中的被试是中等水平英语外语学习者，二语概念集相对不完善，受外语水平和运动事件工作记忆的影响，很可能会因注意不到运动事件的全部信息而不能完整地加工目标语信息，从而出现英文起点背景信息加工不足的现象。本节的动态视频书面语语料分析结果与许家金和刘洁琳（2018）的口语语料分析结果类似。据此可推断，学习者口语、书面语英语运动事件产出都可能受母语概念和思维方式的影响而产生不同的运动事件工作记忆，出现起点信息加工不完整现象，但本节没有测量学习者的工作记忆，此结论尚需进一步验证。

双语者的主导语言及外语水平则综合解释了母语-目标语间不同的迁移方向和层面。背景起点信息描述中目标语向母语的反向迁移说明，双语者的母语和二语的概念和概念化是动态发展的（Jarvis，1998；俞理明、常辉和姜孟，2012）。随着双语者对目标语概念及概念化的学习及逐渐熟练，母语信息加工会出现目标语的思维方式特征，产生信息加工中目标语向母语的反向迁移（Brown & Gullberg，2008；Daller，Treffers-Daller & Furman，2011；Wang & Li，2019），但迁移的方向更多地受到双语者主导语言（Berthele，2017）及其目标语学习水平的影响（Muñoz & Cadierno，2019；邓巧玲和李福印，2017）。本节中的被试是中等英语水平双语者，母语占显著主导地位，其二语概念系统的整合会存在很大的难度（纪瑛琳，2020）。因此，与帕夫连科和贾维斯（Pavlenko & Jarvis，2002）研究中出现的词汇借用反向迁移不同，本节研究发现，除句法层面外，语法和词汇层面均未发生反向概念性迁移，而是在冠词使用和路径描述中出现了母语语法和句法的迁移。这一研究发现说明，概念性迁移的方向和迁移域是母语-目标语双重语言概念特征和思维范式作用下的一种动态现象。

4.3.7 结语

本节通过对比汉英双语者的英语运动事件焦点、路径及背景信息中英文描述发现，母语与目标语之间的双向迁移发生在不同的层面：母语向目标语的迁移更多地发生在语法、词汇层面，而目标语向母语的反向迁移则更多地发生在语言单位的线性排列组合等句法层面。本节通过学习者的目标语组内一致性、母语与目标语表现的组内对应性（Jarvis，2007）这两种方法验证概念性迁移假说，并从语类概念特征和思维范式角度溯源运动事件主要语义元素中的迁移方向和迁移域，指出概念迁移和概念化迁移是母语-目标语语言概念特征和思维范式双重作用下的动态现象，拓展了概念性迁移假说的研究维度。但需指出的是，不同母语者的相同目标语学习中的组间相异性也可以判断概念性迁移。虽然使用上述两种方法即可很好地断定迁移（俞理明、常辉和姜孟，2012），但使用三种方法进行判断无疑会进一步增加概念性迁移分析的信度。因此，后续研究需增加不同母语类型的英语目标语学习者及汉语单语者，以进一步分析运动事件识解中英语目标语向汉语母语的反向迁移。此外，外语水平和工作记忆等个体差异因素与学习者的目标语信息加工密切相关（Muñoz & Cadierno，2019），后续研究还需继续探析不同外语水平和工作记忆双语者的双向概念性迁移。

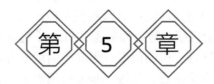

第 5 章

不同信息加工中的外语学习歧义容忍度

本章在对外语学习歧义容忍度相关研究进行梳理的同时，分析了外语学习歧义容忍度在不同外语学习任务中的作用。第 5.1 节"歧义容忍度研究 60 年多维回顾"对过去 60 年国内外歧义容忍度研究进行评析，首先从心理学角度对歧义容忍度的界定、测量和相关变量等相关研究进行梳理，然后从"学"和"教"两个层面针对学习者的认知心理、母语、文化、语言学能等分析歧义容忍度与二语习得不同信息加工之间的关系。第 5.2 节"歧义容忍度与外语阅读图式理论"基于图式理论分析歧义容忍度对阅读理解的影响。第 5.3 节"不同外语学习任务中的歧义容忍度"研究外语学习歧义容忍度与不同外语学习任务之间的关系。

5.1　歧义容忍度研究 60 年多维回顾[①]

5.1.1　引言

歧义容忍度作为学习者内部的动态认知心理过程和个性特征，与个体面对歧义情景时的应变能力、创造力和冒险精神显著相关（Kirton，1981；Mclain，1993）。歧义容忍度的提出为二语习得研究提供了广阔的视角和维度。国外许多研究者从二语习得角度对歧义容忍度进行了重新界定，探讨相关变量之间的关系，发现歧义容忍度和外语学习焦虑、学习动机、学习策略等因素显著相关，并对二语学习成效有显著影响（Ehrman，1999；Scott et al.，2009）。但笔者检索 1996—2022 年

---

　　① 本节部分内容引自《歧义容忍度研究 50 年多维回顾与思考》，原载于《外语界》（2012 年第 2 期，第 89-95 页，作者：张素敏）。

的国内外语类主要核心期刊①发现，以"歧义容忍度"为主题的研究其少，说明
国内二语习得领域对歧义容忍度这一重要的认知、心理情感因素的关注尚需拓展。

由此可见，从史丹利·布德纳（Stanley Budner）于 1962 年发表论文"Intolerance
of Ambiguity as a Personality Variable"至今，国内外歧义容忍度研究虽已开展了 60
余年，但总体而言研究相对薄弱。针对这一研究现状，本节拟对歧义容忍度的界
定、测量和相关变量等方面进行梳理，从"学"和"教"两个层面分析歧义容忍
度与二语习得间的关系，指出相关研究的特点和不足之处，同时对进一步研究歧
义容忍度的价值、可行性和必须重点突破的问题进行阐释。这些方面的思考不仅
有利于增强国内外研究对歧义容忍度与二语习得间关系的全面深入了解，还有助
于促进师生"教"与"学"风格相匹配的干预性研究的发展，进而有利于目标语
学习成效的提高。

5.1.2 歧义容忍度的界定

歧义容忍度指的是个体或群体在一系列不熟悉的、复杂的或不一致的歧义情
景条件下的信息知觉加工方式（转引自 Andersen & Schwartz，1992）。歧义情景具
体指模糊不清的、零碎不齐的、多重不定的、未经组织的、矛盾相反的或语义不
明的信息（Norton，1975）。

不同的歧义容忍度反映了个体不同的认知倾向，即个体倾向于把不确定因素
当成是一种威胁还是一种渴望。作为重要的个体特征，歧义容忍度影响个体所有
的认知、情感运行方式和思想态度体系（Budner，1962）。

围绕上述描述，许多研究者针对高、低不同的歧义容忍度者的特征，进一步
补充了歧义容忍度的内涵。一般认为，忽视、拒绝、歪曲新的信息以适应现存的
观念是低歧义容忍度者的表现，高歧义容忍度者则比较容易接受新的观点，并善
于从不同的角度有效寻求问题的解决途径。有研究者重新分析爱普·麦克唐纳（A.
P. McDonald）（McDonald，1970）、苏珊·瑞德尔（Susan Rydell）和易芙莲·罗森
（Ephraim Rosen）（Rydell & Rosen，1966）的研究后发现，教条主义、缺乏变通性、
保守主义和低歧义容忍度在一定程度上相关（Kirton，1981）。刘雪峰和张志学
（2009）还提出低歧义容忍度和高认知闭合相关，即个体应对模糊情境的动机和愿
望低。有研究者总结低歧义容忍度者的首要特征为对表面变化持抗拒心理，封闭于
熟悉特性之中，在不确定情景下较早选择和维持一个解决方案，不能容忍一个人身

---

① 国内外语类主要核心期刊来自《南京大学 CSSCI 来源期刊目录（2020—2021 年）》。

上兼有好的和坏的品质，凡事采取刻板的态度，对生活的看法非好即坏，以及寻求确定性等；次要特征则为独断专行、刻板教条、头脑封闭，具有种族偏见及攻击性，以及缺乏创造性和忧虑重重等（转引自 Mclain，1993）。大卫·麦克莱恩（David McLain）则认为歧义容忍度是一个个体或群体从接受到拒绝的渐进连续体，显示了个体对待不完整信息的不同态度（Mclain，1993）。这些研究从对新事物的接受程度、应变能力、冒险精神和创造性等方面，总结了高、低不同程度歧义容忍度者在面对歧义情景时的认知情感倾向。虽然大多数研究者倾向于对歧义容忍度进行高、低程度的划分，但他们也开始注意到歧义容忍度更是一个从高到低的渐进体。

还有研究者尝试从二语习得的角度对歧义容忍度定义进行了补充。埃利（Ely，2002）认为歧义容忍是一种与大胆猜测和尝试相关的情感/性情学习风格，反映了学习者在二语习得过程中对歧义的接受程度。大卫·纽南（David Nunan）虽没有使用"歧义容忍度"一词，但认为成功的二语习得者能忍受学习过程中的不确定因素，善于运用猜测策略，所以这在某种程度上也是一种对较高歧义容忍度者的特征描述（Nunan，2001）。玛德琳·埃尔曼（Madeline Ehrman）进一步根据歧义容忍度的功能，把歧义容忍度分成三个组成部分：接受新知识的能力；对相反的或不完整的信息的包容能力；在新情况下在认知、情感和社交方面的应变能力（Ehrman，1999）。总之，二语习得研究者认为，较高歧义容忍度者在认知和情感上不易为歧义或不确定因素所干扰，善于接受和应付新事物，更倾向于在语言学习中大胆尝试，因此也更容易成为成功的语言学习者。

总结发现，国内外研究者从认知、情感和学习风格等方面分析了歧义容忍度者的行为特征、认知倾向和情感态度，并认为学习者的歧义容忍度与其面对不确定因素时所表现出的应变力、创造力和冒险精神有关（郭继东，2013）。这些研究虽因角度不同而各有侧重，但都为外语学习歧义容忍度概念的提出和相关分析提供了理论基础和量表设计依据。遗憾的是，研究者只是从某个侧面孤立地对歧义容忍度进行定义，忽视了歧义容忍度和其他个体差异因素一样，同样会受到性别、社会、文化、年龄和环境等因素的影响（Macaro，2008）。所以，针对不同的歧义情景，从心理学、二语习得和社会语言学等角度对歧义容忍度进行较为系统的、全面的界定，不仅有利于客观、科学地认识歧义容忍度，还有利于科学、客观地测量歧义容忍度并开展相关实证研究。

5.1.3 歧义容忍度的测量

歧义容忍度在理论发展过程中产生了一些信度和效度都比较理想的测量工

具。其中，比较著名和常用的是布德纳（Budner，1962）设计的量表，包括 8 个积极项目和 8 个消极项目。每个项目指向以下 3 种模棱两可的情形之一：新奇、复杂和不可调和。该量表适用于多种被试，为进一步研究歧义容忍度提供了有用的测量工具。瑞德尔和罗森（Rydell & Rosen，1966）的量表也包括 16 个项目，采用"是、否"两个评分等级，具有很高的结构效度。为了进一步提高瑞德尔和罗森的量表的信度与内部一致性，麦克唐纳（McDonald，1970）在原有量表的 16 个项目的基础上增加了 4 个项目，其中 2 个来自加利福尼亚人格量表，另外 2 个来自巴伦一致性量表。此量表的 Cronbach's α 系数是 0.78，内部效度是 0.70—0.80，很适合用来进行学术研究。麦克莱恩（Mclain，1993）通过增加认知结构，进一步发展了歧义容忍度量表。此量表共有 22 个项目，与布德纳（Budner，1962）和麦克唐纳（McDonald，1970）的量表呈显著正相关。罗伯特·诺顿（Robert Norton）编制的 MAT-50 是一个含有 61 项调查项目的利克特 7 级量表，也具有很高的信度和效度（Norton，1975）。埃利（Ely，2002）在前人相关研究的基础上，编制了外语学习歧义容忍度量表，测量学生在二语习得这一特殊环境中的歧义容忍度。该量表共有 12 个项目，涉及语言学习的各个方面：发音、口语、听力、阅读理解、词汇和语法等。该量表采用 4 级评分，得分越高表示学生的歧义容忍度越低；它在多项二语习得和外语教学中被使用，有很高的信度和效度（张庆宗，2004；张素敏，2011）。

分析上述量表发现，虽然只有埃利（Ely，2002）编制的量表考查的是学生在二语习得这一特殊环境中的歧义容忍度，但其他量表为外语学习歧义容忍度测量提供了不可或缺的可操作因素和宏观依据。总本来说，这些量表说明歧义容忍度是可以测量的，并且测量工具是多维动态的，但是因设计者不同会存在侧重点及考察点的不同。需要指出的是，埃利（Ely，2002）编制的外语学习歧义容忍度量表的应用对象大多为成人，应用于年龄较小的被试时的信度和效度值得进一步探讨。儿童阶段是语言学习的关键期，更需要好的师资教学干预（R. Ellis，2010a）。我国许多地方在小学一二年级，甚至在幼儿园阶段，就开始了外语教学（戴炜栋，2007）。因此，针对中国外语教学环境下的中小学生，编制汉语版本的外语学习歧义容忍度量表具有一定的现实意义。

5.1.4　歧义容忍度与目标语学习者

研究者一般从歧义容忍度的相关变量、目标语与母语间的差异等方面来探讨目标语学习者的歧义容忍度。一般认为，高歧义容忍度者容易接受新的知识体系，因而更容易成为优秀的语言学习者；而低歧义容忍度者则因事事务求精确而纠缠于细枝末节，容易遇到挫折时失去信心，形成目标语学习僵化现象（Reid，2002）。

有研究者结合冒险精神、学习策略、城乡和性别差异及学习者看法、观念等相关因素，对目标语学习者的歧义容忍度进行了研究。米歇尔·杜加斯（Michel Dugas）、帕特里克·戈赛林（Patrick Gosselin）和罗伯特·拉杜瑟（Robert Ladouceur）（Dugas，Gosselin & Ladouceur，2001）推测不能容忍歧义会产生不利于外语学习的焦虑感、强迫观念和惶恐等情绪，但他们没有从实证角度来进一步研究各变量间的关系。麦克莱恩（Mclain，1993）报告说个体的歧义容忍度越高，个体就越具有冒险精神和创造力。需要引起注意的是，应分开考察创造性思维和创造性人格与模糊容忍度间的关系（师保国、申继亮和许晶晶，2008），因为使用言语或图像等不同的测验方式对创造性的影响也有所不同（申继亮和师保国，2007）。麦克莱恩（Mclain，1993）认为歧义容忍度也显著影响学习者在目标语学习过程中的大胆推测与判断，但遗憾的是麦克莱恩没有继续深入探讨歧义容忍度与外语学习成效间的关系。虽有研究者通过测试证明歧义容忍度与目标语学习能力显著相关，并由此预测歧义容忍度是预测目标语学习成效的一个重要指标（Chapelle & Roberts，1986），但歧义容忍度具体影响目标语学习的哪些层面，尚待进一步的分析。一些研究者发现不同外语学习歧义容忍度的学生在外语学习策略的选择上有显著差异（Oxford，1990a；Hwu，2007）。也有研究者发现歧义容忍度很可能会影响学习者对小组合作学习的看法和观念（Scott et al.，2009），但由于学习者的小组合作学习观念和歧义容忍度间的相关系数偏低，此研究结果尚需进一步验证。也有研究者（Fukuchi & Robin，2005）提出歧义容忍度没有显著的城乡和性别差异，但因独立样本 t 检验显示差异较大，此结果也需进一步的探讨。也有研究者发现，歧义容忍度与外语学习策略、积极二语自我和交际意愿及外语学习焦虑均显著相关（Oxford，2000；张庆宗，2004；韦晓保，2020；张素敏和王桂平，2006），并认为歧义容忍度对不同的学习任务有不同的影响（张素敏，2011），虽有不同的类别，但均与目标语整体学习水平相关（郭继东，2013）。总结发现，国内外学习者的歧义容忍度研究大都停留在相关分析阶段，而采取具体措施干预学习者的歧义容忍度以优化其目标语学习过程的研究相对匮乏。

还有研究者从目标语和母语的差异入手，分析了不同外语学习歧义容忍度学习者的目标语学习差异。有研究者分析莫桑比克的葡萄牙语学习者认为，母语中所没有的目标语语法特征充满了歧义，这使得学习者受母语影响而赋予了目标语一些错误的或新的参数值（Gonçalves，2002）。也有研究者提到，目标语学习者会因为不能容忍目标语与母语间的差异而感到学习吃力，因为成功的语言学习需要学习者至少部分容纳目标语的思维和行为方式（Arnold & Brown，1999）。还有研究者认为，接纳目标语文化、对目标语及其应用持积极态度的学习者在目标语学习上会更出色（Ashouri & Fotovatnia，2010），原因是在目标语和母语文化存在差异的特定歧义环境下，歧义容忍度太低可能会造成学习者在认知上的被动而不利于外语学习。但需指出的是，过度容忍歧义则会导致学习者在认知上不能对有用信息进行有效的组织和吸收，而是断章取义、不加理解地死记硬背，造成语言习得的不精确，因而也不利于目标语学习。

综上所述，学习者视角的歧义容忍度探讨主要关注两方面：一方面从认知情感层面分析学习者的应变能力、外语学习焦虑、创新能力、性别和外语学习策略等因素与歧义容忍度的相关关系，以及其对目标语学习成效的影响；另一方面从目标语和母语的差异入手，分析不同外语学习歧义容忍度学习者的目标语学习成效。这方面的研究有如下特点：①方法多样化，从理论上进行探讨的同时，开始尝试进行相关实证分析；②被试全面化，开始关注不同文化背景的目标语学习者在歧义容忍度上的差异。研究存在的问题有：①相关变量难以控制，外语学习歧义容忍度过高或过低都不利于外语学习，理想的状态是歧义容忍度适中，正如王立非（1998）所言，某些变量的理想状态带有一定的主观因素和相对不确定性，因此很难把握，而且不同的测量工具往往会得出不同的甚至自相矛盾的结论；②干预性研究缺乏，目前的文献尚停留在各变量间的相关分析阶段，缺乏干预外语学习歧义容忍度的相关变量来协调学习者外语学习歧义容忍度的研究。

5.1.5　歧义容忍度与外语教学

外语学习歧义容忍度对教师外语教学也同样具有影响作用（Fuchs，2006）。教学中普遍存在的一个错误观念是将容忍含混现象视作学习不踏实的表现（王立非，1998）。教师对待歧义的态度，会影响学生对不同语体的看法和接受程度（Sophocleous & Wilks，2010）。歧义容忍度偏低的教师，因无法容忍学生的偏误会有"过度修正"倾向，加剧了学生的外语学习焦虑，不利于学生外语学习动机的激发，阻碍了其外语学习过程中对各种含混现象的正确对待和适度容忍，导致其不敢运用策略大胆猜测和尝试。一些母语不是目标语的教师对自己的目标语也缺乏适度的容忍，从而影响其本身的批判性思维，以及对学生批判性思考能力的培养（McDonald，2007）。教师的低歧义容忍度还表现为不敢冒险尝试新的教材或教法，或不敢尝试新技术支持下的语言教学等方面。这些在某种意义上都影响了教师的目标语教学效果，因为教师是否鼓励变通是教师创造性教学行为评价量表中的一个维度（张景焕、初玉霞和林崇德，2008），而能容忍学生的敏感和错误的教师最利于学生创造力的发展（Cropley，2004）。

解决上述问题的关键在于师生都适当提高歧义容忍度的同时，教师还可以采取相应干预措施来减少歧义情景。一方面，教师应帮助学生了解"歧义容忍度"概念及其在语言学习过程中的作用，并加强对学生的情感投入，对歧义容忍度偏低或偏高的学生有意识地采用不同的情感干预和补偿策略来加以调控；另一方面，在课堂教学输入和输出过程中，教师应针对歧义形成的情景采取相应措施进行干预，培养学生的歧义接受和处理能力（Nunan，2004）。不仅如此，鉴于模糊容忍性是预测跨文化适应性的一个重要人格因素，教师还应培养学生对不同目标语文化的宽容度。低歧义容忍度者因其的刻板和对新事物的排斥，会缺乏文化模式转换的主动性，从而不利于其对目标语文化的了解、接受和交际能力的发展（杨晓莉、刘力和张笑笑，2010）。此外，教师还应培养学生对不同教学方法和学习方法的容忍度，提倡学生适应不同的教法和学习方法，以提高学生的信息输入和输出能力（Littlewood，2010）和积极二语自我评价（韦晓保，2020）。遗憾的是，采用相应教学策略和技巧，以减少歧义情景或适度提高学习者的歧义容忍度，优化学习者的输入或输出质量的干预性研究较为匮乏。

5.1.6　结语

综上所述，外语学习歧义容忍度为学习者在目标语学习这一充满歧义的过程中所表现出的应变力、创造力和冒险精神，它与学习者的认知心理、母语、文化、目标语学能及情感倾向等有不同程度的相关性，其影响因子的动态特征决定了外语学习歧义容忍度也是一个相对动态发展的过程。

二语得领域内的歧义容忍度研究具有较强的可操作性，并有进一步的发展空间。研究文献显示，歧义容忍度与学习者的目标语学习策略、外语学习焦虑、外语学习动机及观念等二语习得主要影响因素相关。因此，借助相关文献，通过测量和区分歧义容忍度相关变量以形成歧义容忍度概念模型，并针对模型中负荷量较大的因子在学习者目标语输入和输出阶段采取相应干预措施，能促进二语习得领域歧义容忍度研究的深入。目前急需解决的问题是：基于歧义容忍度在二语习得领域的系统界定，编制适合我国不同年龄段外语学习者的歧义容忍度量表，并采取相应输入强化和输出反馈等干预措施来减少歧义情景或提高歧义容忍度，从而有效提高学习者的学习成效。

随着认知、心理情感等个体差异因素在外语教学中的影响作用日益增强，以及外语教育者对"教"与"学"关系的认识不断更新，学习者个体的认知、心理情感因素等成为二语习得领域的重点问题（文秋芳，2010）。外语学习歧义容忍度是影响目标语学习的一个重要的认知、心理情感因素，与外语学习动机、外语学习焦虑等其他外语学习成效影响因素密切相关，具有显著的交互影响（R. Ellis，1994a，1994b；张素敏，2011a，2011b；张素敏和王桂平，2006）。因而，结合其他外语学习情感因素深入探析外语学习歧义容忍度的影响显然会进一步推动二语习得理论和目标语教学发展。

5.2 歧义容忍度与外语阅读图式理论①

5.2.1 引言

歧义容忍度是学习者性格方面的一种学习风格，是指在外语学习这一与母语差别很大的、充满歧义的、全新的特定环境中，学习者在判断、处理问题时所运用的技巧和采取的策略的冷静、清醒程度（Reid，2002）。外语的语法、词汇、语音以及文化背景，对于外语学习者来说都是歧义情形。许多研究者都提出，在外语学习中，如果学习者的外语学习歧义容忍度偏低，他们就会倾向于不敢冒险，不善于尝试，并往往会在外语学习评价及课堂提问等情形中感到威胁和不安，从而影响外语学习（Ely，2002；王初明，1996）。埃利（Ely，2002）认为，提高外语学习成效的首要步骤是提高外语学习者的歧义容忍度意识，但对于如何提高外语学习歧义容忍度意识，埃利并没有从认知图式角度进行进一步说明。此外，上述研究者也只是停留在对整体外语学习成效的描述阶段，而没有对阅读理解图式的形成进行针对性研究。

图式是存储于人类大脑中的已有认知结构，图式理论强调学习者已有认知和知识对当前认知和知识获得的影响，认为已有的认知图式有助于学习者对语言输入的理解、存储、重构与输出，在阅读理解中发挥着重要的作用（Carrell，1983，1984）。侯赛因·纳萨吉（Hossein Nassaji）进一步提出，话语理解中存在一体化建构模式（construction-integration model），即学习者对阅读的理解是学习者各种相关知识交互作用的产物，在二语知识及知识加工中起到重要的作用（Nassaji，

① 本节部分内容引自《歧义容忍度影响外语阅读的图式理论分析》，原载于《重庆工学院学报(社会科学版)》（2008 年第 4 期，第 118-119+138 页，作者：杨丽华和张素敏）。

2007）。外语学习充满歧义，学习者的外语学习歧义容忍度偏低，往往会使学习者不敢尝试，纠结于细枝末节，进而影响到学习者的外语学习效果（Reid，2002；张庆宗，2004）。因此，本节的假设是，目标语学习者的阅读障碍的产生很可能归因于学习者的歧义容忍度较低，因而难以激活相应的认知图式。鉴于此，本节基于图式理论具体分析了外语学习歧义容忍度对外语阅读理解的影响。

5.2.2　研究背景

图式概念最早由格式塔心理学（Gestalt psychology）的追随者弗雷德里克·巴特莱特（Frederic Bartlett）于 1932 年提出（转引自 Nassaji，2007），指的是人类对过去经历的组织架构。图式理论是有关人类知识认知的理论，强调人已有的知识和知识结构对当前的认知活动具有决定性的作用，包括内容图式、形式图式和语言图式三种（Rumelhart，1980）。图式理论中的内容图式与阅读材料的主题相关，形式图式与语篇结构等相关，语言图式则与语法、词汇等元语言单位相关。学习者对主题的熟悉程度、对篇章结构的把握及对目标语的语言掌握等都与学习者的阅读深度和广度具有密切的关系。关于阅读，图式理论的主要观点是强调注意阅读过程的建构，以及读者-文本-读者背景知识之间的相互作用（Carrell，1984）。

心理语言学阅读模式强调背景知识的重要性，图式阅读理论是在"自下而上"和"自上而下"两个阅读过程理论的基础上发展形成的。有研究者提出，阅读过程就是一个包含预测、选择、检验、证实等一系列认知活动的过程；有效的阅读并不依赖于对所有语言成分的精确辨认，而在于能否用尽可能少的信息线索做出准确判断（Goodman，1971）。心理语言学理论为心理语言学阅读理论提供了基础，认为学习者的概念能力和背景知识相互作用，并共同作用于学习者的阅读策略（Coady，1979）。因此，对文本的理解是学习者的背景知识和文本交互作用的过程。在这一过程中，学习者把文本材料和自己已有的背景知识相结合的能力决定了学习者对文本的释解（Carrell，1984；Kern & Schultz，2005；Nassaji，2007）。此外，研究者意识到，在阅读理解过程中，非可见信息起着非常重要的作用，因为意义的获取并不只依赖于某些具体词句，而取决于词句在上下文语篇中的使用意义。并且，阅读不是被动的解码过程，而是一种主动"猜测—证实"的积极认知过程（Cook，1989）。相关研究也表明，阅读过程中为读者提供必要的背景知识将有助于读者的阅读理解（Carrell，1983）。不仅如此，还有研究者发现，图式理论应用于 EFL 学习者的阅读教学有利于提高学生的英语自主学习能力和综合应用能力（周红，2005；张法科和王顺玲，2010）。

需要指出的是，图式理论研究者只是意识到阅读者"已具有的知识和知识结构会对其认知活动产生作用"，但没有提出外语学习歧义容忍度是这种作用产生的原因之一，即外语学习歧义容忍度会影响学习者正确图式的形成。语言习得过程中的某些心理机制的作用直接影响学习者的习得效果，语言形式与意义间联结的正确建立涉及最初的联结、对联结的后续加工、通达和运用联结等，不仅受到输入特征的影响，也受到学习者情感因素的影响（Ehrman & Oxford，1989；戴运财和戴炜栋，2010）。已有研究证明，外语学习歧义容忍度影响学习者的外语学习成效（张素敏和王桂平，2006；张素敏，2011a，2011b，2012）。但外语学习歧义容忍度如何影响英语外语学习者阅读中的图式形成，以及具体表现在哪些方面，相关研究还不够丰富，不利于从情感角度分析阅读中学习者知识图式形成的影响因素，也不利于深度分析学习者的情感因素对其外语阅读的影响。

针对上述研究的不足，本节从外语学习歧义容忍度这一情感因素角度解释图式理论对学习者外语阅读理解的影响作用，具体分析外语学习歧义容忍度和外语阅读成绩间的相关性，并进一步分析高、中、低不同外语学习歧义容忍度者的阅读成效。本节运用图式理论，分析外语学习歧义容忍度对阅读理解的影响，旨在发现外语学习歧义容忍度与阅读理解之间的关系，并从图式理论角度对二者间的关系进行释解，同时对如何关注学生的外语学习歧义容忍度等情感因素，以及如何有效干预学生的外语学习歧义容忍度进行阐释。

5.2.3　研究设计

5.2.3.1　被试

被试是某普通高校 164 名英语专业二年级学生。研究者通过随机的形式选取这些被试。背景调查显示，被试的初始外语接触时间均是小学三年级，属于较晚期 EFL 学习者。被试的外语接触时间集中在课堂上，在外语学习时间及整体外语学习环境上无显著差异。被试均自陈未参加过歧义容忍度测试。

5.2.3.2　实验工具

研究以埃利（Ely，2002）编制的外语学习歧义容忍度量表为工具。此量表共有 12 个项目，包括了语言学习的各个方面：发音、口语、听力、阅读理解、词汇和语法。每个项目有 4 个选项，即 1 分到 4 分，分数越低表明外语学习歧义容忍度越高。量表最低为 12 分，最高为 48 分。此量表被许多外语学习研究者使用过

（张庆宗，2004；张素敏，2007，2012），证明有很高的信度和效度。本节研究运用 SPSS 11.0 应用软件进行数据统计分析。

阅读成绩则采用学习者英语专业四级考试中阅读部分的成绩，通过背景问卷调查的形式获得。在调查过程中，要求被试如实作答，并且告知被试本次调查只是出于外语教学研究目的，其阅读成绩及四级考试成绩均不会作为其课程形成性评价及最终评价的参考，并会保密。在被试自愿情况下收集数据。

5.2.4 数据分析

5.2.4.1 外语学习歧义容忍度和阅读成绩间的相关性分析

首先来分析学习者外语学习歧义容忍度与其阅读成绩之间的关系（表 5.2.1）。分析结果表明，EFL 学习者的歧义容忍度和阅读成绩呈显著正相关（$r = -0.24$，$p < 0.01$）。这一结果说明，EFL 学习者的歧义容忍度越高，英语阅读成绩就越好；反之，学习者的歧义容忍度越低，其阅读成绩就越差。这一研究发现证实了本节猜测，即英语外语学习者的阅读理解障碍在一定程度上与其歧义容忍度相关：与歧义容忍度低的英语学习者相比，歧义容忍度高的英语学习者因为善于推理和猜测，更容易减少歧义情景及外语学习焦虑等阻碍性情绪，因而激活现存阅读图式。阅读图式的成功激活则易于使学习者生成正确的形式-功能联结及语义记忆。这一发现初步证明，外语学习歧义容忍度与语篇信息理解相关。

表 5.2.1 外语学习歧义容忍度和阅读成绩 Pearson 相关系数（$N = 164$）

情感因素	阅读成绩
外语学习歧义容忍度	$-0.24**$

5.2.4.2 不同外语学习歧义容忍度者的阅读成绩分析

为了进一步分析不同外语学习歧义容忍度者的阅读成绩的异同，笔者对高、中、低不同外语学习歧义容忍度者的阅读成绩进行了 Post-Hoc 多重比较（表5.2.2）。表 5.2.2 显示：在阅读理解上，高、中、低不同外语学习歧义容忍度学习者之间有显著差异（$F = 9.25$，$p < 0.001$）。具体而言，高歧义容忍度学生和中歧义容忍度学生的阅读成绩优于低歧义容忍度学生（均值分别为 69.02、66.83 和 57.79）。也就是说，高歧义容忍度学生与低歧义容忍度学生相比，阅读成绩显著较好。方差分析进一步表明，正确的阅读图式的形成与歧义容忍度显著相关，高歧义容忍

度学习者易于形成正确的阅读图式，从而提升其阅读水平，而低歧义容忍度学习者则很可能会因为不能进行正确的形式-意义及形式-功能匹配，难以形成有效的阅读图式，进而会出现阅读理解障碍。

表 5.2.2　不同外语学习歧义容忍度学生的阅读成绩多重比较结果（$N = 164$）

项目	外语学习歧义容忍度			F	多重比较结果
	高	中	低		
均值	69.02	66.83	57.79	9.25***	高 > 低；中 > 低
标准差	13.06	11.89	18.73		

5.2.5　讨论

首先，这一研究发现为约瑟夫·阿尔巴（Joseph Alba）和林恩·哈希尔（Lynn Hasher）的推测提供了佐证（Alba & Hasher，1983）。阿尔巴和哈希尔（Alba & Hasher，1983）提出，大脑中知识的呈现包含五个主要过程：选择、提取、解释、整合和重构。这五个过程所表达的心理表征是有选择地形成的。也就是说，在指定情况下，这五个过程仅选择在编码时与图式相关的信息，而不相关部分则不易被激活。此外，新信息难以在记忆中独立存在，而是需要与目前激活的图式产生联结，形成一个有机整体，这样读者才能在解码的过程中参考已经激活的图式回忆及重构信息（Nassaji，2007）。与低歧义容忍度者相比，高歧义容忍度者倾向于不拘泥于细枝末节，而是从整体上找到当前知识与其原有知识间的联结，从而降低其工作记忆负担，也就更容易回忆起前存储信息，并在此基础上理解和重构新输入信息。

在外语学习中，单词、词组、句法、语篇乃至其所蕴涵的文化因素，对于学习者来说，都是一个充满未知的不确定因素。根据图式理论，阅读为一种复杂的、主动的心理活动，是读者根据自己的已知信息、已有知识和经验对信息进行筛选、验证、加工和组合的思维过程，是一种相对独立的认知行为，即阅读既是"自下而上"的解码过程，也是主动的"自上而下""猜测—证实"的过程，二者相互作用。大脑中的背景图式与学习者的学习策略显著相关，显著影响学习者的阅读理解，而学习者的学习策略与歧义容忍度等情感因素也显著相关（Chu et al.，2015；Ehrman & Oxford，1989，1990）。张维友（1995）认为对阅读材料进行预测和证实是图式知识参照阅读观的核心。在外语阅读中，学习者不可避免会遇到一些生词或一词多义等模糊现象，低歧义容忍度者的情感过滤较高，常常会因为这些陌生的词、句型等细节的影响受到心理威胁，不能根据语境推测词义或采取相应的阅读策略去把握文章的内涵和整体脉络。因此，提高学习者的歧义容忍度，培养读者的预测技巧，以及增强其预测意识是十分必要的。

语言是文化的载体，对语言的理解在很大程度上依赖于对文化传统和风俗习惯的理解。正如一些研究者所言，文化背景的缺失也会对学习者正确图式的形成产生负面影响（Carrell，1984；McVee，Dunsmore & Gavelek，2005）。由于中西方文化的差异，学生的外语背景知识匮乏，使得学习者在学习目标语时，其语言习得和文化习得不同步。图式的形成是一个相对高级的脱离某一形体的原型（disembodied construct），它综合所感知到的信息以形成适当的概念形式，因而其概念类别和体验意识都受到先前认知体验的影响（Krasny，Sadoski & Allan，2007）。因此，这种现象不仅会使英语外语学习者形成语言错位，还会形成文化错位等问题。这就很可能会致使学习者形成不适当的图式，从而严重影响他们对语篇做出正确的推论、判断和预测，造成理解受阻或发生偏差。但需指出的是，不同研究者对图式有不同的理解。有研究者提出，学习者长时记忆中的知识是抽象的、脱离现实存在的，因而与其情感感知模式没有关联，所以图式与学习者所处的社会文化相容性不大（Krasny，Sadoski & Allan，2007）。也有研究者对图式的理解有所不同，认为图式和一定的文化相关（McVee，Dunsmore & Gavelek，2005）。笔者认为，记忆虽然不是即时存在的，但脱离不了学习者所处的文化等背景。因此，尚需进一步的研究来探讨图式在阅读中的作用。

本节的发现对英语阅读教学具有一定的启示意义。外语学习歧义容忍度与阅读成绩的高度相关关系说明，教师在外语阅读教学中应注意学生的外语学习歧义容忍度。阅读是"自下而上"和"自上而下"两种方式的互动过程。它既要求读者自下而上对单词的辨认直至对短语、句子等的识别，也要求自上而下的信息处理来大胆猜测，消除歧义并做出准确选择。同时歧义容忍度还会影响学习者形成正确图式。因此，外语阅读教师除了要培养学生在单词、语法、语义理解等方面基本的阅读技能外，还应了解学生的外语学习歧义容忍度情况，增强学生的模糊性意识，让他们明白歧义容忍度的概念，使学生在学习过程中更好地对歧义场景做出准确判断，建立正确的阅读图式，从而达到对阅读材料的正确理解。此外，教师的先前经历作为一种图式，也会影响其语言教学风格（Feryok，2012）。所以，教师也应适当提高自己的外语教学歧义容忍度以匹配学生的学习风格。

教师可以通过以下方法来帮助学生适应歧义场景，使学生形成正确的阅读图式：①在阅读语篇时，给出生词词义和重点词组用法，对关键词进行提示，并对语篇中结构复杂的句子进行分析，鼓励学生利用这些已知图式信息，预测语篇内容，从而达到建立整个语篇内容图式的目的。②讲解前向学生介绍语篇的体裁结构，帮助学生建立修辞图式。寓言、故事、诗歌、戏剧等无一不有自己独特的体裁结构。③向学生提供相关的背景信息。例如，阅读前，让学生收集相关资料或向学生介绍背景知识，使他们建立起与篇章内容相关的文化图式。④运用多种教学手段，培养学生的阅读策略。例如，运用自主讨论、复述故事、角色扮演、释义、找同义词、信息差练习、略读等补偿技巧帮助学生在当前文本和已有背景知识间建立关联。总之，外语学习是一个复杂的认知过程，外语阅读涉及认知和心理等各种因素，学习者和教师应依据不同的学习阶段、学习状况、学习目的、心理条件等，不断调整自我的歧义容忍度，运用图式理论达到对阅读的正确理解。

5.2.6　结语

本节通过图式理论分析了外语学习歧义容忍度与阅读理解间的关系。研究发现，外语学习歧义容忍度和学习者的阅读成绩呈显著正相关，高歧义容忍度学生和中歧义容忍度学生的阅读成绩优于低歧义容忍度学生。研究结果进一步证明，图式对英语外语学习者预测文章主题、掌握篇章结构及理解语言知识有重要的作用。如果学习者的歧义容忍度较低，会影响其已有背景知识的激活，从而不易形成正确的阅读图式。需要指出的是，学习者的外语学习是一个动态有机的发展过程，与动词搭配、词汇广度、冠词及时态表达习得等高度相关（Chang & Zhang，2021；S. M. Zhang & L. J. Zhang，2021）。

然而，本节只是分析了阅读成绩，而没有考虑到听力、写作等语言能力的协同作用，也没有具体考察歧义容忍度对某一词类或语法形式学习的作用。并且，不同任务具有不同的认知负荷，不同的测验对学习者能力的要求也有所不同，会影响歧义容忍度的作用（师保国、申继亮和许晶晶，2008）。此外，除情感因素外，母语背景和语境也是影响学习者外语学习的主要因素（张素敏，2018b），不同母语背景者及不同的目标语学习环境均会影响学习者的信息加工过程及最终加工效果。因此，后续研究应从不同的任务角度，结合不同的目标语学习影响因素，来进一步分析外语学习歧义容忍度与外语学习成效之间的关系。

还需一提的是，有研究者（Peltier et al.，2020）基于数学图式教学提出，对于有特殊学习障碍的学生，基于图式的指导是一种潜在的基于证据的有效实践。因此，基于图式的阅读模式是否有利于有阅读障碍的学生，也是一个很有意义的探索方向。此外，也有研究者（Yang，Chen & Xiao，2020）以母语是汉语的俄语学习者为被试，调查跨语言相似度在俄语词首爆破音中的学习情况，以发现俄语词首爆破音与汉语词首爆破音的语音相似程度，以及语音学习模型如何应用到汉语母语者的俄语词首爆破音学习中。该研究结果发现，虽然感知到的跨语言相似性在目标语语音学习中起着关键作用，但是感知到的跨语言相似度在爆破音学习中不能总是被学习者准确地产出。可见，图式产生的相似性也许不能够对所有的语言学习层面产生促进作用。因此，积极探索其他模式，如基于"续论"的"读后续写""读后续说""读后续听""听后续读""写后续读"等续作（王初明，2016），或针对学习者错误的内部输入加工策略采用输入加工教学模式等，也是阅读教学中需要考虑的一个方面。

5.3　不同外语学习任务中的歧义容忍度①

5.3.1　引言

外语学习歧义容忍度是一种与大胆猜测和尝试有关的情感/性情学习风格和心理特点，反映了学习者在外语学习过程中对困惑和界定不明显的情况的接受程度（Ehrman，1999；Larsen-Freeman & Long，2000；Ely，2002）。外语学习是一个充满歧义的过程，目标语和母语从最基本的音素和词素到较大单位如短语、句子和句群，都存在着很大的差异。不同于英语中的动词词尾变化及名词前需要"指称语"，汉语名词本身就是"指称语"，无须加冠词进行指称化，并且汉语动词本身就是"述谓语"，因而也用不着动词变形进行述谓化（沈家煊，2020）。汉英在语言表达方式上的不同，很大程度上体现出了汉英不同语类的思维模式差异（沈家煊，2020；王文斌，2013a，2013b，2019；张素敏等，2021）。因此，许多学者认为，低外语学习歧义容忍度可能会造成目标语学习者在认知上比较被动，从而不利于目标语信息的输入和输出加工。但大多数研究只是基于相关变量间的关系，在理论上进行笼统推测或预测，缺乏实证数据支持，并且不同的测验要求及测试方式会影响外语学习歧义容忍度的影响作用（师保国、申继亮和许晶晶，2008），而不同的外语学习任务需要学习者选择不同的注意机制（R. Ellis，2004）。所以，有必要根据不同的外语学习任务来具体分析外语学习歧义容忍度对目标语习得的影响作用。鉴于此，本节调查了学习者在外语学习中的歧义容忍度，并根据学习

---

① 本节部分内容引自《基于不同学习任务的外语歧义容忍度影响作用研究》，原载于《北京第二外国语学院学报》（2011 年第 8 期，第 70-75 页，作者：张素敏）。

者歧义容忍度的平均分和标准差，划分了高、中、低外语学习歧义容忍度水平，进一步求证外语学习歧义容忍度与听、读、写等不同目标语习得任务间的关系。

5.3.2　研究背景

有研究者从冒险精神、焦虑感及学习者看法和观念等情感性格方面，分析了歧义容忍度对二语习得结果的影响作用。麦克莱恩（Mclain，1993）发现，高歧义容忍度与死板教条呈显著负相关，与应变能力和冒险精神呈显著正相关，并据此认为个体的歧义容忍度越高，就越具有冒险精神和创造力，因而也越善于大胆猜测和尝试。杜加斯、戈赛林和拉杜瑟（Dugas，Gosselin & Ladouceur，2001）推测学习者如果不能容忍歧义，则会产生不利于外语学习的焦虑感、强迫观念和惶恐等情绪。乔伊·里德（Joy Reid）也认为，能容忍歧义者在认知和情感上不易为歧义或不确定因素所干扰，善于应付一系列的创造性新鲜事物，更倾向于在语言学习中大胆尝试，因此也更容易成为成功的语言学习者（Reid，2002）。相反，不能容忍歧义的学习者则因事事务求精确而容易纠缠于细枝末节，因而容易受到挫折乃至失去信心。张素敏和王桂平（2006）也发现，外语学习焦虑和外语学习歧义容忍度高度相关。迈尔斯·斯科特（Myers Scott）等（Scott et al.，2009）则从小组合作学习对歧义容忍度的影响作用角度进行了研究，发现倾向于合作学习的看法与观念和歧义容忍度呈正相关（$r = 0.36$，$p < 0.001$），有利于学习者之间的交流和学习成效的提高。

有研究者从学习策略、学习动机、学习能力和学习风格等认知能力方面，分析了歧义容忍度对二语习得结果可能产生的影响。有研究者发现，在二语学习过程中，高、低不同外语学习歧义容忍度的学生在学习策略的选择上有显著的差异（Oxford，1990a）。有研究者以中国某高校英语专业138名本科生为被试，发现高歧义容忍度的学生面对不同的学习内容时，能够有选择地运用学习策略，而低歧义容忍度的学生对策略的运用有较大的盲目性和随意性，进而容易影响其学习成效（张庆宗，2004）。也有研究者进一步研究了倾向确定性结果的低歧义容忍度对学习者在语法学习中的策略选择上有负面影响（Hwu，2007）。还有研究者（刘雪峰和张志学，2009）发现低歧义容忍度和高认知闭合呈正相关关系，即个体面对模糊情境的应对动机和结果期望值较低。由此可见，外语学习歧义容忍度与学习者的认知、学习动机、学习风格等因素紧密相关，歧义容忍度较低的学习者面对歧义场景时，会容易因体验到压力而出现消极反应。

还有研究者从目标语和母语的语法特征及文化差异等方面指出歧义容忍度对目标语习得的影响作用。有研究者在分析了莫桑比克的葡萄牙语学习者后认为，母语中没有的目标语语法的某些特征充满了歧义，这使得学习者受到母语的影响而赋予目标语一些错误的或新的参数值（Gonçalves，2002）。也有研究者以希腊公职人员为研究对象，发现这些学习者在运用英语进行交流时表现出了尤为偏低的歧义容忍度，并认为二语和母语在发音、词汇、结构等各方面并非是——对应关系，这会使学习者处于高度的不确定状态（Kazamia，1999）。还有研究者认为，对文化差异模糊的容忍性还是一个预测跨文化适应能力的人格因素（陈慧、车宏生和朱敏，2003），低歧义容忍度者因其刻板和对新事物的排斥，会缺乏文化模式转换的主动性（杨晓莉、刘力和张笑笑，2010）和目标语交际意愿（韦晓保，2020），不能很好地接受和适应目标语文化，从而不利于对目标语文化的了解和语言交际能力的发展（王大青，2004）。甚至也有研究者提到二语学习者会因为不能容忍目标语与母语之间的差异而感到学习吃力，因为成功的语言学习需要学习者至少部分地容纳目标语的思维和行为方式（Arnold & Brown，1999）。

总结发现，国内外的外语学习歧义容忍度研究主要集中在两方面：一方面是从应变能力、外语学习焦虑、外语学习策略、外语学习风格、外语学习动机和创新能力等相关变量角度推测歧义容忍度对二语习得的影响作用；另一方面是从目标语和母语的语言结构或文化差异入手，解释不同的歧义容忍度者可能会存在的二语习得差异。需要指出的是，上述研究大多只是基于相关变量间的关系分析，进行理论上笼统的推测或预测，缺乏实证支持。此外，不同的测验要求方式对创造性的影响也有所不同，甚至会影响歧义容忍度的影响作用（师保国、申继亮和许晶晶，2008），所以有必要根据不同的外语学习任务来具体分析歧义容忍度对目标语习得的影响作用。鉴于此，本节调查了学习者在外语学习过程中的歧义容忍度，并根据歧义容忍度的平均分和标准差，划分高、中、低歧义容忍度水平，进一步求证歧义容忍度与学习者听、读、写等不同目标语习得任务间的关系。

5.3.3 研究设计

5.3.3.1 研究问题

本节主要分析外语学习歧义容忍度与学习成绩及不同学习任务之间的关系。具体分析以下问题：

（1）英语外语学习者的歧义容忍度与整体学习成绩之间是否相关？

（2）高、中、低不同外语学习歧义容忍度者的外语学习总成绩、听力、完形填空、语法与词汇、听写、阅读、写作等各部分成绩之间有何差异？

5.3.3.2　被试

被试是某高校英语专业的 156 名二年级学生。被试的平均学习英语时间为 8.1 年，平均年龄为 20.2 岁。背景调查显示，被试均未接触过歧义容忍度问卷调查，并参加了最近一次的全国高校英语专业四级考试。被试的英语接触时间主要是在课堂上，并且均未有过目标语国家的留学经历。被试在自愿情况下参加本次调查。

5.3.3.3　研究工具和数据收集

测量工具是埃利（Ely，2002）编制的外语学习歧义容忍度量表。它总共有 12 个项目，分别测量发音、口语、听力、阅读理解、词汇和语法等项目。量表采用四级评分，得分越高表示学生的歧义容忍度越低。该量表在多项二语习得研究中被使用（张素敏和王桂平，2006），有很高的信度和效度。专业四级考试总成绩和单科成绩作为本节研究的因变量。

发放问卷前，笔者向被试说明了具体要求，要求被试如实填写背景调查问卷，并尽可能快地根据第一反应填写外语学习歧义容忍度量表。问卷填写完毕后当场收回。问卷调查实施用时共计 3 分钟左右，收回有效问卷共 156 份。采用 SPSS 14.0 统计软件进行数据管理和分析。

5.3.4　数据分析

5.3.4.1　被试歧义容忍度和学习成绩描述性分析

表 5.3.1 表明被试的歧义容忍度差异很大：最大值是 46.00，最小值是 20.00，标准差是 4.60。数据显示被试无论是在测试总分部分，还是在听力、完形填空、语法与词汇、听写、阅读、写作部分，最大值和最小值之间的差异都很大。其中，差异最大的是听写部分（最大值为 93.33，最小值为 0）；其次是阅读部分（最大值为 88.00，最小值为 8.00）；差异最小的是写作部分（最大值为 80.00，最小值为 45.00）。分析结果说明，学习者在不同学习任务中的外语学习歧义容忍度均存在一定的差异。这一分析结果也在一定程度上说明，不同外语学习歧义容忍度对英语外语学习者的影响很可能会因不同的测试任务而不同。

表 5.3.1　被试外语学习歧义容忍度和学习成绩描述性分析

项目	外语学习歧义容忍度	总分	听力	完形填空	语法与词汇	听写	阅读	写作
最小值	20.00	35.00	33.33	30.00	13.33	0	8.00	45.00

续表

项目	外语学习歧义容忍度	总分	听力	完形填空	语法与词汇	听写	阅读	写作
最大值	46.00	77.00	86.67	90.00	73.33	93.33	88.00	80.00
均值	32.12	56.70	58.70	62.35	46.09	42.42	62.09	64.30
标准差	4.60	7.90	12.66	14.95	12.23	18.80	11.99	6.89

根据外语学习歧义容忍度的均值和标准差，划分出高、中、低不同外语学习歧义容忍度者（表 5.3.2）。表 5.3.2 显示，具有中歧义容忍度的学生占比最高，具有高歧义容忍度和低歧义容忍度的学生比例相当。该结果在一定程度上说明，高、中、低不同外语学习歧义容忍度学习者符合正态分布。

表 5.3.2　高、中、低不同外语学习歧义容忍度者人次和占比

分类	高歧义容忍度者	中歧义容忍度者	低歧义容忍度者
人次（占比）	20（12.80%）	47（74.40%）	20（12.80%）

5.3.4.2　不同外语学习歧义容忍度学生的英语学习成绩多重比较

鉴于被试的歧义容忍度和各部分成绩的最大值和最小值之间差异都很大，根据表 5.3.2，对歧义容忍度和学习成绩之间的关系进行方差分析，结果见表 5.3.3。

表 5.3.3　不同外语学习歧义容忍度学生的英语学习成绩多重比较结果

题型	项目	外语学习歧义容忍度			F	多重比较结果	
		高	中	低			
总分	均值	58.30	57.31	51.75	4.91***	高>低	中>低
	标准差	6.80	7.59	9.04			
听力	均值	58.33	59.33	55.67	0.71	—	
	标准差	9.14	12.92	14.23			
完形填空	均值	63.00	62.94	58.50	0.76	—	
	标准差	14.18	14.86	16.31			
语法与词汇	均值	47.33	46.24	44.00	0.40	—	
	标准差	12.22	12.35	11.93			
听写	均值	51.00	41.47	39.00	2.61***	高>低	高>中
	标准差	17.61	18.73	18.77			

续表

题型	项目	外语学习歧义容忍度			F	多重比较结果	
		高	中	低			
阅读	均值	63.60	63.63	52.20	8.69***	高>低	中>低
	标准差	10.77	10.58	15.76			
写作	均值	63.00	65.23	60.25	5.20***	中>低	
	标准差	7.68	6.34	7.52			

从表 5.3.3 可以看出，在总分、听写、阅读和写作部分，歧义容忍度与学习成绩显著相关。总体来说，具有中、高歧义容忍度的学生的学习成效显著优于低歧义容忍度学生。具体来讲，在总分部分，中、高歧义容忍度学生显著优于低歧义容忍度学生，均值分别是 58.30、57.31 和 51.75（$F = 4.91$，$p < 0.001$）；在听写部分，高歧义容忍度学生显著优于中、低歧义容忍度学生，均值分别是 51.00、41.47 和 39.00（$F = 2.61$，$p < 0.001$）；在阅读部分，中、高歧义容忍度学生显著优于低歧义容忍度学生，均值分别是 63.60、63.63 和 52.20（$F = 8.69$，$p < 0.001$）；在写作部分，中歧义容忍度学生显著优于低歧义容忍度学生，均值分别是 65.23 和 60.25（$F = 5.20$，$p < 0.001$）。

在听力、完形填空、语法与词汇部分，都没有发现显著差异：高、中、低歧义容忍度学生在听力部分的均值分别是 58.33、59.33 和 55.67（$F = 0.71$，$p > 0.05$）；在完形填空部分的均值分别是 63.00、62.94 和 58.50（$F = 0.76$，$p > 0.05$）；在语法与词汇部分的均值分别是 47.33、46.24 和 44.00（$F = 0.40$，$p > 0.05$）。

5.3.5　讨论

研究结果显示，不同外语学习歧义容忍度学习者在总成绩上有显著差异，所以可以说英语学习成绩与歧义容忍度显著相关。研究结果为杜加斯、戈赛林和拉杜瑟（Dugas, Gosselin & Ladouceur, 2001）、里德（Reid, 2002）及斯科特等（Scott et al., 2009）的观点和推测提供了实证支持，说明外语学习歧义容忍度和高外语学习焦虑相关，在认知和情感上容易为歧义或不确定因素所干扰而不善于在二语学习过程中大胆猜测和尝试的低外语学习歧义容忍度状态，确实会影响学习者的外语学习成效。高外语学习歧义容忍度者则因其低焦虑感和善于在语言学习中大胆尝试，更容易成为成功的语言学习者。这一研究结果也为丽贝卡·奥克斯福德

（Rebecca Oxford）（Oxford，1990b）及刘雪峰和张志学（2009）等研究者的推测提供了佐证，说明低外语学习歧义容忍度导致的高认知闭合和外语学习策略选择的盲目性会影响学习者的目标语习得成效。研究结果同时也说明，低外语学习歧义容忍度者因其不能容忍目标语与母语之间的差异而造成的文化模式转换主动性的缺乏，影响了其目标语习得成效（Arnold & Brown，1999；杨晓莉、刘力和张笑笑，2010）。

认知失调论认为，个体如果经常遇到不一致的、矛盾的或模糊的新事物，就很可能会出现认知失调，进而会导致态度改变（转引自皮连生，2003）。学习过程无论是从单词发音到语法结构，还是从语用搭配到文化观念，都是一个充满歧义的过程，更容易造成学习者的认知失调。对于较低歧义容忍度者来说，阅读中有几个陌生的单词，或听写中有一个单词没听明白，抑或写作中有一两个句式没有把握，都会导致学习者的认知失调，即学习者内心中会有紧张、焦虑等消极感受。这种感受最初是"状态"型的、转瞬即逝的，但是如果教师没能及时抓住认知失调的时机，采取有效的措施促使学习者的态度发生积极转变，学习者就会一直处于这一状态，这种感受就会转成"特质"型的。在现实中的英语课堂上，就有学生反馈说轮到自己回答问题时心就会怦怦跳，有学生一走进英语教室就感到心慌气短，甚至有的学生根本就不上英语课。皮连生（2003）等研究者认为，这种高焦虑状态会从三个阶段妨碍学习者的学习动机。一是判断阶段：学生判断任务对于自己是挑战还是威胁。二是学习和解题阶段：学生关注的是问题能否解决还是如何解决。三是回答问题阶段：问题得到回答与否。针对上述三个阶段，较低歧义容忍度者的表现是：首先，往往把任务判断成一种威胁（Norton，1975），因而容易关注成败，怀疑自己的能力水平，担心能否达到预期的目标；其次，关注的是问题能否解决而不是如何解决，因而不能很好地利用学习策略（张庆宗，2004），有可能极大地干扰对无组织材料的组织和对难度较大材料的理解，也妨碍从长时记忆中提取解决问题所需的信息，容易降低所追求的目标或干脆拖延任务的完成；最后，无法解决问题这一结果反过来又会降低学习者之后的学习动机，形成恶性循环（S. M. Zhang & L. J. Zhang，2021；张素敏等，2021），学习者甚至会企图逃避学习，而学习动机是个体行为的内部动力，它制约学习积极性，学生如果缺乏学习积极性，自然会影响其外语习得结果。

研究结果同时显示，高、中、低歧义容忍度学生在听力、完形填空、语法与词汇部分的得分都没有显著差异，而在听写、阅读和写作部分的得分有显著差异。根据听力理解综合技能的划分提出，听力能力的分析也分为高层宏观技能、中层微观技能和低层辨别单个语音的技能（Hughes，1989）。可见，听写既要求学生听懂信息，又要求学生进行归纳和输出，因此属于高层宏观技能，自然比只要求听懂句型结构功能或辨别单个语音的简单听力任务难度要大。因此高、中、低不同外语学习歧义容忍度学生在听写上有显著差异，而在简单听力上无显著差异。同理，完形填空、语法与词汇部分属单项选择题，其难度相对小于要求综合技能的阅读和写作部分。研究结果说明歧义容忍度对外语学习成效的作用受到不同任务类型的影响。不同任务类型因测试目标、标准和难度的不同，会影响歧义容忍度水平对目标语习得的作用。本节结论说明在对比或分析歧义容忍度结果时，不应笼统地、泛泛地下结论，而应更多地考虑不同的目标语习得对象的特征和难度。

5.3.6　结语

外语学习歧义容忍度与不同外语学习任务间的关系研究结果显示，歧义容忍度对外语学习总体成效有显著影响作用，并且其影响作用因目标语习得任务类型的不同而存在差异。这一研究结果为歧义容忍度研究的推测提供了佐证，从实证角度说明，低外语学习歧义容忍度因和高外语学习焦虑、高认知闭合等相关，会造成学习者在认知和情感上容易被歧义或不确定因素干扰，而缺乏文化模式转换的主动性和外语学习策略运用的有选择性，从而影响其目标语习得成效。高、中、低歧义容忍度学生在听力、完形填空、语法与词汇部分都没有显著差异，而在听写、阅读和写作部分有显著差异，这一结果同时也说明，外语学习歧义容忍度对外语学习成效的作用会受到测试目标、标准和难度等的影响，因此在歧义容忍度结果对比或分析中，应更多地考虑到不同目标语习得对象的特征。研究启示是，教师需要采取适当的方法，通过干预学习者的外语学习歧义容忍度来提升学习者在某些目标语习得任务中的表现，进而提高学习者的整体习得效果。

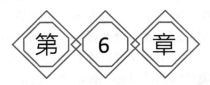

外语学习歧义容忍度与外语学习焦虑

本章在分析外语学习焦虑与外语学习成效之间关系的基础上，进一步分析信息加工中外语学习歧义容忍度与外语学习焦虑之间的关系。第 6.1 节"外语学习焦虑与外语学习成效"探析我国英语外语学习者的焦虑状况及外语学习焦虑与外语学习成效之间的关系；第 6.2 节"外语学习歧义容忍度和外语学习焦虑的城乡及性别差异"与第 6.3 节"外语学习焦虑在外语学习歧义容忍度与英语学习成绩之间的中介作用"则通过量表的形式探讨了外语学习歧义容忍度和外语学习焦虑这两个情感认知因素之间的关系，从社会教育背景及性别角度，对城乡不同英语学习者的外语学习歧义容忍度和外语学习焦虑进行调查分析，并进一步探讨外语学习焦虑在外语学习歧义容忍度和英语学习成绩之间的中介作用。

6.1　外语学习焦虑与外语学习成效[①]

6.1.1　研究背景

焦虑是影响语言学习的重要情感因素，一直是二语习得领域的研究者、教师和学习者所共同关注的一个热点（Horwitz，2010）。伊莱恩·K. 霍维茨（Elaine K. Horwitz）、迈克尔·B. 霍维茨（Michael B. Horwitz）和乔安·科甫（Joann Cope）认为，外语学习焦虑是指由语言学习过程的独特性所引起的一种特殊的、复杂的与课堂外语学习相关的自我意识、想法、感觉和行为（E. K. Horwitz，M. B.

① 本节部分内容引自《外语学习焦虑状况实证研究》，原载于《株洲师范高等专科学校学报》（2006 年第 1 期，第 61-63 页，作者：张素敏、彭鲁迁和王桂平）。

Horwitz & Cope，1986），它包括交际焦虑、考试焦虑和负面评价焦虑三部分。外语学习焦虑主要表现为：回答问题时学习者掌心出汗、心跳和脉搏加快、语音变调；忘掉刚学不久的单词；课堂上避免与老师的目光接触、沉默不语；逃课；听说考试就害怕、紧张，尤其在听力和听写考试中，一旦有单词没听懂，头就发蒙，紧张得要命。

　　奥克斯福德（Oxford，2000）认为语言学习焦虑感与目标语使用有直接联系，无论是在正式的课堂上还是在其他环境中，语言学习焦虑感都是影响语言学习的重要因素。彼得·麦金泰尔（Peter MacIntyre）和罗伯特·加德纳（Robert Gardner）（MacIntyre & Gardner，1994）将焦虑界定为与二语习得听、说、写相关联的紧张与恐惧心理。有研究者首先把焦虑分为促进性焦虑和阻碍性焦虑两种（Alpert & Haber，1960）。托马斯·斯科维尔（Thomas Scovel）进一步评论说促进性焦虑激励学习者去"征服"新的学习任务，使他们打心底里乐意学习；阻碍性焦虑则使学生"逃避"新的学习任务，感情用事、逃避学习（Scovel，1978）。凯瑟琳·M. 贝利（Kathleen M. Bailey）也指出阻碍性焦虑会使学习者减少或放弃学习的努力（Bailey，1983）。克拉申（Krashen，1985）提出，低焦虑感的学生的情感过滤程度较低，有利于学生二语习得中的语言输入。也有研究者提出尽管每个人在某个时刻都不免感到焦虑，焦虑感却因人而异，过度焦虑则会影响学习者的语言学习（Larsen-Freeman & Long，2000）。还有研究者发现，法语课堂焦虑与法语学习成绩呈显著负相关（Gardner et al.，1976），外语学习焦虑水平高的主体较外语学习焦虑水平低的主体的学习成绩显著性偏低，外语学习兴趣也显著较低（Dewaele，Magdalena & Saito，2019；张素敏和王桂平，2006）。

　　国内一些学者对外语学习焦虑也进行了探索。例如，刘润清等（2000）对中国 14 所大学的 386 名学生的外语学习焦虑进行了研究，发现学习者的外语学习焦虑与其外语学习总成绩的相关系数是–0.2825。余心乐（1999）以成人学生为被试进行了研究，却发现学习者的外语学习焦虑与其听力成绩无显著相关性。张素敏（2013a）分别采用"教师中心""学生中心""教师与学生双中心"的教学干预方式，考察了不同教学模式对学习者外语学习焦虑的干预作用，发现"教师与学生双中心"教学模式最有利于降低学习者的外语学习焦虑。值得注意的是，虽然国内外学者对外语学习焦虑与语言成绩的关系的研究结论比较统一，认为适当的焦虑感有利于学习者的外语学习，但外语学习焦虑具体与听力、完形填空、语法、阅读、听写、写作等不同测试任务之间有何关系，尚不明确。此外，关于外语学习焦虑在性别方面的实证研究还很缺乏。已有研究发现，不同性别的外语学习者在外语学习焦虑上存在差异（Ra & Rhee，2018），不同的任务设计顺序及内容会影响学习者对任务的熟悉度，进而会出现不同的测试结果（Azkrai & Mayo，2017；Carrell，1984）。因而，对外语学习焦虑的考察也需要考虑学习者的性别因素及不同的任务因素，以了解不同性别和任务设计对学习者外语学习焦虑的影响。

基于以上分析，本节拟进一步探讨外语学习焦虑与外语学习不同任务成绩之间的关系，并进一步分析学习者的外语学习焦虑是否存在性别差异，具体探讨以下方面：①不同等级的外语学习焦虑的分布状况及外语学习焦虑在性别上有无差异；②不同外语学习焦虑水平的学生在听力、完形填空、语法、阅读、听写、写作等不同测试任务的学习上有何差异。相关分析不仅有助于细化了解外语学习焦虑与外语学习不同任务成绩之间的关系，还有助于了解性别等社会因素在二者之间关系中的作用，有利于多维分析外语学习的主要影响因素，以及综合探析外语学习情感因素的影响因素。

6.1.2　研究设计

6.1.2.1　被试

本节研究的被试是某学院英语专业本科二年级学生，参加调查的学生总数为210人，其中女生194人，男生16人，平均年龄19.4岁。背景调查显示，被试均未接受过外语学习课堂焦虑问卷调查。被试均参加了最近一次的英语专业四级考试。问卷调查在自然课堂上实施，被试在自愿的情况下作答。

6.1.2.2　研究工具

本节采用问卷调查形式，使用霍维茨等（E. K. Horwitz, M. B. Horwitz & Cope，1986）编制的外语学习课堂焦虑问卷进行调查。该问卷共有33个项目，包括了交际焦虑、考试焦虑和负面评价焦虑三个方面。反应方式从"完全同意"到"完全不同意"，分为五个等级。该问卷多次被国内外不同的学者应用，证明有很高的信度（Matsuda & Gobel，2004；Ra & Rhee，2018；张素敏，2011a）。在本项研究中，Cronbach's α 系数是0.753。两周后，笔者对此问卷的信度进行了重测。两次测试的相关系数为0.708（$p < 0.05$）。高相关系数进一步证明该问卷的信度达到了可接受水平。

问卷要求被试填写性别、年龄、英语初始接触时间及有无出国经历等背景调查信息。同时，要求被试填写其最近一次的英语专业四级考试的听力、完形填空、语法、阅读、听写、写作等不同测试任务的成绩。所有问卷调查均要求被试在同一时间内根据说明尽可能快地完成，并告知被试本调查只是用作研究，与其平时的测评及期末测评无任何相关性。问卷填写完毕后当场收回。有效试卷共 210 份。

6.1.2.3　统计过程

采用 SPSS 11.0 统计软件进行数据处理，统计方法分别采用描述统计和配对样本 t 检验，旨在发现 EFL 学习者的外语学习焦虑情况及是否存在性别差异。同时，对数据进行方差分析，以发现高、中、低不同外语学习焦虑水平的学生在听力、完形填空、语法、阅读、听写、写作等不同测试任务及总学习成绩上有何异同。

6.1.3　数据分析

6.1.3.1　不同水平的外语学习焦虑学生分布

首先，以均值为准计算学习者的外语学习焦虑的标准分，根据标准分加减一个标准差（得分≤标准分−标准差；标准分−标准差 < 得分 < 标准分+标准差；得分≥标准分+标准差）将歧义容忍度划分为高、中、低三个等级，将外语学习焦虑者分成高、中、低三个水平，旨在考察不同外语学习焦虑水平的学生的分布情况（表 6.1.1）。从表 6.1.1 可以看出，210 名被试中，低外语学习焦虑水平的学生有 34 名，占总人数的 16.19%；中外语学习焦虑水平的学生有 143 名，占总人数的 68.10%；高外语学习焦虑水平的学生有 33 名，占总人数的 15.71%。这一研究发现在一定程度上说明，高、中、低不同水平的外语学习焦虑符合正态分布。因此，下面外语学习焦虑与听力、完形填空、语法、阅读、听写、写作等不同测试任务以及总学习成绩之间关系的统计分析是可靠、有效的。

表 6.1.1　高、中、低外语学习焦虑水平学生的分布（$N = 210$）

外语学习焦虑水平	人数	百分比
低	34	16.19%
中	143	68.10%
高	33	15.71%
总计	210	100%

其次，比较了不同外语学习焦虑水平的学生在听力、完形填空、语法、阅读、听写、写作等不同测试任务中的学习成绩（表 6.1.2）。对比高、中、低不同外语学习焦虑水平学生的不同任务学习成绩，可观察到不同外语学习焦虑水平的学生

在不同任务学习中是否存在差异，以及具体体现在哪一层面，有利于从不同任务的复杂度等层面多维分析外语学习焦虑的作用。

表 6.1.2　不同外语学习焦虑水平学生的学习成绩方差分析结果

任务	低外语学习焦虑		中外语学习焦虑		高外语学习焦虑		F	多重比较结果	
	均值	标准差	均值	标准差	均值	标准差			
总分	58.62	6.72	56.78	7.73	51.19	8.19	8.97***	1>3	2>3
听力	60.59	10.56	59.65	12.02	51.25	15.37	6.54***	1>3	2>3
完形填空	65.00	14.20	62.46	15.19	57.19	15.70	2.36*	1>3	
语法	49.02	11.82	45.22	12.35	43.13	10.16	2.14	—	
阅读	63.29	10.26	61.70	12.61	57.25	13.50	2.22	—	
听写	44.51	16.80	42.94	18.78	30.21	19.16	6.77***	1>3	2>3
写作	65.88	7.23	64.70	6.65	62.34	7.29	2.33	—	

注：1、2、3分别表示低、中、高外语学习焦虑水平的学习者；*表示边缘显著

　　不同外语学习焦虑水平学生的外语学习成绩的差异检验结果显示，总体而言，学生的外语学习成绩存在显著差异：学生的外语学习焦虑水平越高，其外语学习成绩就越低。具体来讲，在学生外语学习成绩的总分部分，低外语学习焦虑的学生的得分（均值为58.62）显著高于高外语学习焦虑的学生（均值为51.19），中外语学习焦虑的学生的得分（均值为56.78）显著高于高外语学习焦虑的学生（均值为51.19）；在学生的听力成绩方面，低外语学习焦虑的学生的得分（均值为60.59）显著高于高外语学习焦虑的学生（均值为51.25），中外语学习焦虑的学生的得分（均值为59.65）显著高于高外语学习焦虑的学生（均值为51.25）；对于学生的听写成绩，低外语学习焦虑的学生的得分（均值为44.51）显著高于高外语学习焦虑的学生（均值为30.21），中外语学习焦虑的学生的得分（均值为42.94）显著高于高外语学习焦虑的学生（均值为30.21）；对于学生的完形填空成绩，低外语学习焦虑的学生的得分（均值为65.00）边缘显著高于高外语学习焦虑的学生（均值为57.19）；对于学生的语法、阅读、写作成绩，不同外语学习焦虑水平的学生的得分没有显著差异。这一研究发现表明，外语学习焦虑对不同学习任务具有不同的影响。

6.1.3.2　学生外语学习焦虑的性别差异

　　此部分分析不同性别学生的外语学习焦虑情况，旨在考察个体的外语学习焦虑有无性别差异（表6.1.3）。从 t 检验结果可以看出，男生和女生的外语学习焦虑

均值分别为 93.88 和 91.11，不存在显著差异（$t = 0.91$）。一方面，此研究发现与松田沙（Sae Matsuda）和彼得·戈贝尔（Peter Gobel）等研究结果相同（Matsuda & Gobel，2004）。松田和戈贝尔（Matsuda & Gobel，2004）发现虽然外语学习焦虑是预测大一学生各方面外语成绩的一个重要因素，但男生和女生在外语学习焦虑上不存在显著差异。本节研究发现很可能说明男生和女生在外语学习焦虑上类似，并不像人们通常认为的那样，与男生相比，女生更擅长外语学习。另一方面，本节研究发现与前人（如 Awan et al.，2010；Kitano，2001；MacIntyre et al.，2002）的外语学习焦虑研究有所不同，这些研究者均发现男女生存在外语学习焦虑差异，男生相对于女生而言，外语学习焦虑水平更高。北野和（Kazu Kitano）的研究被试是 212 名日本大学生，并且进一步研究了学习者的自我效能感对外语学习焦虑的影响（Kitano，2001）。麦金泰尔等（MacIntyre et al.，2002）的研究被试是晚期浸入式法语学习模式中的英语母语初中生，并且涉及学习者的外语学习动机、交际意愿（willingness to communicate，WTC）、自我交际效能感、外语学习态度及法语使用频率等。松田和戈贝尔（Matsuda & Gobel，2004）的研究被试是日本某大学一年级学生，其研究焦点是英语口语中的自信心，并且部分被试具有目标语国家的留学经历。因此，上述研究难以确定男女生在外语学习焦虑水平上的差异是自我效能感、外语学习动机、学习态度、交际意愿及目标语国家环境等不同因素之间的交互作用，还是单一归因为性别差异。因此，外语学习焦虑的性别差异尚需进一步的研究。

表 6.1.3　不同性别学生的外语学习焦虑 t 检验结果

性别	均值	标准差	t
男生	93.88	12.13	0.91
女生	91.11	11.62	—

6.1.4　讨论

6.1.4.1　不同水平的外语学习焦虑学生的学习成绩多重比较

在听写、听力部分，低外语学习焦虑学生的成绩显著高于高外语学习焦虑学生，中外语学习焦虑学生的成绩也显著高于高外语学习焦虑学生，也就是说外语学习焦虑更容易产生于听力活动的过程之中，原因很可能与听力和听写的任务性质有关。听力和听写包含着一系列复杂的音、字、词、义的分辨和意义的重新构建过程。学习者要想成功地完成这一系列复杂的心理活动过程，必须具备良好的

"人格特征"，即在个体和社会环境的长期互动过程中，调节个体心理和行为以反作用于环境的重要心理变量。良好的"人格特征"表现在听力理解上就是为元认知的发展创造良好的社会和心理环境，提供内在的学习动力和更多的认知潜能机会。高外语学习焦虑者不具备这种良好的"人格特征"，他们在听力理解过程中往往处于紧张焦虑和烦躁不安的状态，这就会影响他们的元认知发展（Gregersen & Horwitz，2002；张庆宗，2004）。元认知是有关认知的知识，是影响学习者各方面学习的一个重要个体差异因素（Li，Hiver & Papi，2021）。因而，高外语学习焦虑者元认知的受损很可能会抑制个体自我监察、调节和评估等活动的自觉性和积极性。学习者的动机水平降低，情感过滤程度提高，语言输入量变小，输入效果差，从而影响了个体对听力材料的理解。

此外，听力与语法、阅读、写作等其他外语学习任务不同的是，其言语信号是快速、连续、线性呈现、转瞬即逝的。对言语信号进行接收、解码的速度由听者大脑中储存的外语经验（已有的知识）所决定，如一定数量的可感应性词汇、一定数量的可使用的语法、语音规则、有关的社会文化背景知识等。储存的经验成分越多，接收、解码言语信号的速度就越快，听的时候障碍就越少，外语学习焦虑也就随之降低；反之，学生的外语学习焦虑就升高，遇到听不懂的内容时，学习者就越是紧张、烦躁（陈秀玲，2004）。此外，外语学习焦虑与外语学习歧义容忍度显著相关（张素敏和王桂平，2006），高外语学习焦虑者往往更难以容忍歧义现象，因而更增加了其紧张、烦躁的情绪，也就更加难以听懂和听写正确。这一研究发现同时说明，教师应增加课堂教学中的元认知培训，以提升外语学习者的学习过程及产出中的自我计划、自我调控及自我反思能力（Li，Hiver & Papi，2021），进而实现学习者长期的目标语学习目标。

本节还发现，高外语学习焦虑者不仅在听力、听写中会出现学习障碍，在完形填空中也出现了一定的学习障碍。这一研究结果进一步证明，外语学习焦虑影响了学习者对信息的识解、存储和提取，影响了其抽象阅读图式的正确形成，进而影响了其阅读理解（Tyler，2012；杨丽华和张素敏，2008）。完形填空作为一种要求较高的阅读形式，需要学习者在识解输入信息的同时，对其语篇中的语义信息及结构信息基于图式形成知觉加工。因此，学习者的外语学习焦虑水平偏高时会因难以正确加工输入信息而不能顺利完成完形填空任务。这一研究发现也进一步说明，外语学习焦虑等情感因素对外语学习的影响会存在差异（Dewaele，Magdalena & Saito，2019）。相较于语法、阅读和写作任务，外语学习焦虑主要影响学习者的听力、听写及完形填空等方面。因此，在外语教学中，教师在进行外语学习焦虑干预时，应针对不同的学习任务，适当采用不同的方法，进行不同的针对性情感干预。

6.1.4.2　不同水平的外语学习焦虑分布及性别差异

调查发现，在外语学习过程中，一些学习者的外语学习焦虑水平较高，而高外语学习焦虑显著影响了这些学习者的外语学习。这与外语学习本身有关。外语学习，正如前文所言，从词汇、句法到语法乃至其所蕴涵的文化因素，对于学习者来说均是一个充满未知的、不确定的因素的歧义群。即使学习者知道每一个单词、句群等表层结构的意思，还是难以理解其深层结构。即使学习者知道问题的正确答案，但是当要用另一种语言进行书面描述或口头表述时，往往还是会受到母语的干扰，出现概念化错误（张素敏和孔繁霞，2016）。即使句法、措辞正确，学习者还是要担心语音、语调是否地道。外语与母语之间的差异和距离会使外语学习者常常处于高度的不确定状态，在一定程度上会导致学习者的外语学习焦虑程度提高（张庆宗，2004），而增高的外语学习焦虑可能会束缚学习者的认知活动，导致其学习态度消极、学习效率降低等（Aida，1994）。如果学生一直处于焦虑状态，他们的元认知和认知能力都将受到极大影响（Krashen，1982），从而影响其学习成绩。

本节同时发现，学生的外语学习焦虑不存在显著性别差异。这一研究发现与松田和戈贝尔（Matsuda & Gobel，2004）的研究发现类似，但与一些研究发现有所不同。一些研究者发现（Awan et al.，2010；Kitano，2001），在外语课堂上，男生相较于女生，外语学习焦虑水平更高。本节被试总数为 210 人，其中女生 194人，男生只有 16 人，占比极低。因此，笔者推测，本节研究发现也许会受到英语专业中男生人数偏少这一实际情况的影响。增加男生占比会出现怎样的结果，是一个值得继续探讨的问题。另外，单一的外语学习焦虑问卷调查分数对比往往会存在一定的弊端，不能全面反映出学习者的真实情感（Ra & Rhee，2018）。因而，还需采用访谈等质性数据分析，来进一步了解男女生在外语学习焦虑等情感因素上是否存在差异，以及分析其差异产生的心理、生理及社会因素。并且，有社会文化相关研究发现，输入、反馈及输出是学习者二语知识内化的主要源泉（张素敏，2010），进行合作有利于学习者解决语言学习中的相关问题，有利于学习者在社会支架的帮助下实现知识的内化（Storch，2017）。因而，也需要进一步分析不同性别小组的合作在二语知识内化中的作用。

6.1.5　结语

本节通过量表的形式研究了高、中、低不同外语学习焦虑水平与外语学习成绩的关系。研究结果表明：①在外语学习成绩总分部分、听力部分与听写部分，低外语学习焦虑学生的得分显著高于高外语学习焦虑学生，中外语学习焦虑学生的得分也显著高于高外语学习焦虑学生；②在外语学习成绩的完形填空部分，低外语学习焦虑学生的得分边缘显著高于高外语学习焦虑学生；③在外语学习成绩语法、阅读、写作部分，不同外语学习焦虑水平学生的得分没有显著差异。这一研究发现说明，高外语学习焦虑者不仅在听力、听写中会出现学习障碍，在完形填空中也出现了一定的学习障碍，这进一步说明，外语学习焦虑等情感因素对外语学习的影响层面会存在差异。

本节发现带来的外语教学启示是：大学英语教学需要重视学生的情感因素。外语教师和外语研究者应采取方法降低外语学习焦虑在外语学习中的负面作用，但在具体外语教学中进行外语学习焦虑干预时，应针对不同的学习任务进行不同的情感干预。忽视外语学习者的情感因素是目前我国大学英语教学效果不够理想的重要因素之一（王初明，1991）。在教学中，尤其在听说教学中，教师应关注英语学习者的焦虑这一情感因素。教师需根据具体情况，提高学生的歧义容忍度，使其正确认识外语学习焦虑的可改变性；采取多种教学模式和策略活跃课堂氛围，增强学生自信；采用"写长法"，维护学生自尊，培养学生的成就感，努力降低学生在学习过程中的外语学习焦虑，从情感方面促进学生的学习。

本节同时发现，学生的外语学习焦虑不存在显著性别差异。正如前文所言，本节中男生占比极少（7.6%），可能会影响研究结果。所以，这一研究发现尚需通过大样本进行进一步的验证。另外，本节没有分析各个不同任务之间学习成绩的相关关系。外语学习是一个整体认知机制，不同任务之间相互关联（Robert et al.，2001；S. M. Zhang & L. J. Zhang，2021）。因此，在提高学习者听力、听写及完形填空阅读能力的同时，还要考虑到对学习者其他技能及知识学习的迁移效应（Benati & Lee，2008；张素敏，2013a）。鉴于也有研究者（Sert & Amri，2021）发现英语课堂中采用影视视频形式能增强学习者的互动感，提升其注意力及合作学习，也可尝试采用影视视频形式降低学习者的外语学习焦虑。

6.2 外语学习歧义容忍度和外语学习焦虑的城乡及性别差异①

6.2.1 研究背景

外语学习歧义容忍度和外语学习焦虑都是二语习得中影响学习效果的重要个体

---

① 本节部分内容引自《外语学习歧义容忍度和焦虑感的性别及城乡差异研究》，原载于《湖北教育学院学报》（2007 年第 7 期，第 68-69+112 页，作者：张素敏）。

差异因素。布德纳（Budner，1962）首次将容忍不确定因素或歧义的能力认定为一种稳定的倾向。诺顿（Norton，1975）对歧义容忍度进行了较为全面的描述。他将歧义容忍度定义为一种倾向，指的是个体面对模糊的、不完整的、零碎的、多重的、可能的、没有定式的、不确定的、不一致的、相反的或意思不明确的信息时，将其感知或解释为实际上的或潜在的心理不安或威胁。埃利（Ely，1986）从语言学习课堂反应出发，将歧义容忍度定义为学习者对待困惑和界定不明显的情况的接受程度。从成功的语言学习角度出发，布朗（Brown，2007a）界定歧义容忍度为个体从认知上接受与自己思想体系所相反的思想和提议的程度，并指出高歧义容忍度者善于应付一系列的创造性新鲜事物，在认知和情感上不易为歧义或不确定因素所干扰。陈文存（2004）在前人理论的基础上总结说歧义容忍度是个体在处理不确定的、相反的或迷惑的情形时所表现出来的一种性格。总之，歧义容忍度属于学习风格范畴，其特征为对待歧义或不确定因素时所表现出的应变力、创造力和冒险精神。

霍维茨等（E. K. Horwitz, M. B. Horwitz & Cope, 1986）认为外语学习焦虑是指由语言学习过程的独特性所引起的一种特殊的、复杂的、与课堂外语学习相关的自我意识、想法、感觉和行为。如前文所述，它包括交际焦虑、考试焦虑和负面评价焦虑三部分。许多研究发现，外语学习焦虑与学习者外语学习各方面显著相关，一般而言，较高水平的外语学习焦虑不利于学习者的目标语学习（Ra & Rhee，2018；张素敏和王桂平，2006）。并且，研究者普遍认为歧义容忍度是影响二语习得的重要因素之一（Ehrman & Oxford，1995；Chu et al.，2015），学习者如果不能容忍歧义则会产生焦虑、强迫观念和惶恐等情绪（Dugas, Gosselin & Ladouceur，2001），但没有研究者从实证角度做进一步研究来分析焦虑与歧义容忍度的关系。麦克莱恩（Mclain，1993）报告说个体的歧义容忍度越高，越具有冒险精神和创造力，但他并没有进行实证研究来分析各个变量之间的关系，因此难以有效发现外语学习歧义容忍度在多大程度上能影响外语学习成效。

此外，中国城市和农村之间在教育投资和教育水平上均存在较大的差异。中国城市相对重视英语教学，从小学时期就有较大投入。笔者通过可视化分析，以"小学英语教学"为关键词搜索中国知网，分析整体小学英语教学研究、CSSCI刊发的研究及 A 类期刊刊发的研究的动态和发展趋势，发现小学英语教学研究地区主要分布在北京和上海两地，占比分别为 26.11% 和 14.78%，总占比是 40.89%，而其他省份则相对来说占比很低。其中，河北省占比是 2.96%。这一方面说明，与中国其他地区相比，北京和上海更注重小学英语教育和教学；另一方面也说明，中国小学英语教育存在很大的地区差异。与发达地区相比，尤其是与北京和上海这样的大都市相比，其他地区对小学英语教育和教学的重视程度相对较低。可视化分析同时显示，河北省虽然与北京、上海相比有很大的差距，与吉林、广东、四川、江西、陕西及湖北等省份相比也有一定的差距，但与其他省份相比，对小学英语教育的重视程度较高。笔者通过田野调查也发现，2020年，一些县级市的小学居然都没有录音机和磁带供学生练习英语听读，小学外语教师也多是学习其他专业的幼师转学科教英语。不仅如此，学校的必修教材虽然与城市的学校在内容上没有显著差异，但插图等均是黑白图片，与城市孩子的彩色插图版课本不同。农村和城市生源不同的社会物质环境和外语教育环境很可能说明，城市和农村孩子在外语学习焦虑及外语学习歧义容忍度上会存在一定的差异。

还需一提的是，我们在前面第6.1节中的调查发现，学习者的外语学习歧义容忍度不存在性别差异，但有研究者发现外语课堂上，男生相较于女生，外语学习焦虑水平更高（Awan et al.，2010；MacIntyre et al.，2002）。鉴于外语学习歧义容忍度和外语学习焦虑均是影响学习者外语学习的重要情感因素（Ely，2002；E. K. Horwitz，M. B. Horwitz & Cope，1986；Mclain，1993；Reid，2002；张素敏和王桂平，2006），同时鉴于中国城市和农村之间尚存较大的社会差距，本节拟进一步研究外语学习歧义容忍度和外语学习焦虑的城乡、性别差异。具体来讲，本节通过问卷调查考察三个研究问题：①城乡不同学习者在外语学习过程中的歧义容忍度和外语学习焦虑的特点；②高、中、低不同等级的歧义容忍度与学习者的外语学习成绩之间的关系；③不同社会层面（城市、农村）的外语学习歧义容忍度与外语学习焦虑之间的关系。

6.2.2　研究设计

6.2.2.1　被试

本节被试是河北省某高校英语专业的210名本科生，其中男生16人，占总被试的7.6%，女生194人，占总被试的92.4%；来自城市的学生有135人，占总被试的64.3%，来自农村的学生有75人，占总被试的35.7%。

6.2.2.2　研究工具

采用量表法收集数据，具体采用埃利（Ely，2002）编制的外语学习歧义容忍度量表测查学生的歧义容忍度。量表共有12个项目，包括了语言学习的各个方面：发音、口语、听力、阅读理解、词汇和语法。量表由参加本节研究的学生回答，采用四级评分，得分越高表示学生的歧义容忍度越低。该量表多次被国内外不同的学者应用，应用效果较好。如前文所示，量表的信度达到了可接受水平。

本节还采用霍维茨等（E. K. Horwitz，M. B. Horwitz & Cope，1986）编制的外语学习课堂焦虑量表测查学生的外语学习课堂焦虑。量表共有 33 个项目，包括了交际焦虑、考试焦虑和负面评价焦虑三个方面。量表采用五级评分，从"完全同意"到"完全不同意"。得分越高表示学生的外语学习课堂焦虑感越高。此量表多次被国内外不同的学者应用（张素敏和王桂平，2006），量表整体的内部一致性信度为 0.93，重测信度为 0.83，有较高的信度。

6.2.2.3　统计过程

采用 SPSS 11.0 统计软件进行数据处理，统计方法分别采用描述统计、信度分析、独立样本 t 检验和方差分析，旨在调查城乡不同学习者在外语学习过程中的歧义容忍度的特点，并且从高、中、低三个层面分析外语学习歧义容忍度、外语学习焦虑与学习者的成绩之间的关系，以及外语学习焦虑与外语学习歧义容忍度之间的关系。

6.2.3　数据分析

6.2.3.1　外语学习歧义容忍度的城乡和性别差异

首先分析了城乡学生及男生和女生在歧义容忍度上是否存在显著差异（表 6.2.1）。独立样本 t 检验显示：来自城市和来自乡村的学生在歧义容忍度上呈现出显著差异（均值分别是 28.63 和 31.64；$t = -3.32$，$p < 0.001$），来自城市的学生比来自乡村的学生的歧义容忍度偏低；不同性别的学生的歧义容忍度无显著差异（均值分别是 31.59 和 31.30；$t = 0.33$）。这一研究发现也同时说明，农村、城市不同生源之间的差异大于男女生之间的性别差异。

表 6.2.1　歧义容忍度的城乡、性别差异独立样本 t 检验结果

差异源	均值	标准差	t
城市生源	28.63	4.68	-3.32^{***}
农村生源	31.64	4.46	
男生	31.59	5.19	0.33
女生	31.30	4.73	

6.2.3.2　外语学习焦虑的城乡和性别差异

接着分析城乡学生及男生和女生的外语学习焦虑是否存在显著差异（表

6.2.2）。独立样本 t 检验显示：来自城市和来自乡村的学生的外语学习焦虑存在显著差异（均值分别是 90.92 和 92.05；$t = -0.68$，$p < 0.001$）；不同性别学生的外语学习焦虑无显著差异（均值分别是 93.88 和 91.11；$t = 0.91$，$p > 0.05$）。表 6.2.1 和表 6.2.2 综合说明，外语学习歧义容忍度和外语学习焦虑等不同的情感因素在城乡维度上存在显著差异，但是在性别维度上不存在显著差异。

表 6.2.2　外语学习焦虑的城乡、性别差异独立样本 t 检验结果

差异源	均值	标准差	t
城市生源	90.92	12.18	−0.68***
农村生源	92.05	10.69	
男生	93.88	12.13	0.91
女生	91.11	11.62	

6.2.3.3　不同外语学习歧义容忍度与不同外语学习焦虑水平学生的英语学习成绩对比

此部分通过方差分析，对比不同外语学习歧义容忍度与不同外语学习焦虑水平学生的英语学习成绩（表 6.2.3）。首先，根据外语学习歧义容忍度的平均分计算外语学习歧义容忍度的标准分，将学生分成高、中、低三个不同等级，考察不同外语学习歧义容忍度学生的英语学习成绩有无差异；其次，根据外语学习焦虑的平均分计算其标准分，将外语学习焦虑分成高、中、低三个等级，考察不同外语学习焦虑水平学生的英语学习成绩有无差异。

表 6.2.3 显示：不同外语学习歧义容忍度与不同外语学习焦虑水平的主效应显著，F 分别为 3.40 与 5.55。这一结果说明：①至少有两种不同外语学习焦虑水平的学生的英语学习成绩存在着显著差异；②至少有两种不同外语学习歧义容忍度的学生的英语学习成绩存在着显著差异。

表 6.2.3　不同外语学习歧义容忍度与不同外语学习焦虑水平学生的英语学习成绩效应检验结果

变异来源	平方和	df	均方	F
不同外语学习歧义容忍度	387.81	2	193.91	3.40**
不同外语学习焦虑水平	632.85	2	316.42	5.55***

为了进一步发现究竟是哪两种外语学习歧义容忍度的差异显著，以及究竟是

哪两种外语学习焦虑水平的差异显著，本节进一步进行了多重比较（表 6.2.4）。

表 6.2.4　不同外语学习歧义容忍度与不同外语学习焦虑水平学生英语学习成绩多重比较结果

成绩	外语学习歧义容忍度			外语学习焦虑水平			F	多重比较结果
	高	中	低	高	中	低		
均值	57.44	56.88	51.04	51.19	56.78	58.62	6.73***	高>低　中>低
标准差	6.56	7.72	8.83	8.19	7.73	6.72	8.97***	低>高　中>高

不同外语学习歧义容忍度学生的英语学习成绩差异多重比较结果显示：学习者的外语学习歧义容忍度越高，成绩就越好。具体来讲，高外语学习歧义容忍度学生的英语学习成绩（均值为 57.44）显著高于低外语学习歧义容忍度学生（均值为 51.04）；中外语学习歧义容忍度学生的英语学习成绩（均值为 56.88）也显著高于低外语学习歧义容忍度学生（均值为 51.04）。这一结果说明，外语学习歧义容忍度与外语学习成绩呈显著正相关，即学习者的外语学习歧义容忍度越低，其外语学习成绩也倾向于越低。

从不同外语学习焦虑水平学生的英语学习成绩差异多重比较结果可以看出，学习者的外语学习焦虑水平越高，其外语学习成绩就倾向于越差。具体来讲，低外语学习焦虑学生的英语学习成绩（均值为 58.62）显著高于高外语学习焦虑学生（均值为 51.19）；中外语学习焦虑学生的英语学习成绩（均值为 56.78）也显著高于高外语学习焦虑学生（均值为 51.19）。这一结果说明，外语学习焦虑与外语学习成绩呈显著负相关，即学习者的外语学习焦虑水平越低，其外语学习成绩就倾向于越高。

分析还发现，外语学习歧义容忍度与外语学习焦虑均与外语学习成绩显著相关。有研究指出外语学习歧义容忍度和外语学习焦虑均会对英语学习产生影响，学习者如果不能容忍歧义则会产生焦虑、强迫观念和惶恐等负面情绪，进而会影响其外语学习成效（Arnold，1999；Dugas，Gosselin & Ladouceur，2001；张素敏和王桂平，2006）。

接下来分析学习者的外语学习歧义容忍度与外语学习焦虑是否相关。相关关系分析发现，外语学习歧义容忍度和外语学习焦虑呈强相关关系（$r = 0.53$）。但正如前面表 6.2.1 和表 6.2.2 所示，外语学习歧义容忍度和外语学习焦虑这两种不同的情感因素，在城乡、性别维度上存在不同的影响。因此，可以推测说，彼此强相关的外语学习情感因素在外语学习其他相关社会差异因素上很可能会存在差异，即不同性别及不同的家庭背景和社会环境等因素会显著影响外语学习歧义容忍度和外语学习焦虑之间的关系。

6.2.4　讨论

6.2.4.1　外语学习歧义容忍度和外语学习焦虑的城乡和性别差异

来自城市的学生较来自乡村的学生的外语学习歧义容忍度偏低。其原因分析如下：①几乎所有来自城市的学生都是独生子女，而来自农村的学生一般至少有一个兄弟姐妹，所以后者从孩提时代就学会了与他人合作或协商，而前者则比较自我，这种社会因素很自然地使得后者较前者更能容忍不同的或模糊的甚至是相反的见解；②不同的经济条件同样也有助于不同学习风格的形成，来自城市的学生的较好的经济基础在给他们提供了更多的学习资料和先进设备的同时，也减少了他们与他人合作与磋商的机会，因而来自城市的学生就少有机会接触不同的观念、不确定的因素和多种备选答案。并且，如前文所述，虽然有一些研究者发现外语学习焦虑存在性别差异（Kitano，2001；MacIntyre et al.，2002），但笔者发现不同性别学生的歧义容忍度无显著差异，虽然二者显著相关。这一不同的研究发现也许与英语专业的男生偏少有关（张素敏、彭鲁迁和王桂平，2006）。学生的外语学习焦虑不存在显著的性别差异，这一方面也许与社会教育、经济等方面的进步，以及性别相关观念有所淡化有关；另一方面，也许与本节被试中男生人数偏少也有一定的关系。鉴于此，后续研究应扩大男生样本，进一步探索男女生在外语学习歧义容忍度及外语学习焦虑方面有无差异。

6.2.4.2　不同外语学习歧义容忍度与不同外语学习焦虑水平的学生的英语学习成绩方差分析

从不同外语学习歧义容忍度学生的英语学习成绩差异可以看出，学习者的外语学习歧义容忍度越高，其外语学习成绩就倾向于越好；从不同外语学习焦虑水平学生的英语学习成绩差异结果可以看出，学习者的外语学习焦虑水平越高，其外语学习成绩就倾向于越差。外语学习，从单词、词组到句法、语篇乃至其所蕴涵的文化因素，对于学习者来说，都是一个充满未知的、不确定因素的歧义群。即使学习者知道每一个单词、每一个句群的含义，他们还是难以掌握其语用特征。即使学习者知道问题的正确答案，但要用目标语进行书面描述或口头表述时，还是会因不同民族的不同思维模式而受到母语迁移的影响（王文斌，2013a，2013b，

2019；张素敏，2021a）。即使句法、措辞正确，学习者还要担心语音、语调是否地道。学习外语的过程不仅仅是与目标语母语者交互了解的过程，也是与其文化、价值观念相磨合的过程，更是一个自始至终充满歧义的过程。外语与母语之间存在一定的距离，语言、概念等差异很大，因此，从一定程度上来说，外语学习往往会使学习者处于一种紧张、不确定的状态，尤其会使低歧义容忍度者的外语学习焦虑水平提高，进而使其外语学习动机减弱，自信心降低（张庆宗，2004）。里德（Reid，2002）认为外语学习歧义容忍度部分解释了"情感过滤"作用。学习者的情感过滤程度越高，语言输入量就越小，输入效果也会越差。因为在"情感过滤"过程中，那些不确定的因素会被低歧义容忍度者所感到的不安与焦虑过滤掉。歧义容忍度也会影响学生的创造力（Tegano，1990）。约翰逊（Johnson，2002）指出，歧义容忍度高的学生是好的语言学习者，而歧义容忍度低的学生在学习策略的选择上具有盲目性和随意性，不能有效地运用外语学习策略，导致其外语学习成绩一般较差（转引自张庆宗，2004）。黄丽贞和纽南（Wong & Nunan，2011）也发现，高、低不同外语学习水平者不仅在外语学习风格上存在显著差异，还在学习策略的有效使用上差异显著。不仅如此，他们还发现，高、低不同外语学习水平者在外语学习的时间及外语学习愉悦感上也差异显著。由此可见，高外语学习焦虑和相对较少、较为低效的外语学习策略运用，以及由此产生的外语学习倦怠感及不愉悦感，均有可能影响低歧义容忍度学生的英语学习成绩。

6.2.4.3　外语学习歧义容忍度与外语学习焦虑的相关分析

外语学习歧义容忍度和外语学习焦虑的强相关性从实证方面证实了相关研究者对二者关系的推测：低外语学习歧义容忍度者所感到的不安与焦虑感比高外语学习歧义容忍度者所感到的更大。这一结果为相关研究提供了进一步的实证支持，表明不能容忍歧义会使学习者产生焦虑和惶恐等紧张情绪，而歧义容忍度越高，学习者就越具有冒险精神和创造力，从而越少有焦虑感（Dugas，Gosselin & Ladouceur，2001；Mclain，1993）。这一研究发现也进一步说明，影响外语学习的情感因素彼此相关，需要综合考虑，同时也应进一步采取策略提高外语学习者的歧义容忍度或降低其焦虑感，以同时减少二者在外语学习中的阻碍作用。

外语学习歧义容忍度是可以培养的（R. Ellis，1994a），外语学习焦虑同样也可以降低。首先，外语教师在课堂教学时，应针对外语学习歧义容忍度、外语学习焦虑等情感因素，让学生意识到学习的过程是一个自始至终充满歧义的过程，不可避免地会遇到生僻的单词，如果一见到生词就不知所措，就必然会影响学生对外语的理解。同时，学习者还应明白，即使不能完全理解每一个单词、每一句话，也可以采用"趋熟避生"的方法来解决问题。也就是说，当不认识的生词对语言理解的影响不大时，就可以跳过去不管它；如果该生词影响到了对语言的理解，学习者就要试着根据上下文猜测生词的意思，尽可能地根据别的词义来推断该词在句中的作用和词义，这样往往也能达到正确的信息识解与运用目的。其次，教师还应注意提高自身的外语学习歧义容忍度，做到能容忍学生在语言学习过程中出现的各种偏误，而不是频频指出与改正；帮助学生正确认识错误是其语言发展过程中的必经阶段，甚至是其内部机制进行信息加工、重组的一种表现（R. Ellis，1994a；S. M. Zhang & L. J. Zhang，2021），因而需要学习者以征服者、拓荒者的身份来对待歧义，克服不安与反感。最后，教师还应指导学生有意识地多看一些有关英美社会文化背景的材料和科普读物，不断扩大自己的知识面，这对其英语能力的提高有益处，学生还可以通过小组或团体学习来增强与歧义的接触，借此来降低外语学习者在目标语学习过程中的外语学习焦虑，提高其外语学习歧义容忍度。

6.2.5　结语

本节通过量表的形式，从社会因素入手，对城乡不同生源学习者的外语学习歧义容忍度和外语学习焦虑进行了研究，探讨了二者之间的关系，以及二者在外语学习中的交互作用。结果发现：①学生在外语学习过程中的歧义容忍度有显著的城乡差异。来自城市的学生与来自乡村的学生相比，外语学习歧义容忍度偏低。②不同外语学习歧义容忍度和不同外语学习焦虑水平的学生的英语学习成绩有显著差异。总体而言，高外语学习焦虑和低外语学习歧义容忍度的学生的英语学习成绩低于低外语学习焦虑和高歧义容忍度的学生。③外语学习歧义容忍度和外语学习焦虑呈强相关关系。鉴于此，外语教师应采取一些策略来提高学生的歧义容忍度，降低其外语学习焦虑。在外语学习中，提高歧义容忍度就意味着提高学习者外语学习的内化能力，这也是学习外语的深度之所在。它不仅表现为学习者对外语表象的记忆，更表现在其语用能力方面。但采取怎样的教学干预手段才能降低外语学习者的外语学习焦虑，提高其外语学习歧义容忍度？不同的模式对于不同的任务又会产生怎样的干预差异？怎样对城乡不同生源的学生进行有效的情感干预？在外语学习层面，不同的情感因素之间有何进一步的深层关系？这些都是今后需进一步探索的方向。

6.3　外语学习焦虑在外语学习歧义容忍度与英语学习成绩之间的中介作用①

6.3.1　研究背景

研究者普遍认为外语学习歧义容忍度是二语习得过程中影响学习效果的重要因素之一（Ehrman & Oxford，1995；Larsen-Freeman & Long，2000）。关于歧义容忍度对二语习得过程产生影响的作用方式，不同研究者进行了探讨。约翰逊（Johnson，2002）认为高外语学习歧义容忍度者是好的语言学习者。不能容忍歧义则会使学习者产生焦虑和惶恐等情绪（Dugas，Gosselin & Ladouceur，2001）。

里德（Reid，2002）指出，外语学习歧义容忍度部分地解释了情感过滤作用，认为低外语学习歧义容忍度者的情感过滤较高，因而容易紧张、学习动机受阻、学习自信心下降，进而影响其目标语信息加工，因为在情感过滤过程中，那些不确定的因素被低歧义容忍度者所感到的不安与焦虑过滤掉了。张庆宗（2004）提出，外语学习是一个充满歧义的过程，会造成以汉语为母语的英语学习者处于高度不确定状态，导致学习者的焦虑程度提高。

一些实证研究也发现，外语学习歧义容忍度与外语学习焦虑相关。张素敏、彭鲁迁和王桂平（2006）发现，外语学习歧义容忍度和外语学习焦虑强相关，并均显著影响学习者的外语学习效果，具体表现在高外语学习焦虑和低外语学习歧义容忍度学生的英语学习成绩低于低外语学习焦虑和高外语学习歧义容忍度学生。张素敏（2011）也发现外语学习歧义容忍度显著影响学习者的听力、听写及完形填空的阅读理解，指出外语学习歧义容忍度是影响外语学习的一个主要情感因素；还进一步从外语学习歧义容忍度的界定、测量、相关学习者因素、教师因素及环境因素等角度阐释了外语学习中歧义容忍度的影响（张素敏，2012）。张素敏和张军（S. M. Zhang & L. J. Zhang，2021）也提出学习者的外语学习态度、学习动机及课堂学习环境等因素均可能影响其外语学习焦虑及效能感。语言学习是一个动态的情感过程，在这一过程中学习者在各种因素的作用下不断调整适应（Gregersen & Horwitz，2002；Gregerson，MacIntyre & Meza，2014），因而学习者

---

① 本节部分内容引自《焦虑在歧义容忍度与英语学习成绩之间的中介作用分析》，原载于《心理发展与教育》（2006 年第 4 期，第 64-67 页，作者：张素敏和王桂平）。

的外语学习情感也是一个动态变化过程。由此可见，上述研究基本上均认为，外语学习焦虑等情感因素在外语学习歧义容忍度和外语学习成绩之间发挥着中介作用。但是，这些观点更多地停留在理论探讨阶段，从实证角度分析外语学习歧义容忍度、外语学习焦虑和学习成绩之间关系的研究很少。现有实证研究大多处于相关分析阶段，没有分析这些因素彼此之间的动态影响。

基于上述分析，本节通过分析210名英语学习者的外语学习焦虑、外语学习歧义容忍度及学习成绩，探析外语学习焦虑在外语学习歧义容忍度和学习成绩之间是否发挥中介作用。具体来讲，本节将从以下三个方面进行探讨：①从高、中、低三个层面分析外语学习歧义容忍度与学习者的学习成绩之间的关系；②多重比较不同外语学习歧义容忍度学生的外语学习焦虑水平差异；③以学生的英语学习成绩为因变量，学生的外语学习歧义容忍度为自变量，学生的外语学习焦虑为中介变量进行路径分析，探讨外语学习焦虑在外语学习歧义容忍度与外语学习成绩的关系中是否具有中介作用。

6.3.2　研究设计

6.3.2.1　被试

被试是来自河北省一所普通高校的英语专业二年级的210名本科生，其中男生16人，女生194人，平均年龄为20.2岁，平均学习英语时间为7.6年。被试均参加了最近一次英语专业四级考试。学习者外语学习歧义容忍度问卷调查及外语学习焦虑问卷调查在自然课堂上实施，被试在自愿的情况下作答。

6.3.2.2　研究工具

研究采用埃利（Ely，1995）编制的外语学习歧义容忍度量表测查学生的歧义容忍度。量表共有12个项目，包括了语言学习的各个方面：发音、口语、听力、阅读理解、词汇和语法。量表采用四级评分，得分越高表示学生的歧义容忍度越低。该量表在多项研究中被使用（Reid，2002；张素敏，2012），具有良好的信效度指标。在本节中，量表的Cronbach's α系数为0.73。两周后，笔者对此问卷信度进行了重测，重测信度为0.76，这说明该量表有较高的信度。

研究还采用霍维茨等（E. K. Horwitz，M. B. Horwitz & Cope，1986）编制的外语学习课堂焦虑量表测查学生的外语学习课堂焦虑。量表共有33个项目，包括交际焦虑、考试焦虑和负面评价焦虑三个方面。量表采用五级评分，从"完全同意"

到"完全不同意"。得分越高表示学生的外语学习课堂焦虑感越高。量表整体的内部一致性信度为 0.93，重测信度为 0.83。在本节中，量表的 Cronbach's α 系数为 0.75，重测信度为 0.71，这说明该量表有较高的信度。

根据被试最近一次的英语专业四级考试成绩评定其外语学习水平，进行外语学习焦虑、歧义容忍度和外语学习水平的相关性分析。

6.3.2.3　统计过程

以自然班为单位进行集体施测，施测者由研究者担任。施测者在正式课堂上发放外语学习歧义容忍度问卷与外语学习焦虑问卷，并同时进行学习者外语学习背景调查。学习者背景调查主要涉及学习者的性别、年龄、初始外语接触时间、有无出国学习经历等。施测共用时 8 分钟左右。学生回答完毕后，问卷及学习背景调查问卷立即回收。以学生 2005 年 4 月在英语专业四级考试中的外语考试成绩作为本节中学习者外语学习水平的参考。所有收集到的数据采用 SPSS 11.0 和 Amos 4.0 统计软件进行方差分析及中介作用分析。

6.3.3　数据分析

6.3.3.1　不同外语学习歧义容忍度学生的外语学习焦虑方差分析

以平均分为准计算学生外语学习歧义容忍度的标准分，然后根据学生得分 ≤标准分–标准差、标准分–标准差<得分<标准分+标准差、得分≥标准分+标准差，将歧义容忍度划分为高、中、低三个等级（相应被试人数分别是 28 人、156 人和 26 人），目的是考察高、中、低不同外语学习歧义容忍度学生的外语学习焦虑水平是否存在差异。不同外语学习歧义容忍度学生的外语学习焦虑单因素方差分析结果如表 6.3.1 所示。

表 6.3.1　不同外语学习歧义容忍度学生的外语学习焦虑多重比较结果

项目	外语学习歧义容忍度			F	多重比较结果		
	高	中	低				
均值	80.18	91.69	101.15	27.79***	高<低***	中<低***	高<中***
标准差	8.58	10.78	9.77				

不同外语学习歧义容忍度学生的外语学习焦虑差异多重比较结果显示：学习

者的外语学习歧义容忍度越高，其外语学习焦虑水平就越低。具体来讲，高外语学习歧义容忍度学生的外语学习焦虑（均值为 80.18）显著低于低歧义容忍度学生（均值为 101.15）；中外语学习歧义容忍度学生的外语学习焦虑（均值为 91.69）也显著低于低歧义容忍度学生（均值为 101.15）；高外语学习歧义容忍度学生的外语学习焦虑（均值为 80.18）显著低于中歧义容忍度学生（均值为 91.69）。这一研究发现进一步证明，学习者的外语学习焦虑与外语学习歧义容忍度显著相关，均是影响学习者外语学习成效的重要因素。因此，很有必要分析外语学习中二者之间是否互为中介。

6.3.3.2　不同外语学习歧义容忍度学生的英语学习成绩方差分析

研究者考察了不同外语学习歧义容忍度学生的英语学习成绩的差异，单因素方差分析结果如表 6.3.2 所示。

表 6.3.2　不同外语学习歧义容忍度学生的英语学习成绩多重比较结果

项目	外语学习歧义容忍度			F	多重比较结果	
	高	中	低			
均值	57.44	56.88	51.04	6.73***	高>低**	中>低***
标准差	6.56	7.72	8.83			

表 6.3.2 显示，不同外语学习歧义容忍度学生的英语学习成绩差异显著（F = 6.73，$p < 0.001$）。这一研究发现说明，不同外语学习歧义容忍度学生具有不同的外语学习成效。不同外语学习歧义容忍度学生的英语学习成绩多重比较结果显示：学习者的外语学习歧义容忍度越高，成绩就倾向于越好。具体来讲，高外语学习歧义容忍度学生的英语学习成绩（均值为 57.44）显著高于低外语学习歧义容忍度学生（均值为 51.04），中外语学习歧义容忍度学生的英语学习成绩（均值为 56.88）也显著高于低外语学习歧义容忍度学生（均值为 51.04）。由此可知，学习者的外语学习歧义容忍度越高，其外语学习成绩就倾向于越好。

6.3.3.3　学生外语学习焦虑的中介作用

鉴于学习者的外语学习焦虑及外语学习歧义容忍度均与学习者的外语学习成绩显著相关，并且二者之间也显著相关，下面进一步分析学习者的外语学习焦虑是否在外语学习歧义容忍度与外语学习成绩之间起到了中介作用。中介变量实质上是指能够传递自变量对因变量的影响的变量，它解释了自变量为什么会对因变量起作用。可以通过直接判断路径系数是否显著来简单地判断一个变量的中介作用是否显著。但是，考虑到这种方法可能会存在一定的误差，下面以学生的外语学习歧义容忍度为自变量，学生的外语学习焦虑为中介变量，学生的英语学习成绩为因变量，进行路径分析，得到模型中参数估计的结果如表 6.3.3 所示。

表 6.3.3　外语学习焦虑对英语学习成绩和外语学习歧义容忍度之间关系的中介作用模型参数估计结果

英语学习成绩	β	t
外语学习歧义容忍度对英语学习成绩的影响	−0.15	−1.88
外语学习歧义容忍度对外语学习焦虑的影响	0.53***	8.99
外语学习焦虑对英语学习成绩的影响	−0.22**	−2.89
不考虑外语学习焦虑时外语学习歧义容忍度对英语学习成绩的影响	−0.26***	−3.92

从表 6.3.3 可以看出，在不考虑外语学习焦虑对英语学习成绩的影响的前提下，外语学习歧义容忍度对英语学习成绩的影响（$\beta = -0.26$，$t = -3.92$，$p < 0.001$）达到显著水平。总体来讲，学生的外语学习歧义容忍度越高，英语学习成绩就越好。在考虑了外语学习焦虑的中介作用后，外语学习歧义容忍度对英语学习成绩的影响变得不再显著（$\beta = -0.15$，$t = -1.88$，$p > 0.05$），而外语学习歧义容忍度对学生外语学习焦虑的影响达到了极为显著的水平（$\beta = 0.53$，$t = 8.99$，$p < 0.001$），外语学习焦虑对英语学习成绩的影响也达到了非常显著的水平（$\beta = -0.22$，$t = -2.89$，$p < 0.01$）。这一研究发现意味着外语学习焦虑的中介作用显著，即外语学习歧义容忍度对英语学习成绩的影响通过个体在英语学习过程中的外语学习焦虑起作用。

6.3.4　讨论

6.3.4.1　不同外语学习歧义容忍度学生的焦虑感的差异

本节发现，低外语学习歧义容忍度者比高歧义容忍度者所感到的焦虑感水平要高。这一研究发现与张素敏（2011，2012）及张素敏、彭鲁迁和王桂平（2006）等的研究发现类似，再一次证明外语学习歧义容忍度与外语学习焦虑相关。其原因可能是低歧义容忍度者往往事事务求精确，无法忍受模糊不清的事物和局面，碰到不明确的东西或不一致的观点时，会因承受到心理威胁而产生焦虑、强迫观念和惶恐等情绪（Dugas，Gosselin & Ladouceur，2001；Gregersen & Horwitz，2002），从而倾向于回避或采取拒绝和躲避行为；而高歧义容忍度者对歧义往往不会那么担忧或焦虑，能够从整体上把握所学材料，采取相应的学习策略来解决问题。此外，有研究者（Chapelle & Roberts，1986）认为，高歧义容忍度者能够在模棱两可、有歧义的情况下，接受模糊不清的事物，并把问题理出头绪，而低歧义容忍度者则无法容忍模糊不清的事物，这些事物让他们感到不安和焦虑。本节则证实了上述观点。鉴于此，在外语教学中，教师应采取适当策略提高学生的歧义容忍度，以降低其外语学习焦虑，实现学习者外语学习情感的良性动态发展（Gregerson，MacIntyre & Meza，2014）。正如张庆宗（2004）所言，在外语学习中，提高歧义容忍度就意味着提高外语学习的内化能力。这种内化能力不仅表现在对语音、词汇、句法、语篇等知识的记忆和理解上，还表现为驾驭这些知识的语用能力。

6.3.4.2　不同外语学习歧义容忍度学生的英语学习成绩的差异

从不同外语学习歧义容忍度学生的英语学习成绩差异结果可以看出，高外语学习歧义容忍度学生的英语学习成绩显著高于低歧义容忍度学生，而中歧义容忍度学生的英语学习成绩也显著高于低歧义容忍度学生。此研究发现与约翰逊（Johnson，2002），以及杜加斯、戈赛林和拉杜瑟（Dugas，Gosselin & Ladouceur，2001）等研究者的结论一致，说明学习者的外语学习歧义容忍度较低时，他们会出现焦虑、紧张等情绪，产生较高的外语学习焦虑，进而会影响其外语学习成效。这一研究发现同时为外语学习焦虑在外语学习歧义容忍度与外语学习成绩的关系中所起到的中介作用分析提供了一个重要的前提条件：只有在外语学习歧义容忍度对外语学习成绩影响显著的情况下，才会进一步考虑其产生作用的方式。

这一研究发现与不同语类的不同表达方式有关。不同语类因思维模式、文化传统、社会群体等因素的不同，往往具有不同的概念认知及概念化模式，因而具有不同的时间、空间表达模式（沈家煊，2020；王文斌，2019），对于外语学习者来说是一个充满歧义的过程。学习者的母语与目标语之间的差异往往会在语言表层结构上出现概念迁移或概念化迁移，影响学习者的目标语学习（张素敏等，2021；张素敏和张继东，2023）。学习者的外语学习歧义容忍度较低时，会因较高的外语学习焦虑而对不同的语码信息出现加工不充分现象（张素敏，2012，2023）。语言学习是语言、情感、环境等因素复杂交互作用的产物（Hiver & Al-Hoorie，2016；van Lier，2004），当学习者的母语和目标语之间存在差异，外语学习歧义容忍度较低且外语学习焦虑水平较高时，在一定程度上易造成外语学习成效的低下。

6.3.4.3 学生外语学习焦虑的中介作用分析

外语学习焦虑的中介作用分析发现，外语学习焦虑在外语学习成绩和外语学习歧义容忍度之间有完全中介作用，即外语学习歧义容忍度通过学习者的外语学习焦虑间接影响个体的外语学习成绩。这一结论证实了约翰逊（Johnson，2002）、里德（Reid，2002）、张庆宗（2004），以及杜加斯、戈赛林和拉杜瑟（Dugas, Gosselin & Ladouceur，2001）等的观点，即不能容忍歧义的学习者容易产生焦虑、强迫观念和惶恐等情绪，从而对学习成绩产生不良影响。外语学习是一个充满歧义的过程，学习者处于这种高度的不确定状态，会导致其焦虑程度提高，以及情感过滤程度增高（Krashen，1985），他们的元认知和认知能力都将受到极大影响，造成语言输入量小，输入效果差，从而影响学生的学习成绩。

本节基于上述分析提出，在英语学习过程中，学习者应通过尽量提高歧义容忍度来降低个体在这一过程中的焦虑感，从而改善外语学习过程。克拉申（Krashen，1985）在其之后的研究中也愈加认识到清楚地进行解释以降低歧义、模糊程度的重要性。教师可以通过以下方式提高学习者的歧义容忍度：第一，让学生意识到学习是一个自始至终充满歧义的过程，不可避免地会遇到生僻的单词，如果一见到生词就不知所措，就必然会影响对外语的理解。同时，学生还应明白，在外语学习中不可能完全理解每一个单词或每一句话的含义，可以采用"趋熟避生"的方法来解决问题。也就是说，如果不认识的生词对语言理解的影响不大时，就可以跳过去不管它；如果该生词影响了语言理解，就要试着根据句中认识的其他词语去猜测生词的意思，尽可能地贴近别的词义来推断该词在句中的作用和词义，这样往往也能达到正确的理解或沟通目的。第二，教师也应注意提高自身的歧义容忍度，做到能容忍学生所犯的语言学习错误，而不是频频指出与改正，应帮助学生以征服者、拓荒者的身份对待歧义，克服不安与反感。同时，学习者要有意识地多看一些有关英美社会文化背景的材料和科普读物，也可通过小组或团体学习来不断增加与歧义的接触机会，从而提高其外语学习歧义容忍度，降低在外语学习中的焦虑感。

6.3.5 结语

本节研究采用问卷法，选取河北省的 210 名普通高校大学生为被试，探讨了外语学习焦虑在外语学习歧义容忍度和英语学习成绩之间的中介作用。研究发现：①在英语学习成绩方面，高歧义容忍度的学生显著优于低歧义容忍度的学生，中歧义容忍度的学生显著优于低歧义容忍度的学生；②高、中、低不同外语学习歧义容忍度的学生，在外语学习焦虑水平上存在显著差异，即高外语学习歧义容忍度学生的外语学习焦虑水平显著低于低歧义容忍度学生，中外语学习歧义容忍度学生的外语学习焦虑水平也显著低于低歧义容忍度学生，高外语学习歧义容忍度学生的外语学习焦虑水平显著低于中歧义容忍度学生；③外语学习焦虑的中介作用分析发现，外语学习焦虑在外语学习歧义容忍度和英语学习成绩之间有完全中介作用。这一研究发现说明，在教学中应通过提高学习者的外语学习歧义容忍度来降低个体在学习过程中的焦虑感，从而优化英语学习过程及结果。需要引起注意的是，本节补充了前面第 5 章及本章第 6.1 节及第 6.2 节的相关研究内容，进一步证明外语学习焦虑、外语学习歧义容忍度及外语学习成绩之间存在显著相关性，进而从实证角度说明外语学习焦虑在外语学习歧义容忍度和外语学习成绩之间发挥了中介作用。尽管如此，本节没有探讨能够有效降低外语学习中的阻碍性情感的教学干预手段。鉴于此，后续研究需进一步分析采用哪一种教学模式能有效降低学生的阻碍性情感。

信息加工中的教学模式与个体差异因素

本章主要分析了不同教学模式下学习者的情感认知因素与外语学习之间的关系。第 7.1 节 "不同教学模式下的外语学习焦虑干预" 研究网络多媒体教学中不同教学中心模式下的外语学习焦虑干预成效。第 7.2 节 "学习者因素对教师话语的作用" 采用话语录音的方式，以转写和标注过的文字材料为语料，运用 AntConc 3.2.0 统计软件，从总辅导时间、母语使用、批评/表扬话语、语料总话轮数及显性/隐性反馈等方面，分析学习者的情感态度因素对教师话语的影响作用。第 7.3 节 "外语学习成效对个体差异因素的作用" 分析普通高校、民办高校不同英语水平学习者的外语学习焦虑、外语学习歧义容忍度与英语成绩总分和各部分成绩的相关情况是否取决于学习者的英语学习水平。第 7.4 节 "语料、情感和策略对英语自主学习能力的作用" 从定量和定性两方面探索即时语料输入、情感干预和策略培训对英语自主学习能力的影响。

7.1 不同教学模式下的外语学习焦虑干预①

7.1.1 研究背景

外语学习焦虑是影响学习者的学习成效的一个重要的个体差异因素，几十年来，一直是二语习得领域研究者、教师和学生本人所关注的一个热点（Horwitz,

① 本节部分内容引自《不同教学模式下的外语学习焦虑感干预研究》，原载于《解放军外国语学院学报》（2013 年第 4 期，第 57-61 页，作者：张素敏）。

2010）。学习者的外语学习焦虑与外语学习成绩之间的关系引起了诸多研究者的关注（Dewaele & MacIntyre，2014；Gardner & MacIntyre，1993；Gregerson，MacIntyre & Meza，2014；Young，1991；张素敏和王桂平，2006；张素敏，2012）。

国内外许多研究者从学习者和教师两个方面分析了外语学习焦虑的产生。霍维茨（Horwitz，1986）认为过于担心自己的表现或错误的外语学习观念，如对偏误的低歧义容忍度等，都会使学习者产生焦虑感，影响其对输入的内化。并且，学习者对自己实际语言能力的错误低估也容易造成高外语学习焦虑的产生（Gardner & MacIntyre，1993）。进一步的相关研究还发现，有完美主义倾向和歧义容忍度偏低的学生，会给自己设定一些不切实际的过高标准，过于在乎自己的表现，因而容易缺乏自信，并感到沮丧和焦虑（Gregersen & Horwitz，2002），进而影响学习者陈述性知识的习得和程序性知识的输出（MacIntyre，2007）。除学习者因素外，还有研究者发现教师因素也是影响学习者产生外语学习焦虑的因素之一。有研究者（Young，1991）发现积极的教师因素和低外语学习焦虑显著相关，并由此认为外语教师的教学观念与师生交互焦虑是造成学习者外语学习焦虑产生的一个主要原因。还有研究者（Ewald，2007）研究高年级学习者的焦虑感后也发现，教师在焦虑感的产生和消除上都起到了关键作用。王初明（2016）及张素敏和张军（S. M. Zhang & L. J. Zhang，2021）进一步提出，"续论"学习环境会降低学习者的外语学习焦虑。

还有研究者从学习环境角度分析了学习者的外语学习焦虑。有研究者（Young，2009）指出学习者的外语学习焦虑会因不同的授课环境而有所不同，并为如何降低焦虑感提出了一些建议，但没有进一步分析这些建议的实施效果。还有研究者（Dewaele，Petrides & Furnham，2008）也认为学习者的外语学习环境会影响其外语学习焦虑的产生。有研究者（Hampel & Stickler，2005）进一步提出，在网络环境下，由于对学习者的焦虑感和课堂管理有影响关系的肢体语言的缺乏，教师更难和学生建立起相互信任的关系，也很难降低学生的焦虑不安情绪。有研究者（de Los Arcos，Coleman & Hamel，2009）提出，软件本身就对学习者的焦虑感有显著影响作用，应帮助学习者熟悉新的信息空间，以最大限度地降低学习者的焦虑感，但遗憾的是他们没能采用实证方法深入探析降低学生的外语学习焦虑的有效方式。国内对外语学习焦虑的研究主要集中在外语学习焦虑与外语学习动机（秦晓晴和文秋芳，2002）、外语学习策略及外语学习歧义容忍度（吴喜艳和张庆宗，2009；张素敏和王桂平，2006）等相关因素的探讨上。隋晓冰（2012）虽然指出了网络教学环境下英语学习者的焦虑感问题，但缺乏对网络环境下的焦虑感进行进一步的干预，难以发现网络环境下是否能够采取有效教学措施降低学习者的外语学习焦虑。

　　总结上述研究发现，学习者、教师及学习环境等都可能是外语学习焦虑形成的影响因素。早期的研究侧重于外语学习焦虑和其相关因素及外语学习成效之间关系的探讨，后期的研究则侧重于从不同教学环境来发现外语学习焦虑的来源及其对学习者的外语学习成效的影响作用（Horwitz，2010）。目前虽有许多研究者指出，外语学习焦虑是二语习得研究领域中一个重要的个体差异因素（MacIntyre，2007；张素敏和王桂平，2006），但在计算机辅助教学领域的研究相对较少（de Los Arcos，Coleman & Hamel，2009）。尽管强调了教师在降低学生外语学习焦虑上的重要性，但在多媒体网络教学环境下，通过采用不同的中心模式来探讨外语学习焦虑干预方式的研究更是匮乏。同时，在基于计算机和课堂的英语多媒体教学模式中，"教师中心""学生中心""教师与学生双中心"相关研究大多只是停留在理论解释上，尚缺乏实证支持。

　　鉴于此，本节基于陈坚林（2005）提出的"教师中心""学生中心""教师与学生双中心"等教学模式的特点，研究在网络多媒体教学中不同中心模式下的学生有效降低外语学习焦虑的方式。

7.1.2　研究设计

7.1.2.1　被试

被试为某学院文学部三个班共 175 名大学一年级学生。三个班的平均年龄在统计上无显著差异（$F = 0.02$，$p > 0.05$）。单因素方差分析显示三个班在家庭和教育背景上也无显著差异（$F = 0.65$，$p > 0.05$）。

7.1.2.2　研究工具

测量工具为根据本节的研究目的改编的由霍维茨等（E. K. Horwitz, M. B. Horwitz & Cope，1986）编制的外语学习课堂焦虑量表。在本实验中，量表的 Cronbach's α 前测系数是 0.92，后测系数是 0.88，均达到了较好的可接受信度水平。

　　研究者第一次发放问卷 252 份，第二次发放问卷 194 份，最后回收有效问卷 175 份（参加了两次问卷调查和整个培训过程的问卷均被视为有效问卷）。收集来的数据用 SPSS 15.0 进行统计分析。分析过程包括描述性统计分析、单因素方差分析和协方差分析。

7.1.2.3 干预方法与步骤

首先，对被试进行外语学习焦虑前测；其次，参考陈坚林（2005）对"教师中心""学生中心""教师与学生双中心"三种不同中心模式的划分，随机把前测外语学习焦虑无显著差异的三个自然班分为班 1、班 2 和班 3，进行为期一个学期的不同教学法干预。

班 1 采用"教师与学生双中心"模式进行授课。学习者在网络自主学习中心进行自主上机学习，教师通过自主学习网络平台了解学习者的学习进度和效果，并利用课堂面授时间，对学生的自主学习进度、内容及效果进行协商性指导。同时，教师采用纽南（Nunan，2001）提供的样板课程对学生进行相应的外语学习策略训练；并且还根据布朗（Brown，2007a）提出的交互式语言教学认知原则，补充网络下载的即时语料，进行有意义输入（Swain，1985；Takako，2004）。总之，教师通过减少外语学习歧义场景、实施外语学习策略培训及增加有意义的输入等方式，从学习者、教师及教学环境等外语学习焦虑产生的三个方面进行综合干预，尽可能地做到教师、教材及学生间的强交互和课程的立体化设计。班 2 比较接近工具型的"学生中心"教学模式。学习者在网络自主学习中心进行自主上机学习，教师虽然可以利用课堂时间用 PPT 对教学内容进行课件演示和各种语言操作，但未对学生的自主上机学习内容、时间及进度进行干涉，没有针对性地采取措施提高学习者对学习策略的运用能力，同时也不针对其自主学习的内容及主题等采取措施进行干预以减少歧义场景，学生完全根据自己的兴趣和方式进行自主学习。班 3 采用传统的"教师中心"计算机网络辅助教学模式。教师利用网络制作 PPT 课件，通过演示教学内容及进行输出操练等，主导和监控整个教学内容、进度和过程，学生根据学校相关授课安排进行学习，不能在网络自主学习中心进行网络自主上机学习。

干预结束后，立即进行第二次外语学习焦虑问卷调查。最后，运用 SPSS 15.0 对前测和后测数据进行整理、分析和讨论。

7.1.3 数据分析

7.1.3.1 三个班干预前外语学习焦虑描述性分析和单因素方差分析

干预前，研究者对三个自然班的学生的外语学习焦虑水平进行了前测，目的是检测三个班是否存在显著差异，以便确定新的教学方法对培训后结果的影响作用（表 7.1.1）。

表 7.1.1　班 1、班 2 和班 3 外语学习焦虑前测结果

情感因素	教学方法	n	均值	标准差
	教师与学生双中心（班 1）	51	93.00	13.33
外语学习焦虑（前测）	学生中心（班 2）	45	90.33	11.30
	教师中心（班 3）	79	95.68	13.89

表 7.1.1 显示了三个班的外语学习焦虑前测均值和标准差。分析结果初步显示，在"教师中心""学生中心""教师与学生双中心"不同教学中心模式的干预下，学习者的焦虑感水平有所不同。大体来看，"学生中心"教学模式下的学习者外语学习焦虑水平比"教师中心"和"教师与学生双中心"教学模式下的外语学习焦虑均较低。

表 7.1.2 显示了学习者外语学习焦虑前测的方差齐性检验结果。从该表可以看出，研究结果满足单因素方差齐性检验的方差齐性条件（$F = 0.45$，$p > 0.05$），也说明以下针对三个班的单因素方差检验结果是有效的。

表 7.1.2　班 1、班 2 和班 3 外语学习焦虑前测方差齐性检验

F	$df1$	$df2$	p
0.45	2	172	0.638

班 1、班 2 和班 3 外语学习焦虑前测单因素方差检验结果（表 7.1.3）显示组间方差 $F = 2.45$（$p > 0.05$），说明各组均值之间无显著差异。鉴于显著性偏低，为了进一步得到成对组多重比较均值的结果，下面采用 Scheffe 检验法，对班 1、班 2 和班 3 的外语学习焦虑前测进行事后多重比较（表 7.1.4）。

表 7.1.3　班 1、班 2 和班 3 外语学习焦虑前测单因素方差检验结果

方差来源	平方和	df	均方	F	p
组间方差	840.55	2	420.27	2.45	0.09
组内方差	29 531.09	172	171.69	—	—
总和	30 371.64	174	—	—	—

表 7.1.4　班 1、班 2 和班 3 的外语学习焦虑前测事后多重比较检验结果

（I）教学方法	（J）教学方法	均值差（$I-J$)	p
教师与学生双中心（班 1）	学生中心（班 2）	2.67	0.610

续表

（I）教学方法	（J）教学方法	均值差（I－J）	p
教师与学生双中心（班1）	教师中心（班3）	−2.68	0.523
学生中心（班2）	教师中心（班3）	−5.35	0.950

事后多重比较检验结果（表 7.1.4）显示：班 1 和班 2 之间（均值差为 2.67，$p > 0.05$）、班 1 和班 3 之间（均值差为−2.68，$p > 0.05$）、班 2 和班 3 之间（均值差为−5.35，$p > 0.05$），均未达到显著差异水平。这一结果进一步说明，三个班的外语学习焦虑水平在实验前无显著差异。

7.1.3.2　三个班干预后外语学习焦虑描述性分析和协方差分析

外语学习焦虑后测结果（表 7.1.5）显示：班 1 的外语学习焦虑后测的均值和标准差分别为 88.65 和 17.76，班 2 的外语学习焦虑后测的均值和标准差分别为 89.16 和 16.33，班 3 的外语学习焦虑后测的均值和标准差分别为 97.58 和 13.93。

表 7.1.5　班 1、班 2 和班 3 的外语学习焦虑后测结果

情感因素	教学方法	n	均值	标准差
	教师与学生双中心（班1）	51	88.65	17.76
外语学习焦虑（后测）	学生中心（班2）	45	89.16	16.33
	教师中心（班3）	79	97.58	13.93

考虑到外语学习焦虑前测结果和后测结果可能存在内在联系，为了更准确地确定不同的教学方法的干预效果，有必要考虑前测结果对后测结果的影响。本节以外语学习焦虑前测结果为协变量，外语学习焦虑后测结果为因变量，教学方法为自变量，进行了协方差分析。

班 1、班 2 和班 3 的外语学习焦虑后测协方差分析结果（表 7.1.6）显示：在教学方法（$F = 5.01$，$p < 0.01$）和外语学习焦虑前测结果（$F = 92.61$，$p < 0.001$）上，三个班均差异显著，说明教学方法和外语学习焦虑前测结果都对外语学习焦虑后测结果有显著影响。

表 7.1.6　班 1、班 2 和班 3 外语学习焦虑后测协方差分析结果

来源	III 型平方和	df	均方	F	p
教学方法	1 620.80	2	810.40	5.01**	0.008
前测外语学习焦虑	14 982.13	1	14 982.13	92.61***	0.000

　　班 1、班 2 和班 3 的外语学习焦虑后测参数估计结果（表 7.1.7）显示了不同教学模式和前测外语学习焦虑能在多大程度上预示后测外语学习焦虑。结果显示："教师与学生双中心"的教学方法与"教师中心"的教学方法之间在外语学习焦虑均值上有显著差异（$t = 2.29$，$p < 0.01$）；"学生中心"的教学方法与"教师中心"的教学方法之间在外语学习焦虑均值上则差异不显著（$t = -1.92$，$p > 0.05$），但由于 p 值接近 0.05，说明以学生为单一中心的教学方法与以教师为单一中心的教学方法相比，也具有一定的优势；前测外语学习焦虑同样显著影响后测外语学习焦虑（$t = 9.62$，$p < 0.001$）。

表 7.1.7　班 1、班 2 和班 3 外语学习焦虑后测参数估计结果

教学方法	β	t	p
截距	29.43	4.07	0.000
教师与学生双中心（班 1）	−7.02	2.29**	0.003
学生中心（班 2）	−4.62	−1.92	0.057
教师中心（班 3）	0.71	9.62***	0.000

　　参数估计表（表 7.1.7）同样显示，"教师与学生双中心""学生中心""教师中心"的 β 值分别是−7.02、−4.62 和 0.71。根据 β 系数，估计后测外语学习焦虑的模型为：后测外语学习焦虑 = 29.43 − 7.02 − 4.62 + 0.71。这一结果表明，在其他条件相同的情况下，"教师与学生双中心"教学法每增加 1 个单位，后测外语学习焦虑就会减少 7.02 个单位。依此类推，"学生中心"教学法的 β 值是−4.62，意味着"学生中心"教学法每增加 1 个单位，后测外语学习焦虑就会减少 4.62 个单位；"教师中心"教学法每增加 1 个单位，后测外语学习焦虑就会增加 0.71 个单位。此模型显示，"教师与学生双中心"教学方法与"学生中心"教学方法均比"教师中心"教学方法更有利于学生外语学习焦虑水平的降低，而"教师与学生双中心"教学方法最为有效。这一研究发现初步说明，兼顾学生及教师两个主要教学因素模式的教学效果最好。

　　为了进一步分析三种不同教学方法间的差异，笔者进行了组间多重比较（表7.1.8），结果发现："教师与学生双中心"和"学生中心"两个模式之间（均值差为−2.96，$p > 0.05$）不存在统计意义上的显著差异，说明这两种教学模式的效果相当；"教师与学生双中心"和"教师中心"两者之间（均值差为−7.30，$p < 0.01$）存在统计意义上的显著差异，说明这两种教学模式的效果有显著差异；"学生中心"和"教师中心"两者之间存在统计意义上的边缘性显著差异（均值差为−4.34，$p =$

0.075），说明"学生中心"比"教师中心"的效果要好。总体而言，组间多重比较也显示，"教师与学生双中心"的教学方法最有利于学生外语学习焦虑的降低，而"教师中心"的教学方法最不利于学生外语学习焦虑的降低。

表 7.1.8　班 1、班 2 和班 3 外语学习焦虑后测事后组间多重比较检验结果

（*I*）教学方法	（*J*）教学方法	均值差（*I−J*）	*p*
教师与学生双中心（班 1）	学生中心（班 2）	−2.96	0.262
	教师中心（班 3）	−7.30**	0.002
学生中心（班 2）	教师中心（班 3）	−4.34*	0.075

7.1.4　讨论

可见，前测外语学习焦虑和不同教学方法都显著影响后测外语学习焦虑；"教师与学生双中心"模式下的学生的外语学习焦虑水平最低，其次是"学生中心"模式下的学生，而"教师中心"模式下的学生的外语学习焦虑水平最高。本节研究结果说明，不同的教学方法对学习者的外语学习焦虑的干预效果明显，且"教师与学生双中心"教学模式最为有效。这一结果不仅为陈坚林（2005）倡导的计算机网络环境下教学模式的综合运用效果提供了实证支持，还提供了降低学习者外语学习焦虑水平的有效方式，补充了前面章节中未对学习者的情感因素进行干预这一缺憾（如张素敏和王桂平，2006；张素敏，2011，2012）。由于外语学习焦虑的产生与学习者、教师和学习环境都相关（Horwitz，1986；Young，1991，2009），下面从学习者、教师及学习环境三个方面具体分析教学模式对学习者不同外语学习焦虑水平的影响。

"教师与学生双中心"模式从学习者、教师和教学环境方面降低了外语学习焦虑的产生。学习者在外语学习这一特定过程中会呈现出紧张情绪和压力感，并且这种焦虑感与学习者的学习观念和学习策略相关（Young，2009）。错误的学习观念及策略则会加剧学习者在外语学习时的焦虑感、强迫观念和惶恐等情绪（Dugas，Gosselin & Ladouceur，2001）。"教师与学生双中心"模式在针对学习者错误的外语学习观念、低歧义容忍度和错误的学习策略等进行策略训练的同时，还相应地采用交互式教学原则来减少歧义情景，并对学生的自主学习内容、进度及效果进行适度协商性干预，尽可能地做到了教师-教材-学生间的强交互，在一定程度上实现了教材、课程设计及实施的生态立体化和多维建构。"教师与学生双中心"模式不仅减少了歧义情景，还逐步增强了学习者对外语学习歧义内容和不同教学方法的容忍度，有利于学习者正确运用学习策略（Littlewood，2010），以

及把学生的情感过滤程度降到最低（Krashen，1985），因而也更有利于学习者外语学习焦虑水平的适度降低。

相比之下，在单一的"学生中心"教学模式下，由于网络环境下与课堂管理有关系的肢体语言的缺乏，教师更难和学生建立相互信任的关系并降低学生的焦虑不安情绪（Hampel & Stickler，2005）。本节研究结果从实证角度证实了前人研究结论（de Los Arcos，Coleman & Hamel，2009）：网络计算机学习环境需要语言学习和计算机技术的指导，以减少歧义情景的产生，否则会导致学习者的高度焦虑。研究结果进一步说明，学习者自主并不意味着应削弱教师的职责，而应倡导计算机网络环境下教学模式的综合运用（陈坚林，2005）。

"教师中心"教学模式由于对个体差异因素的关注相对缺乏，因此不利于学习者心理情感因素的发展（郝玫、王一贞和余建蓉，2010）。此外，"教师中心"教学模式不利于激发学生的内部学习动机，也不利于培养学生的创造力，还往往会阻碍学生的自主学习能力的充分发展（束定芳，2004）。学生的学习动机、创造力、自主学习能力与外语学习歧义容忍度、外语学习焦虑等情感因素高度相关（吴喜艳和张庆宗，2009），因此"教师中心"教学模式下学生的外语学习焦虑水平最高。

7.1.5　结语

本节有针对性地采用不同的教学中心模式，针对外语学习焦虑产生的三种因素，在学生、教师和多媒体网络三者之间进行外语学习焦虑干预。研究结果显示，不同的教学干预方法对外语学习焦虑有不同的影响："教师与学生双中心"教学模式优于其他教学模式；"学生中心"教学模式虽然和"教师中心"教学模式无显著差异，但干预效果相对更好一些。鉴于计算机网络在外语教学中的应用日益广泛，其作用日益凸显，学习者在这一教学环境下的焦虑感也日益增加（Hampel & Stickler，2005），教师的关键作用正如有研究者（Matsumura & Hann，2004）所言，应突出表现为通过满足不同学习者个体的差异需求来降低学习者的外语学习焦虑，并对焦虑感及其相关因素进行干预。此外，由于外语学习焦虑和外语学习策略、学习动机和歧义容忍度等高度相关，所以从上述相关因素入手，进一步分析外语学习焦虑的有效干预模式，从而建立外语学习焦虑概念模型，进而形成最终的外语学习焦虑操作模型，是进一步研究的方向。总之，不同环境下外语学习焦虑的研究对于教师了解学生如何对待和学习外语，以及为何继续或中断外语学习，具有相对重要的教学启示作用（Horwitz，2010）。

7.2　学习者因素对教师话语的作用[①]

7.2.1　研究背景

　　教师话语分析一般是以经典的话轮发起、回答与反馈结构为理论框架，从语言、词汇、语法等角度来分析教师课堂话语的类型，旨在研究师生间对话在功能上如何推进教学活动的发展（程晓堂，2009）。在国外期刊发文中，迪克·奥尔赖特（Dick Allwright）和贝利（Allwright & Bailey，1991）及徐碧美（Amy Tsui）（Tsui，2005）分析了课堂环境下的教师话语后认为，第三个话轮是教师针对学生话轮中的错误或失误进行的纠正性反馈。有研究者（Lee，2007）则强调了课堂中教师第三个话轮的偶发性，即教师的反馈形式因学生不同的回答也有所不同。理查德·卡伦（Richard Cullen）分析了某中学英语课堂上的话语发起—回应—反馈（initiation-response-feedback，IRF）交际结构后指出，教师反馈主要起到评价作用和话语作用（Cullen，2002）。道格拉斯·麦克贝思（Douglas Macbeth）分析四年级不同课堂上的语料后指出，课堂上的话语修正不同于日常话语中的修复（Macbeth，2004）。也有研究者发现，学生对教师的反馈有不同的情感认知尴尬（Vallente，2020；van der Kleij & Adie，2020）。相比之下，国内期刊上有关外语教师课堂话语分析的研究还有待进一步的发展（李悦娥和范宏雅，2002）。何安平（2003）参照认知发展类型理论，对比了高中、初中和小学的外语教师话语。胡青球（2007）和郭新婕（2008）则分别分析了优秀外语教师和实习外语教师的课堂话语，都认为教师话语量显著多于学生话语量不利于学生的目标语输出。刘家荣和蒋宇红（2004）及周星和周韵（2002）也指出，教师在反馈中给学生提供更多的交际机会有利于其语言习得。张素敏和张军（S. M. Zhang & L. J. Zhang，2021）还发现，学习者的学习态度对其外语学习成效有重要影响。因此，研究者认为，需要从情感方面来分析教师话语。

　　国内外文献显示，教师话语分析虽涉及大学、高中、初中和小学等不同的层面，但大多针对口语课堂，没有一例是针对家庭辅导教师话语的。虽然研究对象涉及日常会话和课堂教学会话间的对比、优秀教师和实习教师间的比较，但没有

――――――――――――――

　　① 本节部分内容引自《学习者因素对教师话语的影响作用分析——基于自建语料的个案研究》，原载于《解放军外国语学院学报》（2011 年第 3 期，第 60-63 页，作者：张素敏）。

一例是以同一名教师辅导下的双胞胎儿童话语为语料进行对比的。家庭辅导教师话语也是教师话语的一部分,此部分话语分析的缺乏说明教师话语分析尚不完整,需要补充。以双胞胎为被试,为研究结果的对比提供了一定的说服力。尤需注意的是,大多研究只是分析教师的话语量、会话结构、提问类型和反馈方式等,缺乏从对学习者的影响作用入手,来分析教师话语的特点及变化。要发现课堂话语修正的倾向结构(preference structure),不仅应注意到话语的修正,还应注意到修正出现的轨迹(repair trajectory)(McHoul,1990)。鉴于此,本节以双胞胎儿童家庭辅导教师的话语为研究对象,聚焦于教师的修正性反馈方式和学生对反馈的注意,分析学习者的认知和态度对教师话语的影响。

7.2.2 研究设计

7.2.2.1 被试

被试是某实验小学四年级的一对 10 岁男双胞胎。他们从出生到本实验阶段,成长环境相同,教育背景及英语初始接触时间、整体接触时间及接触地点均相同,尽可能保证了外部物理环境的一致性。

7.2.2.2 研究目的

通过对辅导教师话语质性数据的量化分析,从学习者角度揭示教师话语在反馈内容、反馈方式及反馈结果等方面的特点及变化,进而指出教师话语分析中对学习者因素进行关注的重要性。

7.2.2.3 数据材料收集及标注

本节采用自然调查法(Allwright & Bailey,1991)在被试不知情的情况下进行现场录音。辅导教师对这对双胞胎基于同一语篇内容进行家庭辅导,具体涉及对词汇的理解及对整体语篇的理解。辅导内容是一篇摘自《英语辅导报》的语篇。辅导教师效仿国外研究者的做法(Liebscher & Dailey-O'Cain,2003),不对学生的语码使用进行限制。辅导录音的转写及标注则参照黄衍(1987)和于国栋(2008)等研究者的方法,并根据本节研究的目的对副语言特征如动作和面部表情等也进行了相应标注。根据实际交际情况,研究者从批评话语、表扬话语、母语使用、总话轮数、共计时间、沉默、领会提取、反面态度及正面态度几个方面进行了标注。

运用 AntConc 3.2.0 统计软件进行检索统计，得到表征课堂话语特征的数据，最后针对上述不同的话语、话轮数、话语时间及被反馈者反应等方面，聚焦于教师话语中 meaning 的搭配词对比、语料整体特征描述、母语使用频次、教师的修正性反馈方式和学生对反馈的注意进行结果分析与讨论。

7.2.3 数据分析

7.2.3.1 教师话语中 meaning 的搭配词对比

提取 meaning 搭配短语检索结果显示：meaning 搭配词的频次从高到低排列，在语料 1（即学生 1 的语料）中是 wish、factory、travel、plant、cook、work、sit、farmer、driver（只有 farmer 和 driver 这两个词只出现在语料 1 的搭配列表中）和 in the field 等。在语料 2（即学生 2 的语料）中则是 factory、travel、cook、plant、sit、wish、work 和 in the field 等；meaning 搭配词的高覆盖率（80%）说明辅导内容对两位被试来说难度基本类似，而搭配词的不同频次则说明教师的辅导话语在两个语料中存在差异。

7.2.3.2 语料整体特征描述

通过提取语境共现功能单项检索辅导教师在两个语料中的异同，主要涉及教师的批评话语、表扬话语、母语使用、总话轮数及共计时间等；同时对学生的沉默、领会提取、反面态度和正面态度的频次也进行了单项检索（表 7.2.1）。

表 7.2.1　教师话语特征和学生的表现等描述性统计

语料	教师话语特征					学生的表现			
	批评话语	表扬话语	母语使用	总话轮数	共计时间	沉默	领会提取	反面态度	正面态度
语料 1	5	1	28	280	20′06″	22	27	21	3
语料 2	0	14	2	200	14′15″	0	36	0	4

表 7.2.1 表明，学生正面态度少、反面态度多、沉默频次多及低领会提取频次与教师的批评话语多、表扬话语少及高母语使用频次共现；而学生的正面态度多、反面态度少、沉默频次少及高领会提取频次与教师的批评话语少、表扬话语多及低母语使用率共现。由于辅导教师、学习内容、材料难易程度和辅导环境相同，被试的物理差异得到了相对严格的控制，笔者推断是学习者的学习态度影响了其对目标语的注意，进而影响了其领会提取频次的高低。原因是注意机制体现在不

同的领会提取频次上（R. Ellis，Loewen & Erlam，2006），这是影响学习者目标语信息摄入的关键因素（Gass & Torres，2005）。与语料 2 相比，语料 1 学习者的反面态度较多，注意机制较差，自然受到的表扬会较少，批评会较多。两位学习者要想达到同样的习得结果，势必需要辅导者增加针对学生 1 的话轮数才能实现。结果表明，不能单纯根据师生的话轮比例和总话轮数的多少来断定课堂是否有利于学生能力的培养，而应考虑到学习者因素的影响作用。

7.2.3.3　母语使用频次

在外语课堂中，是否应该运用母语，一直是研究者争论的一个热点（Macaro，2001）。有研究者（MacDonald，1993）认为，应完全使用外语，以保证语言的真实性和内部体系的建构。甚至有研究者认为使用母语会减少学习者接触目标语的机会而降低目标语输入量（Cook，1991）。但也有研究者对完全使用目标语持怀疑态度（如 Horst，White & Bell，2010；Mbirimi-Hungwe & McCabe，2020）。下面进一步分析学习者因素对外语教师的母语使用情况的影响。

　　例 7.1

　　1 T：…what's the meaning of planting?

　　2 S1：Planting.

　　3 T：A farmer is working, is planting in the field.

　　4 S1：Hahn.

　　5 T：Your mother is teaching … a farmer is planting.

　　6 S1：赶牛，赶动物。

　　7 T：Planting something…in the field.

　　8 S1：…

　　9 T：种啊，种东西……

例 7.1 显示，9 个话轮中，学生 1 或是不耐烦地应付（Hahn），或是错误地猜测（赶动物），到最后干脆沉默。上述语境中，辅导者需要进行语码转换，使用母语来继续话轮的构建。学习者的认知能力和学习态度影响着教师的话轮语码转换，所以如果一味地使用外语，则不利于与学习者母语中业已形成的概念形成联系（Horst，White & Bell，2010）。

例 7.2

1 S1：…

2 T：那我还问你，过来!!

例 7.3

1 T：…What's the meaning of a farmer?

2 S1：在农场里工作叫作牧师。

3 T：农场主，农场主。

例 7.2 显示学习者很不耐烦，于是辅导者用母语说"过来"，以约束学习者认真听讲。这说明教师还须借助母语来管理学习者，以实现教学功能（Levine，2003）。例 7.3 中，学习者对 farmer 没有概念。在学习者概念认知缺失的情况下，辅导教师需要使用母语这一原有的语言知识来降低记忆限制（张庆宗，2011）。总之，学习者的概念认知和情感态度影响了教师话语中的母语使用。这一研究发现说明，教师应根据学习者的实际情况适当地使用母语，以顺利实现教学目的。

7.2.3.4 教师的修正性反馈方式和学生对反馈的注意

二语课堂中的修正性反馈是教师针对学习者的话语错误所做出的反应，用来表示学习者话语中出现了错误，教师给出正确的表达形式，或为出现的错误提供元知识信息（R. Ellis，2010c）。不同的反馈形式对目标语习得的影响作用也是近年来研究的热点（Carpenter et al.，2006；Polio，Gass & Chapin，2006）。下面探讨本节研究自建语料中学习者因素对辅导教师反馈形式的影响。反馈的分类参考二语习得领域的研究（R. Ellis，Loewen & Erlam，2006），把重塑、重复、提示及意义澄清的简短言语等都归为隐性反馈，而元语言解释和明确的否定或肯定性答复则归为显性反馈（表 7.2.2）。

表 7.2.2　教师修正性反馈方式和学生对反馈的注意

项目	隐性反馈				显性反馈		总频次
	重塑	重复	提示	意义澄清	元语言解释	否定	
教师反馈 1	10	30	18	3	0	1	62
教师反馈 2	9	24	18	1	0	1	53
学生领会 1	4	3	17	3	0	0	27

续表

项目	隐性反馈				显性反馈		总频次
	重塑	重复	提示	意义澄清	元语言解释	否定	
学生领会 2	9	9	17	1	0	0	36
领会提取率 1	40%	10%	94%	100%	0%	0%	44%
领会提取率 2	100%	38%	94%	100%	0%	0%	68%

　　表 7.2.2 显示：两个语料中的教师反馈都是以隐性反馈为主（显性反馈只有 1 例），总领会提取率分别是 44% 和 68%。其中，重复最多（分别是 30 例和 24 例），其次是提示（都是 18 例），再次是重塑（分别是 10 例和 9 例），最少的是意义澄清（分别是 3 例和 1 例）。语料 1 中，学生领会提取率最高的是意义澄清（100%），其次是提示（94%），再次是重塑（40%），最低的是重复（10%）；语料 2 中，学生领会提取率最高的是意义澄清（100%）和重塑（100%），其次是提示（94%），最低的是重复（38%）。总之，学生 1 和学生 2 对重复的领会提取率都最低，对意义澄清的领会提取率都最高，对重塑的领会提取率存在很大的差异（分别是 40% 和 100%）。两位学习者是小学四年级的学生，没有接受过专业语言学的语法、句法及语音知识，以隐性反馈为主是与学习者的元语言知识能力相匹配的，可以保证教师反馈输入的可理解性。学生 1 和学生 2 对提示和意义澄清这两种反馈形式的提取率分别是 94% 和 100%，估计和师生"一对一"的反馈环境和这两种反馈形式的明确性有关。

　　学生 1 和学生 2 对重复的领会提取率都最低则和重复的歧义性质相关。教师的自我重复，从教学过程来分析，虽能起到强调的作用，但对学生则具有肯定、暗示其改错、表示疑问、要求澄清或进行证实的多重功能（Liebscher & Dailey-O'Cain，2003；李悦娥和范宏雅，2002）容易引起歧义。学生 1 和学生 2 对重塑的领会提取率差异悬殊（分别是 40% 和 100%），一方面与重塑的歧义性质（Carpenter et al.，2006）有关，另一方面与学习者的学习态度有很大的关系，即重塑是否具有反面数据特征，关键还在于学习者的有意识学习和对目标语的注意，如果学习者没有意识到重塑的修正性目的，重塑就不具有反面数据的特征（Taguchi，2008）。表 7.2.2 还显示，学生 1 对重塑的领会提取率仅有 40%，而学生 1 和学生 2 的反面态度比是 21：0（表 7.2.1），说明学生的反面态度可能影响了其对隐性反馈的注意，因而影响了其领会提取。目前只有少数研究者（如 Polio，Gass & Chapin，2006）从被反馈者的角度研究了反馈，研究对象也只侧重反馈类型及数量。研究结果表明以下做法是有局限性的：教师很少从被反馈者的认知情感角度去分析教师话语，而是盲目地认为增加学生课堂目标语的使用机会就能增大学生目标语的输出从而提高学生的目标语习得水平。

7.2.4　结论与启示

本节采用话语录音的方式，以转写和标注过的文字材料为语料，运用 AntConc 3.2.0 统计软件，对一对双胞胎在辅导过程中的领会提取、反面及正面态度等进行了描述，并从总辅导时间、母语使用、批评/表扬话语、语料总话轮数及显性/隐性反馈等方面，分析了学习者的情感态度因素对教师话语的影响作用，得出结论如下：第一，教师话语中的母语使用情况受到学习者的语言概念认知和态度情感因素的影响，母语使用功能一般是对复杂行为的描述，或是课堂管理和控制等程序性指示；第二，辅导教师的反馈形式和数量受到学习者的情感认知因素的影响，不同的学习者对同一反馈形式的领会提取存在差异，同一学习者对不同反馈形式的领会提取也存在差异。

本节的启示是：教师应根据学习者的实际情况适当地应用母语，以顺利实现教学目的；应改进单一地以师生话轮数量比例、反馈类型和提取数量为标准来评价课堂教学的交互性或不同形式反馈作用的做法，进一步从被反馈者的态度情感角度进行分析。需要指出的是，本节只是研究了一名辅导教师对两名儿童的家教式课堂话语。在真正的课堂教学中，针对某一语言点或语言任务，在教师和学生的辅导时间、母语使用、批评/表扬话语、语料总话轮数及显性/隐性反馈等方面的分析中，学习者的情感态度因素对教师话语的影响作用分析是否会得出相同的或类似的结论，尚需进一步进行大样本数据分析。

7.3　外语学习成效对个体差异因素的作用①

7.3.1　引言

个体差异因素与外语学习的关系日益受到研究者的注意，不少研究者从不同的角度分析了个体差异因素和英语学习的关系。值得注意的是，研究者大多是把

---

① 本节部分内容引自《外语学习成效对个体差异因素的作用研究》，原载于《河北广播电视大学学报》（2017 年第 2 期，第 69-73 页，作者：赵丽红和张素敏）。

某一个体差异因素看作自变量而把学习成效看作因变量来研究，而缺乏针对英语学习成效对个体差异因素的影响作用的研究（R. Ellis，1994a，1994b）；并且研究对象大多是公办普通高校的学生，缺乏对外语水平相对较低的民办高校英语外语学习者的研究，而极少数以民办高校学生为被试的研究都停留在对心理特征的探讨上，缺乏与某一学科学习相结合的具体研究（如翟常秀、杨卫星和刘鑫，2006）。民办高等教育是我国高等教育事业的重要组成部分，无论是从规模还是从发展速度来看，民办高等教育都为我国教育事业的发展和实用人才的培养做出了比较重要的贡献。针对这类被试研究的缺乏是高等教育研究的一个缺憾，也不利于基于社会认知（Storch，2017）从学习者角度分析个体差异因素与外语学习成效之间的具体关系。

因此，本节以外语学习水平相对较低的民办高校学生及外语学习水平相对较高的公办普通高校学生为例，对比研究不同水平英语学习者的心理特点，并以学习者的个体差异因素研究框架和学习动机激发的条件为切入点，进一步研究英语学习成效和个体差异因素的关系，阐释外语学习歧义容忍度及外语学习成效对外语学习焦虑等个体情感差异因素的影响。

7.3.2　研究背景

7.3.2.1　学习者个体差异因素研究框架

罗德·埃利斯（R. Ellis，1994a，1994b）认为个体差异因素研究框架由三部分组成：个体差异因素、学习者策略和语言学习成效。有研究者（Diller，1981；Horwitz，1987）发现，学习者的语言学能对外语学习成效至关重要，并认为语言学习的本质以及可达到最佳效果的学习策略对学习者的学习成效有很强的预设作用。有的学习者认为学习英语的最佳方法是记住词汇和语法规则，而有的学习者则认为了解一些目标语文化有助于讲一口流利的外国语（R. Ellis，1994a）。有的学习者害怕外语学习，无论是在外语课堂上，还是用外语进行交流时，抑或是参加外语测试时，其外语学习焦虑都很强，而有的学习者则对外语学习充满了信心（R. Ellis，1994a）；还有研究者发现一些其他因素如语言学能、外语学习动机，也会影响学习者的语言学习（Dörnyei et al.，2015a；张素敏，2014；张素敏和陈先奎，2015）。此外，研究者发现，说不同语言的个体在概念及概念化上存在差异，进而影响其运动域、时间域、空间域目标语加工的准确性、流利性及地道性，因此出现了概念迁移或概念化迁移（张素敏和孔繁霞，2016；张素敏，2021；张素敏和张继东，2023）。

语言学习中的个体差异因素可相互作用。罗德·埃利斯（R. Ellis，1994a，1994b）把有关语言学习的想法、学习者的情感状态和一些其他的因素统称为个体差异因素，并且认为学习者有关语言学习的想法和学习者的情感状态会随着学习者的经历、体验的改变而发生改变，而一些其他的语言学习相关因素也会随着学习者对其的控制程度而有所不同。罗德·埃利斯（R. Ellis，1994a，1994b）进一步指出，学习者关于语言学习的想法、情感状态和策略环境等其他因素相互关联、交互作用。因而，外语教学中个体差异因素研究的目的之一是找到这些相互关联的因素之间的本质规律。另外一些研究者也提出了类似的观点，认为外语学习是一个多种因素交互作用下的动态发展体系，每一个语言层面之间相互关联，并且外语学习中学习者的外语学习成效、外语学习情感及不同教学模式之间动态牵制或促进（S. M. Zhang & L. J. Zhang，2021；de Bot，Lowie & Verspoor，2007）。

外语学习策略指与语言整个习得或运用过程中某一特殊阶段相关的智力和脑力活动。它通常分为语言产生策略、语言交流策略和语言学习策略三个类别。其中，语言学习策略指在目标语学习过程中，发展语言和社会语言能力的尝试（R. Ellis，1994b）。许多研究者发现，学习者的个体差异因素会影响学习者对外语学习策略的选择和运用，因而影响学习者的外语学习成效（王初明，1991；张庆宗，2004）。学习者的外语学习成效既属于能力范畴，也属于情感领域（皮连生，2003）。因而，学习者的外语学习成效包括外语学习整体能力、完成某一特殊外语学习任务的成绩和习得速度三部分。不少研究者分析了外语学习策略、外语学习焦虑与外语学习成效及其他情感因素之间的关系。口语策略是用于交互和沟通，以解决问题并保持沟通流畅活跃的重要因素。周慕轩（Mu-Hsuan Chou）通过对 638 名大学生的大规模问卷调查，运用多元方差分析、多元层次回归和独立卡方检验，分析了被试在使用英语进行交流中的外语学习策略及外语学习焦虑，发现完全使用英语和部分使用英语授课环境下的学习者的外语学习焦虑、策略使用和交流困难存在差异（Chou，2018）。部分使用英语授课环境下的学生表现出较高的焦虑感、信心缺乏和对英语学习的负面情绪。并且，与完全使用英语进行授课的环境相比，部分使用英语授课环境下的学生较少使用排练和措辞策略（Chou，2018）。张素敏（2010b）则进一步发现，外语学习策略培训有利于学习者降低外语学习焦虑和提高学习效果。可见，外语学习策略、外语学习焦虑等情感因素与学习者的外语学习成效之间密切相关。

罗德·埃利斯（R. Ellis，1994a，1994b）运用学习者个体差异因素研究框架，阐释了个体差异因素、外语学习策略和外语学习成效三者之间的三角互动循环关系，即学习者的个体差异因素影响外语学习策略，进而影响外语学习成效；学习者的外语学习成效影响学习者的个体差异因素，进而影响其外语学习策略；学习者的外语学习策略影响其外语学习成效，进而影响其个体差异因素……三者之间互为起始、循环交互（图 7.3.1）。因此，研究者在研究三者之间的关系时可从这三者中的任何一个方面来切入，而不是拘泥于学习者的个体差异因素对外语学习成效的影响，抑或学习者的外语学习成效对个体差异因素的影响。

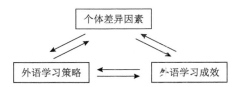

图 7.3.1　学习者个体差异因素研究框架（R. Ellis，1994a，1994b）

　　值得注意的是，罗德·埃利斯（R. Ellis，1994a，1994b）分析个体差异因素、情景和社会因素、外语学习策略和外语学习成效间的关系时，提出外语学习策略在个体差异因素和外语学习成效二者之间起到□介作用（图 7.3.1）。罗德·埃利斯解释说，有关语言学习的观念、情感状态、学习者因素、学习经历，以及情景和社会因素（如目标语、场景、完成的任务、性别等一些其他的因素）等个体差异因素影响着学习者选择的学习策略数量和类型，这些学习策略又影响学习的两个方面——学习的速度和最终的学习成效，并且学习者的外语学习成效也会影响学习者的外语学习策略。需要指出的是，罗德·埃利斯并没有进一步提出学习者的外语学习成效也会影响学习者的某些个体差异因素。罗德·埃利斯本人也提到，有关学习者的外语学习成效对其个体差异因素□影响的研究很罕见。笔者通过分析文献也发现，很多研究者（MacIntyre et al.，2002；Ra & Rhee，2018；Sheen，2008；张素敏和王桂平，2006）分析外语学习焦虑与外语学习成效之间的关系，也有研究者分析外语学习歧义容忍度与听、说、读、写等不同外语学习任务之间的关系（张素敏，2011），均发现外语学习焦虑、外语学习歧义容忍度及外语学习成效之间显著相关，甚至彼此之间存在中介作用。但笔者发现，大多数研究主要考察了外语学习焦虑、外语学习歧义容忍度等个体差异因素对外语学习成效的影响，很少有研究者分析学习者的外语学习成效对外语学习焦虑、外语学习歧义容忍度等个体差异因素的影响。因此，有必要从这一角度进一步分析个体差异因素与学习者的外语学习成效之间的关系。

7.3.2.2 学习动机的激发条件

动机是个体行为的内部动力，它是个体以一定方式引起并维持其行为以满足需要的内部心理倾向。学习动机对学习结果的影响是通过制约个体的学习积极性来实现的（皮连生，2003）。如果学习者在某一学习动机的指引下达到了学习目的，这一学习动机会对学习者以后的学习行为产生强化作用；如果没有达到预期的目的，这一学习动机则会对其学习行为产生消极作用，使有关的学习行为减少或不再出现（皮连生，2003）。学习动机激发的内部条件有学习需要、焦虑水平、学习期待和归因。

学习需要首先产生于好奇心，好奇心又源于一定的问题情景。让·皮亚杰（Jean Piaget）等的研究表明，当感性输入与现有的认知结构存在中等程度的不符时，学习者的学习兴趣最大。此外，大量的研究表明，过难的学习任务会超出学习者的认知负荷，因而会损害学习者的学习动机（张素敏和陈先奎，2015）。此外，学生对以往学习成败的体验也决定了学生的学习需要。频繁的学习失败会严重威胁学生的自尊心，使其产生过度的外语学习焦虑，也容易使学生觉得自己的能力不强，即使努力学习也无法获得良好的学业成绩，从而产生"习得性失助感"，因此越来越缺乏学习需要（皮连生，2003）。

焦虑是个体预感到自尊受到威胁而产生的紧张不安、担心害怕的综合性情绪（Horwitz，1986）。值得注意的是，学生的学习能力也决定了焦虑水平对学习动机的影响。通常情况下，高外语学习焦虑与低外语学习能力的结合容易降低学生的外语学习动机，影响学生的外语学习效率，并且多数学生尤其是高外语学习焦虑水平的学生都希望降低任务的风险性和增强任务的清晰性（皮连生，2003）。皮连生（2003）进一步解释说，学习期待是个体基于过去经验和当前刺激而对未来学习结果的预料或预想。它既影响学生的学习目标的确定，也影响学生的努力程度。学生的学习期待会受到个人和他人成败经验的影响，过去的失败很可能会降低学习者的学习期待。

归因则是个体对他人或自己的学习行为所做出的解释和推测，相对多维、复杂。需要指出的是，如果学习者过去的行为结果是努力后失败了，则学习者很容易将失败归因于自己能力差等不可控因素。总结激发学习动机的内部条件后（Brown，2007a），我们可以推测说，失败的学习经验和过难的学习任务容易使学生缺乏学习需要，产生过度焦虑，进而降低学习期待和怀疑自己的学习能力。但较低的外语学习成效对产生外语学习焦虑的个体具体会产生哪些影响，以及具体会体现在哪些方面，目前相关研究相对较少，这些因素不利于换向思维，不利于从不同的角度分析学习者的个体差异因素与其外语学习成效之间的关系。鉴于此，有必要有目的地选择外语学习成效中有显著差异的个体，来对比分析不同的外语学习成效对外语学习歧义容忍度及外语学习焦虑等情感因素的影响。

7.3.3　研究设计

7.3.3.1　研究目的

通过对比外语学习成效有显著差异但外语学习微环境大体相同的某民办高校和某公办普通高校中不同英语水平学习者的外语学习焦虑和外语学习歧义容忍度，基于学习者的个体差异因素研究框架，以学习动机激发的条件为切入点，分析外语学习成效对学习者个体差异因素的影响作用。

7.3.3.2　研究被试

选取某公办普通高校和某民办高校共 348 名英语专业二年级学生为被试。被试虽然入学时的英语学习成绩有显著差异，但在大学学习期间，英语任课教师、使用的教材、学时、每次期中/期末考试的试卷、考试时间、评卷教师等均相同，以尽可能地降低被试其他相关变量对研究结果的影响，更为科学地归因学习者的外语学习成效对其外语学习歧义容忍度及外语学习焦虑的影响。

7.3.3.3　研究工具

通过埃利（Ely，2002）编制的外语学习歧义容忍度量表测查学生的歧义容忍度。该量表共有 12 个项目，测试语言学习的各个方面：发音、口语、听力、阅读理解、词汇和语法。量表采用四级评分，得分越高表示学生的歧义容忍度越低。采用霍维茨等（E. K. Horwitz, M. B. Horwitz & Cope，1986）编制的外语学习课堂焦虑量表，测查学生的外语学习课堂焦虑感。量表共有 33 个项目，包括交际焦虑、考试焦虑和负面评价焦虑三个方面。得分越高表示学生的外语学习课堂焦虑感越高。许多研究使用过这两个量表，证明量表有很高的信度（Ra & Rhee，2018；张素敏和王桂平，2006；张素敏，2011a）。采用学生英语专业四级考试成绩作为其外语学习水平的衡量标准。采用 SPSS 11.5 统计软件进行数据统计和分析，具体进行公办普通高校和民办学校英语外语学习者的学习成绩独立样本 t 检验，以及这两所学校不同水平学习者的外语学习焦虑、外语学习歧义容忍度与其英语总分和各部分成绩的皮尔逊相关系数分析。

7.3.4　数据分析

7.3.4.1　不同外语学习水平学生的英语成绩总分和各部分成绩及外语学习焦虑、外语学习歧义容忍度独立样本 *t* 检验

首先对公办普通高校与民办高校学生的英语总分和各部分成绩进行独立样本 *t* 检验（表 7.3.1）。结果显示，公办普通高校与民办高校学生的英语总分和各部分成绩都存在显著差异。具体来讲，在英语总分、听力、完形填空、语法词汇、阅读、听写和写作等各部分成绩方面，公办普通高校的学生显著高于民办高校的学生。

表 7.3.1　公办普通高校与民办高校学生的英语总分和各部分成绩独立样本 *t* 检验

分数	生源	均值	标准差	*t*
总分	公办普通高校	69.52	6.86	−15.84**
	民办高校	56.20	7.95	
听力	公办普通高校	73.78	11.36	−11.15**
	民办高校	58.47	12.73	
完形填空	公办普通高校	76.33	11.81	−9.38**
	民办高校	62.05	15.21	
语法词汇	公办普通高校	59.22	11.14	−10.14**
	民办高校	45.53	12.01	
阅读	公办普通高校	74.10	10.75	−9.38**
	民办高校	61.26	12.47	
听写	公办普通高校	66.06	16.60	−11.86**
	民办高校	41.17	19.05	
写作	公办普通高校	67.54	6.74	−3.82**
	民办高校	64.52	6.90	

具体而言，公办普通高校学生与民办高校学生的外语学习焦虑和外语学习歧义容忍度又有什么不同呢？为了回答这一问题，研究者对公办普通高校与民办高校学生的外语学习焦虑、外语学习歧义容忍度进行了独立样本 *t* 检验（表 7.3.2）。

表 7.3.2　公办普通高校与民办高校学生的外语学习焦虑、外语学习歧义容忍度独立样本 t 检验

差异因素	生源	均值	标准差	t
外语学习焦虑	公办普通高校	88.82	11.43	−1.98*
	民办高校	91.32	11.65	
外语学习歧义容忍度	公办普通高校	31.01	4.50	−1.78 *
	民办高校	31.88	4.46	

表 7.3.2 显示公办普通高校学生的外语学习焦虑和外语学习歧义容忍度与民办高校学生存在显著差异。具体来讲，公办普通高校学生的外语学习焦虑与民办高校学生相比显著偏低（均值分别是 88.82 和 91.32）；公办普通高校学生的外语学习歧义容忍度（边缘）显著低于民办高校学生（均值分别是 31.01 和 31.88），说明公办普通高校学生的外语学习歧义容忍度较高。

7.3.4.2　不同外语学习水平学生的外语学习焦虑、外语学习歧义容忍度与英语成绩相关情况

表 7.3.1 显示公办普通高校和民办高校学生的英语成绩有显著差异，表 7.3.2 显示其外语学习焦虑和外语学习歧义容忍度均具有显著差异。鉴于此，有必要进一步分析这些不同英语学习水平的公办普通高校和民办高校学生的外语学习焦虑、外语学习歧义容忍度和英语成绩之间的关系。因此，研究者对公办普通高校和民办高校学生的外语学习焦虑、外语学习歧义容忍度与英语总分和各部分成绩的相关情况进行了分析（表 7.3.3）。

表 7.3.3　公办普通高校和民办高校学生的外语学习焦虑、外语学习歧义容忍度与英语总分和各部分成绩的相关情况

生源	差异因素	总分	听力	完形填空	语法词汇	阅读	听写	写作
公办普通高校	外语学习焦虑	−0.003	0.15	0.02	−0.03	0.04	−0.09	−0.10
	外语学习歧义容忍度	0.04	0.12	−0.03	−0.02	−0.03	0.09	−0.02
民办高校	外语学习焦虑	−0.31**	−0.24**	−0.17*	−0.14 *	−0.15*	−0.28**	−0.15
	外语学习歧义容忍度	−0.27**	−0.11	−0.06	−0.13	−0.33***	−0.14	−0.11

从表 7.3.3 可以看出，公办普通高校学生的外语学习焦虑和外语学习歧义容忍度与英语总分和各部分成绩的相关系数均不显著。这一研究发现说明，公办普通

高校学生的外语学习焦虑和外语学习歧义容忍度与英语总分和各部分成绩都不存在显著相关关系，即外语学习焦虑和外语学习歧义容忍度对学习者的英语总分和各部分成绩没有显著影响。这一研究发现也补充说明了罗德·埃利斯（R. Ellis，1994a）和周慕轩（Chou，2018）的研究，进一步说明外语学习焦虑、外语学习歧义容忍度与英语总分和各部分成绩之间相关与否，很可能取决于学习者的学习水平的高低。对于学习水平较高的学习者，三者之间很可能不相关，而对于学习水平较低的学习者，三者之间相关性较大。

此外，除了语法词汇部分是边缘显著，以及写作部分是不显著外，民办高校学生的外语学习焦虑与英语总分和其他各部分成绩的相关系数都显著。这说明民办高校学生的外语学习焦虑与英语总分和除写作外的其他部分的成绩相关，即外语学习焦虑对学习者的英语总分和除写作外的其他部分成绩有（边缘）显著影响。在外语学习歧义容忍度方面，除了阅读成绩与其显著相关（$p < 0.001$）外，英语总分与外语学习歧义容忍度也显著相关（$p < 0.01$），所以可以说外语学习歧义容忍度对英语学习有显著影响。这一研究发现进一步说明，学习者的外语学习水平较低时，外语学习焦虑、外语学习歧义容忍度均与英语总分和各部分成绩之间相关性较大。

7.3.5　讨论

7.3.5.1　民办高校与公办普通高校学生的英语成绩及外语学习焦虑、外语学习歧义容忍度对比分析

民办高校与公办普通高校的学生入学时的英语学习成绩有显著差异，但在大学四个学期的学习期间，尽管英语任课教师、使用的教材、学时，以及每次期中/期末考试的试卷、考试时间、评卷教师都相同，但在英语专业四级考试中还是出现了显著差异。表 7.3.2 显示他们的外语学习焦虑和外语学习歧义容忍度差异显著。这在一定程度上说明，民办高校与公办普通高校的学生入学时的英语学习成绩，在英语任课教师和使用的教材及学时等条件都相同的情况下，对其之后的学习结果仍产生了显著的影响，同时也会影响其外语学习焦虑和外语学习歧义容忍度等个体差异因素。此结论与罗德·埃利斯（R. Ellis，1994a）的推断是相符的，即学习者的外语学习成效会影响其外语学习情感态度。这一研究发现也与一些研究者的结论类似（如 Chang & Zhang，2021；de Bot，Lowie & Verspoor，2007），证明外语学习是一个动态变化的过程，学习者的情感、认知和环境交互作用，互

为因果。

　　分析其原因如下：一是感性输入与民办高校学生现有的认知结构存在较大的差距，因而影响了学生的语言学习。皮亚杰等的研究表明二者存在中等程度的不符时，学生的学习兴趣最大。并且大量的研究表明，过难的学习任务会损害学生的学习动机（皮连生，2003）。民办高校与公办普通高校的学生入学时的英语学习成绩有显著差异，在学时不变的情况下，并且使用相同难度的教材，过难的学习任务容易使民办高校的学生缺乏学习需要，产生过度焦虑，降低学习期待和怀疑自己的学习能力，因而会损害学生的学习动机（Roehr，2010）。二是频繁的学习失败会严重威胁到学生的自尊心，使学生产生外语学习失助感。正如阎献平（2006）所说，民办高校的一部分学生是高考失意者、落榜者。他们入校后很可能会觉得自己比公办普通高校学生"低一等"，本来就有自卑感。同时，他们认为自己一定要争口气，暗暗下定决心要好好学习，但是由于原来基础差、底子薄，每次期中、期末考试的结果都显示民办高校和公办普通高校的教学质量存在着较大差距。这使得较低水平的英语外语学习者认为自己做出的每一次尝试都不会成功。根据心理学动机激发的内部条件理论，学生对以往学习成败的体验也决定了学生的学习需要。频繁的学习失败使学生觉得自己的能力不强，即使努力学习也无法获得良好的学业成绩，学生越来越缺乏学习需要，从而产生无助感，这种无助感使这部分学生的良好心理状态不能持久坚持下去，导致他们方向迷茫，生活懒散，产生"当一天和尚撞一天钟"的思想（皮连生，2003），结果是越来越多的民办高校学生随着年级的增长开始逃课，甚至放弃英语学习，不易形成情感和学习成绩之间的良性循环（项茂英，2003；S. M. Zhang & L. J. Zhang，2021）。

7.3.5.2　学生的外语学习焦虑、外语学习歧义容忍度与英语成绩的相关性

　　研究结果表明，公办普通高校学生的外语学习焦虑和外语学习歧义容忍度都与英语总分和各部分成绩不存在显著相关性，而民办高校学生的外语学习焦虑和外语学习歧义容忍度与英语总分和大部分的成绩显著相关。这一研究发现进一步说明，外语学习焦虑和外语学习歧义容忍度这些个体差异因素对学习成绩的影响，受到学习者实际学习能力的影响。一方面，民办高校的学生本来在考入大学时的学习成绩就显著低于公办普通高校的学生，这说明二者在学习能力方面存在着一定的差距；另一方面，多数学生尤其是外语学习焦虑水平较高的学生都希望降低学习任务的风险性和增强清晰性，表 7.3.2 也证明这些高焦虑群体的歧义容忍度也较公办普通高校学生偏低。过难的教材和考试不仅没有降低任务的风险性和增强

清晰性，反而增大了任务的风险性和歧义模糊性，这势必导致民办高校学生产生过度的外语学习焦虑。高外语学习焦虑与较低的外语学习能力交互作用，会更倾向于降低学习者的外语学习动机，进而影响其外语学习效率及外语学习成效。对于公办普通高校的学生而言，以往的学习相对成功会让其产生愉快的体验，进而会激起他们进一步努力学习的愿望，每一次考试都是目标期待的实现，其外语学习焦虑水平自然会有所下降，外语自我效能感也会有所上升（S. M. Zhang & L. J. Zhang，2021）。

7.3.6　结语

本节以公办普通高校与民办高校的学生为考察对象，对比分析不同水平的英语外语学习者的外语学习成绩、外语学习焦虑和外语学习歧义容忍度后发现，不同水平的英语外语学习者在这三方面存在显著差异：公办普通高校学生的外语学习成绩和外语学习歧义容忍度显著高于民办高校的学生，公办普通高校学生的外语学习焦虑水平显著低于民办高校的学生。分析公办普通高校、民办高校学生的外语学习焦虑、外语学习歧义容忍度与英语总分和各部分成绩的相关情况发现，公办普通高校学生的外语学习焦虑和外语学习歧义容忍度均与学习者的英语总分和各部分成绩不显著相关，而民办高校学生的外语学习焦虑和外语学习歧义容忍度与英语总分和大部分的成绩显著相关。本节一方面研究了个体差异因素对外语学习成效的影响，证实了"有关学习成效影响个体差异因素的研究较少"这一结论（R. Ellis，1994a）；另一方面从实证角度进一步研究了外语学习功效对学习动机内部激发因素的影响，提出外语学习焦虑、外语学习歧义容忍度与英语总分和各部分成绩之间相关与否，很可能取决于学习者的外语学习水平的高低。对于学习水平较高的学习者，三者之间很可能不相关，而对于学习水平较低的学习者，三者之间的相关性可能会较大。

本节研究结果说明，在重视个体差异因素对外语学习成效的影响的同时，还应重视外语学习成效对个体差异因素的作用。一方面，应采用输入加工教学、基于"续论"的续作等教学干预方法，降低输入的难度和有意义性；另一方面，应针对民办高校和公办普通高校学生的实际"因材施教"，从而在一定程度上提升学生的学习动机，进而提升其输入加工的准确性（张素敏，2015）。还需要说明的是，本节只是分析了外语学习成效对外语学习焦虑及外语学习歧义容忍度的影响，而关于如何采取王初明教授提出的基于"续论"的续作，如"读后续写""读后续译""多轮续写""多轮续译"等教学模式，或王文斌和李民教授提出的"外语教育学"、文秋芳教授提出的"产出导向法"等具有中国特色的外语教学理论及实践，改善外语学习焦虑、外语学习歧义容忍度、外语学习动机等个体差异因素对外语学习成效的影响，还需进一步考察。并且，完全重复的任务及程序重复的任务，均会因熟悉度的提高而显著降低交际中的母语使用（Azkrai & Mayo，2017），外语教学中也可适当增加任务的重复性以提高学习者的外语学习歧义容忍度，降低学习者的外语学习焦虑。

7.4　语料、情感和策略对英语自主学习能力的作用①

7.4.1　研究背景

一般认为，自主学习本质上是指对学习的各方面或学习的整个过程主动做出调节和控制，它具有能动性、有效性和相对独立性等特征。国内外一些学者对自主学习进行了研究。巴里·齐默曼（Barry Zimmerman）从心理过程角度出发，把自主学习分为计划、行为或意识控制和自我反思三个阶段（Zimmerman，1989）。菲尔·本森（Phil Benson）从自主性的起源入手，谈到了自主性和资源、科技、学习者、课堂、课程设计和教师等之间的关系，并对行动研究中的几个关键领域进行了介绍（Benson，2005）。大卫·加德纳（David Gardner）和林赛·米勒（Lindsay Miller）介绍了自主学习的定义、构成要素、运行环境等基本概念，并对学习者和教师对语言自主学习的概念进行了分析；同时对有关自主学习体系的教材、学习活动和环境及评估等问题进行了探索，提供了实例分析（Gardner & Miller，2005）。威廉·李特伍德（William Littlewood）从动机和自信心等方面对自主学习能力进行了解释，还从亚洲学生的学习语境出发，进一步分析了自主学习（Littlewood，1996）。还有一些研究者分别从学习目的、交互和社会建构心理等方面丰富了自主学习理论（Ainley & Patrick，2006；Williams & Burden，1997）。总之，研究者们从不同的角度出发，对自主学习的界定和分类进行了介绍和评述，指出干预学习内在动机性因素和策略培训是培养学生自主学习能力应涉及的方面，为自主学习的本质、发生机制、影响因素等方面的研究提供了一个较为完整的理论框架和实践基础。

---

① 本节部分内容引自《语料、情感和策略对英语自主学习能力的作用研究》，原载于《河北师范大学学报（教育科学版）》（2010 年第 12 期，第 64-70 页，作者：张素敏）。

　　国内学者也对英语自主学习进行了富有成效的研究。束定芳（2004）对自主学习的界定进行了总结，并针对课堂教学模式，介绍了三个培养学生自主学习能力的实验。需要指出的是，这三个培养学生自主学习能力的实验都没有对学生的情感因素进行详细分析。庞维国（2008）在对自主学习进行概念阐述和理论介绍的同时，还开发了自主学习的专门测评工具。需要指出的是，有关外语自主学习，庞维国没有进行针对性的解释。邓媛和王湘玲（2009）基于项目驱动下的学习原则，对英语自主学习能力的培养模式进行了探索，提出应从学习态度、学习能力和学习环境三个方面来提高学习者的英语学习效率和培养其自主学习能力。林莉兰（2008）则从动机、元认知策略和自主学习行为三个方面调查了学生的英语自主学习能力结构，提出了激发学生的英语学习动机，以及提高学生的元认知策略使用的建议。但遗憾的是，研究者没有针对学习动机和策略，进一步进行干预性研究。

　　综上，国内外自主学习研究尚存在以下局限性：第一，研究多从理论层面探讨自主学习，缺乏实践干预，所以提出的有些原则和培训手段的实用性有待进一步验证；第二，英语教育是从一个文化域进入另一个文化域，要求教师能激起学生的兴趣[①]，能解除学生的情感压力，进而激发学生自我实现的内驱力；第三，为数不多的自主学习能力实证性研究都是针对学习行为事后的评定，而从实践的角度，通过干预自主性学习的影响因素，来培养学习者自主学习能力的干预性研究较为缺乏。所以，要解决上述问题，实现学生的多元智能发展，以及全面了解学生自主学习能力的影响因素，就需要综合采用"此时此地"语境教学法进行即时语料输入，以及通过师生情感互动和策略培训来降低学生的情感过滤和激发学生的内在学习兴趣。因此，本节从定量和定性两个角度入手，通过四个学期的干预，探索即时的真实语料输入、情感和策略培训对英语自主学习能力的作用。

7.4.2　研究设计

7.4.2.1　研究对象和工具

　　研究对象为某高校同一年级两个自然班的 113 名学生。独立样本 t 检验显示：两个班在教育背景上无显著差异（$t = 0.28$，$p > 0.05$）。学习者在同一外语教师的讲授下学习英语。测量工具是根据本节研究目的修正过的奥克斯福德（Oxford，

---

① 引自戴炜栋于 2009 年 12 月 2 日题为"中国学生外语学习模式探讨"的讲义。

1990）编制的外语学习策略量表和霍维茨等（E. K. Horwitz, M. B. Horwitz & Cope, 1986）编制的外语学习课堂焦虑量表。二者的内在一致性都达到了可接受水平，多次被许多研究者使用，证明有很好的信度和效度（Chou, 2018；张素敏和王桂平, 2006）。定性研究分为两部分：第一部分是教师利用对同学进行口试的机会和课下非正式交谈，了解学生对外语学习策略、外语学习焦虑等方面学情看法；第二部分是将实验班和对照班的学生通过网络评价系统对任课教师进行的评价作为了解师生关系和谐性的定性分析标准。前后各发放问卷 113 份，其中有效问卷 98份（因为两次问卷发放时间的间隔为四个学期，即 2007 年 9 月至 2009 年 6 月，所以只参加过一次问卷测量的学生及第四个学期很少来上课的学生的问卷都视为无效问卷）。收集来的数据用 SPSS 11.0 进行统计分析。分析过程包括相关分析、独立样本 t 检验和配对样本 t 检验。定性评价则以学校统计出来的教师教育质量学生网评结果为标准，同时参照了对学生的访谈结果。笔者同时调查收集了学习者高考英语成绩及最近一次的四级考试成绩，分别作为前测及后测外语学习水平。

7.4.2.2　干预方法与程序

随机抽取两个自然班作为实验班和对照班。问卷填写回收后，进行为期将近四个学期的实验。两个班级均由研究者本人担任授课教师。两个班的教师的授课时数相同。不同的是，实验班采用即时的真实语料输入、师生情感互动及策略培训，以降低情感过滤和激发学生的内在学习兴趣，以达到提高学生英语自主学习能力的目的；而对照班根据教学大纲进行学习，教师采用指定教材讲授相关单元内容。

实验班的具体干预手段是：根据纽南（Nunan, 2001）提出的策略，采用他提供的样板课程进行策略训练。教师先在课堂上介绍讨论语言学习策略的概念；接着进行元认知策略培训，帮助学生制定一个包括学习目标、计划实施步骤和自我评价在内的学习框架；最后将重点放在策略的具体运用上，通过基于任务的教学方式，有针对性地对某一具体策略进行培训。同时，教师根据布朗（Brown, 2007a）提出的交互式语言教学原则，通过网上下载新闻报道和生活资料，提供给学生真实的有意义输入，实现学生和真实语境间一定程度上的交互，以激发学生的学习兴趣和内部学习动机，从而增强学生的自主学习能力。所以，每次视听材料都和正在发生或刚刚发生的国际事件相关，对四个学期内的国内和国际要闻（如汶川大地震、北京奥运会、美国总统竞选、国际金融危机等），都有选择地进行追踪下载，以视听的方式给学生提供进行讨论和写作的机会，从而在某种程度上降低学生的外语学习焦虑。同时教师通过不同的渠道（如聊天、电子邮件、网上文献传递、批阅作文和讨论等）对学生的语言输出及时进行反馈，尽可能地做到让学生在每一个细节上都能感受到教师的关心和期望,实现师生间的情感和谐交互。总之，实验班尽可能地做到教师-学生-教材间的强交互。

对照班则不进行策略培训、情感干预及即时真实资料输入。对照班虽然在任课教师、上课时数方面与实验班相同，但在教材使用及教学材料上与实验班存在本质的不同。听力教材和精读教材采用学校指定教材，教师根据教学大纲进行授课。对照班所接触到的视听材料均按部就班来讲，虽然教师同样进行详细讲解、听练和反馈，但教材内容与正在发生或刚刚发生的国际事件无关。教师对于精读材料也是根据教学大纲，按单元进行详细的课文讲解、练习及耐心反馈，但没有根据布朗（Brown，2007a）提出的交互式语言教学原则对学生进行真实的有意义输入，也没有根据纽南（Nunan，2001）提出的策略进行针对性的系统策略训练。因此，实验班和对照班之间的主要区别在于：①是否根据真实的语料进行有意义输入；②是否进行系统的策略培训。二者很可能与学习者的积极学习情感相关（Brown，2007b）。

第四个学期结束时，研究者发放第二次外语学习焦虑问卷调查，以发现不同干预组的学习者的外语学习焦虑经过四个学期的干预后是否有所变化。最后，运用 SPSS 11.0 对两次问卷数据进行整理，并结合学期末教师教育质量学生网评结果，以及教师对学生的访谈结果，进行分析讨论，以进一步从定量、定性两个角度分析不同的教学模式是否会影响学习者的外语学习焦虑，进而影响其自主学习。

7.4.3　数据分析

7.4.3.1　实验班和对照班的入学成绩、外语学习焦虑和外语学习策略描述性分析和独立样本 t 检验

实验前，对两个自然班样本进行入学成绩调查和外语学习焦虑前测，并对学习者的入学成绩、外语学习焦虑和外语学习策略进行了描述性分析（表 7.4.1）和独立样本 t 检验（表 7.4.2），以了解两个班在入学成绩、前测外语学习焦虑和前测外语学习策略方面是否存在显著差异。入学成绩以学习者的高考外语成绩为准。

表 7.4.1　实验班和对照班的入学成绩、前测外语学习焦虑和外语学习策略描述性分析

变量	班级	均值	标准差
入学成绩	1	119.51	4.89
	2	122.17	4.24
外语学习焦虑（前）	1	93.00	13.33
	2	91.00	11.31
认知策略（前）	1	54.29	8.14
	2	56.55	8.22
元认知策略（前）	1	30.24	6.88
	2	34.40	6.69
情感策略（前）	1	34.71	6.13
	2	36.57	4.55
社会策略（前）	1	21.86	5.14
	2	36.57	5.19
总策略（前）	1	141.00	22.50
	2	150.55	21.16

注：1=实验班；2=对照班

表 7.4.2　实验班和对照班的入学成绩、前测外语学习焦虑和外语学习策略独立样本 t 检验

变量	F	p	t	df	p（双尾）
入学成绩	0.79	0.38	-2.77**	91	0.007
外语学习焦虑（前）	1.54	0.22	0.77	91	0.443
认知策略（前）	0.83	0.37	-1.38	91	0.171
元认知策略（前）	0.13	0.72	-2.95**	91	0.004
情感策略（前）	5.76	0.02	-1.63	91	0.106
社会策略（前）	0.42	0.52	-1.08	91	0.283
总策略（前）	0.41	0.53	-2.09*	91	0.039

表 7.4.2 显示实验班和对照班在英语入学成绩、前测元认知策略和前测总策略的运用上，均存在显著差异（ $t = -2.77$ ， $p < 0.01$ ； $t = -2.95$ ， $p < 0.01$ ； $t = -2.09$ ， $p < 0.05$ ），但在其他方面差异不明显。鉴于有研究把元认知策略有无差异作为衡量培训结果的一个重要指标（Green & Oxford，1995），本节研究中实验班和对照班的

总策略运用和英语入学成绩有显著差异，说明前测中两个样本存在显著差异。根据前测结果，本节把相对较差的班级定为实验班。实验假设如下：实验班经过干预后，与对照班将没有显著差异，或优于对照班。

7.4.3.2 实验班和对照班的四级考试成绩、外语学习焦虑和外语学习策略对比

为期四个学期的实验结束时，研究者在实验班和对照班发放了第二次外语学习课堂焦虑量表和外语学习策略量表；同时，收集了学习者刚刚进行的四级考试成绩作为学习者的后测外语学习成绩，并对学习者的四级考试成绩、外语学习焦虑和外语学习策略进行了描述性分析（表 7.4.3）和独立样本 t 检验（表 7.4.4）。

表 7.4.3 实验班和对照班的四级考试成绩、后测外语学习焦虑和外语学习策略描述性分析

变量	班级	均值	标准差
四级考试成绩	1	482.31	56.28
	2	488.00	45.70
外语学习焦虑（后）	1	89.27	11.65
	2	92.46	12.10
认知策略（后）	1	53.75	7.36
	2	53.56	7.09
元认知策略（后）	1	31.57	5.08
	2	32.89	6.21
情感策略（后）	1	34.16	5.15
	2	34.47	5.42
社会策略（后）	1	22.67	3.93
	2	22.67	3.56
总策略（后）	1	142.14	17.54
	2	143.58	19.57

注：1=实验班；2=对照班

表 7.4.4 实验班和对照班的四级考试成绩、后测外语学习焦虑和外语学习策略独立样本 t 检验

变量	F	p	t	df	p（双尾）
四级考试成绩	3.23	0.075	−0.55	96	0.586

续表

变量	F	p	t	df	p（双尾）
外语学习焦虑（后）	0.00	0.956	−1.39	94	0.168
认知策略（后）	0.08	0.782	0.13	94	0.898
元认知策略（后）	1.30	0.257	−1.14	94	0.255
情感策略（后）	0.09	0.767	−0.29	94	0.775
社会策略（后）	0.27	0.605	0.00	94	1.000
总策略（后）	0.21	0.650	−0.38	94	0.705

表 7.4.4 显示，经过四个学期的实验后，实验班和对照班在四级考试成绩、外语学习元认知策略和总策略上均失去了显著性差异（$t = -0.55$，$p > 0.05$；$t = -1.14$，$p > 0.05$；$t = -0.38$，$p > 0.05$），说明干预措施达到了预期效果，同时也证明外语学习策略与外语学习焦虑等情感认知因素是可培训的（R. Ellis，1994a）。元认知与"执行功能"相关联，是一种高级的理解认知过程，需要有意识地面向目标进行自我调节来处理信息（Roebers，2017）。因而，元认知是个体他我视角下的认知，具有不同的清晰度、准确性和控制程度（Li，Hiver & Papi，2021）。此研究结果中学习者元认知策略的提升在一定程度上说明，干预手段对学生的自主学习能力的隐性提高作用可显著体现在成绩较低的学习者经过培训后学习成绩显著提升上。这一研究发现同时也可表明，教授学生认知策略、元认知策略以及在情感上降低学生的外语学习焦虑，可间接起到对学习者自主学习能力的干预作用，证明在"学生中心"学习模式下，强调师生之间的情感交互和进行一定的策略培训有助于学生自主学习能力的提高。

7.4.3.3　实验班实验前后配对样本 t 检验

对实验班进行配对数据样本描述性统计，并分析配对样本的相关性，旨在分析采用真实语料输入及外语学习策略培训后，学生的外语学习焦虑和外语学习策略各部分的相关程度是否对可能发生的变化有较大的解释力。表 7.4.5 显示，实验前后实验班学生在外语学习总策略、元认知策略、认知策略、情感策略及外语学习焦虑等各方面都达到了极为显著的水平。这说明前后两次测试结果的相关性很强，对配对样本的解释率较高。

表 7.4.5　实验班配对样本描述性统计分析

配对	外语学习策略	n	均值	标准差	r	p
配对一	总策略（前）	51	141.00	22.51	0.63***	0.000
	总策略（后）	51	142.14	17.54		
配对二	元认知策略（前）	51	30.24	6.88	0.55***	0.000
	元认知策略（后）	51	31.57	5.08		
配对三	认知策略（前）	51	54.20	8.14	0.55***	0.000
	认知策略（后）	51	53.75	7.36		
配对四	情感策略（前）	51	34.71	6.13	0.59***	0.000
	情感策略（后）	51	34.16	5.15		
配对五	社会策略（前）	51	21.86	5.14	0.41**	0.003
	社会策略（后）	51	22.67	11.65		
配对六	外语学习焦虑（前）	51	93.00	9.93	0.74***	0.000
	外语学习焦虑（后）	51	89.27	13.33		

　　表 7.4.6 表明实验班在干预后，学习者的外语学习焦虑出现了显著性差异（$t =$ 2.90，$p < 0.01$）。这说明，策略培训和情感干预手段，对于降低学生的外语学习焦虑非常有效。虽然在策略应用方面无统计性显著差异，但仔细比较学习成绩、不同的策略和总策略，我们会发现，实验班的学生在策略的使用上整体呈上升趋势（总策略和元认知策略的均值分别由原来的 141.00 和 30.24 上升到了 142.14 和 31.57）。这说明策略培训起码在被试对策略知识的了解和有意识应用上有所成效。无显著差异也许和策略本身的性质有关，因为了解策略的知识与懂得使用策略不同，策略的灵活运用是一项长期的任务。学生学到了某一策略后，不一定就会马上正确使用该策略。这一研究发现也在一定程度上说明，信息的理解与产出存在不对称现象（Lindgren，2019；Montrul，Foote & Perpiñán，2008；Verhagen & Blom，2014）。

表 7.4.6　实验班实验前后配对样本差异

配对	外语学习策略	均值	标准差	t	df	p
配对一	总策略（前-后）	−1.14	18.16	0.45	50	0.657
配对二	元认知策略（前-后）	−1.33	5.92	−1.61	50	0.114
配对三	认知策略（前-后）	0.45	7.42	0.43	50	0.666

续表

配对	外语学习策略	均值	标准差	t	df	p
配对四	情感策略（前-后）	0.55	5.19	0.76	50	0.453
配对五	社会策略（前-后）	−0.80	5.02	−1.14	50	0.259
配对六	外语学习焦虑（前-后）	3.73	9.19	2.90**	50	0.006

7.4.3.4　对照班实验前后配对样本 t 检验

笔者对对照班的前后两次数据也进行了配对分析。表 7.4.7 描述性统计分析结果显示，对照班实验前后外语学习策略各方面的相关系数和外语学习焦虑的相关系数都达到了极为显著的水平：总策略、元认知策略、认知策略、情感策略、社会策略及外语学习焦虑前后测相关系数分别为 0.73、0.67、0.71、0.50、0.61 及 0.60，显著水平均小于 0.001，说明前后两次测试结果的相关性很强，对配对样本的解释率很高。

表 7.4.7　对照班配对样本描述性统计分析

配对	外语学习策略	均值	标准差	r	p
配对一	总策略（前）	150.00	21.52	0.73***	0.000
	总策略（后）	144.35	20.37		
配对二	元认知策略（前）	34.33	6.79	0.67***	0.000
	元认知策略（后）	33.20	6.46		
配对三	认知策略（前）	56.28	8.33	0.71***	0.000
	认知策略（后）	53.80	7.33		
配对四	情感策略（前）	36.48	4.64	0.50***	0.000
	情感策略（后）	34.70	5.51		
配对五	社会策略（前）	22.98	5.29	0.61***	0.000
	社会策略（后）	22.65	3.66		
配对六	外语学习焦虑（前）	90.73	11.34	0.60***	0.000
	外语学习焦虑（后）	90.50	10.18		

参照表 7.4.7，分析表 7.4.8 可发现，对照班学生的总策略及各项策略使用均出现了下降趋势。具体而言，学生在总策略及认知策略和情感策略的使用方面出

现了统计上的显著性差异（*p* 值分别为 0.025、0.013 及 0.014）。仔细对比表 7.4.8 和表 7.4.6，笔者还发现两者在外语学习策略的使用和外语学习焦虑上的发展趋势相反：实验班的策略使用整体呈上升趋势，对照班则整体呈下降趋势；对照班的外语学习焦虑总体显著上升，而实验班则呈下降趋势。此外，对比实验班实验前后的外语学习策略发现（表 7.4.6），二者出现了显著差异（*t* = 2.90，*p* < 0.01）。这一研究发现也在一定程度上解释了表 7.4.4 显示的情况：原来在学习成绩、元认知策略和总策略运用上有显著差异的实验班和对照班，在培训后，会因实验班外语学习焦虑水平的降低而失去显著性差异。这一变化说明，教师对学生的关心和培训，不管是在外语学习的策略技巧上，还是在外语学习焦虑情感上，都会给学生带来有利的变化，均有助于学习者显著提升其学习效率。

表 7.4.8　对照班实验前后配对样本差异

配对	外语学习策略	均值	标准差	*t*	*df*	*p*
配对一	总策略（前-后）	5.71	15.41	−2.33*	39	0.025
配对二	元认知策略（前-后）	1.13	5.42	1.31	39	0.197
配对三	认知策略（前-后）	2.48	6.00	2.60**	39	0.013
配对四	情感策略（前-后）	1.77	4.34	2.58**	39	0.014
配对五	社会策略（前-后）	0.33	4.21	0.49	39	0.628
配对六	外语学习焦虑（前-后）	0.28	9.73	0.18	39	0.859

7.4.3.5　定性分析

　　鉴于本节的研究目的之一是探讨学生英语自主学习能力的情感培养模式，即真实语料输入、外语学习策略培训及外语学习焦虑水平的降低等，是否能综合作用于提升学习者的自主学习能力，所以，定性分析主要以学生对教师的网络评价为依据，同时参考研究者对实验班和对照班的同学进行的口试和课下非正式交谈，以了解学生的看法。网络评价系统显示，实验班和对照班的学生对教师进行的评价有所差异。第一学年结束时，实验班的学生对教师的评价很高，教师被评为"优秀教师（一等奖）"；对照班对教师的评价虽不低，但最终教师被评为"优秀教师（二等奖）"。第二学年结束时，实验班的学生对教师的评价依然很高，教师被评为"优秀教师（一等奖）"；对照班的学生对教师的评价显著降低，最终结果是教师被评为"优秀教师（三等奖）"。学生给教师打分的网络系统显示结果，从某种程度上反映了师生关系的和谐和互动程度。实验班相对于对照班对教师的评价较高，从一定程度上说明，即使同一名教师同样认真、负责地授课，但因其教材及教法的不同，会影响到学习者的情感，同样也会影响师生之间的关系。

通过和学生的交谈，笔者了解到，实验班学生认为在策略培训后，虽然他们尚不能很好地在具体任务中运用这些学习策略，但他们对学习策略在理论上有了一定的概念。还有部分学生认为，自己的分数虽然没有过多的提升，但遇到模糊不懂的问题时，心里不像以前那样害怕了，也有信心继续学下去了。有学生还谈到，对于同一个单词，通过新闻视频看到和在书本上看到，感觉不一样，好像是毫无意义的词忽然有了实际意义。笔者还注意到，实验班的学生中主动和教师谈心、聊天或通过短信息和电子邮件联系的学生要多于对照班的学生。这从一定程度上说明，即时真实语料输入、情感干预和策略培训在降低了学生的情感过滤程度的同时，也激发了学生对教师的信任和英语学习的内驱力。这一点为布朗（Brown，2007a）提出的学习内驱力的形成提供了实证支持，说明有意义的真实输入更有利于学习者产生学习动机，进而提高自主学习能力，从而提升其学习成效。

7.4.4　结论及启示

本节从定量和定性两个角度入手，通过为期四个学期的教学干预，探索了即时真实语料输入、情感干预和策略培训对学生英语自主学习能力的作用。实验结果显示，实验班和对照班在外语学习策略使用和外语学习焦虑上的发展趋势相反：实验班的策略使用总体呈上升趋势，对照班则呈下降趋势；实验班的外语学习焦虑总体显著下降，而对照班则无明显下降，与实验班存在显著差异。研究结果还显示，原来在元认知策略和总策略运用上有显著差异的两个班，在培训后失去了显著性差异。这一研究结果说明，即时真实语料输入、情感干预和策略培训的综合干预手段有利于降低学生的情感过滤和激发学生内在的学习兴趣，从而提高了学生的英语自主学习能力。这一研究结果进一步表明，学生需要教师的移情。同时也说明，学生自主学习能力的提高需要通过"此时此地"真实语料的输入，以及策略培训和教师情感移情来降低学生的情感过滤，做到硬件和人际环境的和谐统一。

总之，随着英语教学改革的推进和深入，以及充分体现个性化和自主性的网络课程和软件的不断涌现，寻求一种切实可行的高校英语自主学习能力培养模式，全面提升英语教育质量，既是教师自身发展的需要，同时也是英语教学改革对教师的要求。新冠疫情期间，网课成为很多学校的一种主要授课模式，这对于后疫情时期的授课模式也提出了新的要求，以适应新时代、新技术的应用需求。因而，未来的线上教学模式研究会对我们的网络课堂教学和相应的教学改革有所启示。需要说明的一点是，本节只是从外语学习焦虑、外语学习策略的变化，以及外语学习成效等方面，结合访谈结果，来分析学习者的自主学习能力，没有通过问卷调查来客观直接地分析学习者自主学习能力的变化。为了进一步了解语料、情感与策略对学习者自主学习能力的作用，未来需采用问卷调查的方法来进一步研究。

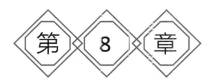

第 8 章
信息输入模式与有效外语教师培训

本章聚焦于输入加工教学和传统 3P 语法教学模式，深入分析在不同语法项目学习中不同输入模式的识解及输出效果，并针对我国外语教师的教学与研究现状，对教师培训的有效性进行考察。第 8.1 节"输入加工教学和传统 3P 语法教学的累积训练迁移效应对比"、第 8.2 节"输入加工教学和传统 3P 语法教学的主要/直接效应及二次训练迁移效应对比"、第 8.3 节"分词形容词学习中的输入加工教学和传统 3P 语法教学效应对比"均发现，侧重干预学习者认知情感的输入加工教学法更有利于优化学习者的认知心理和促进学习者的语法形式-意义匹配。第 8.4 节"基于实践的高校外语教师培训有效性评价"制定了包括培训者、组织者、被培训者互动、被培训者主动性及设施和服务这五个主因子的高校外语教师培训有效性评价量表，并分析了被培训者的性别、年龄、教龄、学位、职称等个体差异因素对高校外语教师培训有效性评价量表五个主因子的影响。

8.1　输入加工教学和传统 3P 语法教学的
累积训练迁移效应对比①

8.1.1　前言

输入加工理论是对普遍语法的一种补充，它侧重于发现学习者如何内化输入及输入过程中的认知机制（Farley，2004a，2004b）。基于输入加工理论的输入加

---

① 本节部分内容引自《输入加工教学和 3P 语法教学的累积训练迁移效应对比研究》，原载于《外语研究》2015年第 5 期，第 44-49 页，作者：张素敏。

工教学是一种强调输入的质与输入和学习者之间互动的语法教学模式。它通过元语言知识讲解、学习者输入加工策略提示及结构化输入练习来优化学习者的输入加工认知机制（VanPatten & Cadierno，1993a，1993b；VanPatten，2004a，2004b）。传统 3P 语法教学基于行为主义理论，向学习者呈现语法规则等显性信息后对其进行语言点操练，最后让学习者输出相关语言，强调刺激强化与反应。传统 3P 语法教学虽然在一定程度上有利于技能的习得与输出，但往往是脱离语境的反复机械输出操练，忽视了人的意识与行为之间的辩证关系，不仅缺乏学习者与输入之间的互动，也缺乏输出的创造性（王初明，2014）。

输入加工教学与传统 3P 语法教学相比具有较好的主要/直接效应（VanPatten & Cadierno，1993a，1993b；Benati，2001；Potowski，Jegerski & Morgan-Short，2009）。李（Lee，2004）认为输入加工教学确实能优化学习者内部的输入加工机制，具有显著迁移效应，即学习者优化了的加工机制能显著迁移到其他目标语项目学习中。但遗憾的是，针对训练迁移效应的研究不是很多（Leeser & Demil，2013），国外有贝纳蒂和李（Benati & Lee，2008）等少数研究者，而国内学者主要探讨了二次训练迁移效应（secondary transfer-of-training effects）（冯辉和张素敏，2012），关于累积训练迁移效应（cumulative transfer-of-training effects）的研究还几乎未见。考虑到累积训练迁移效应能体现出输入加工教学的效应（Benati & Lee，2008），不同的语言项目和测试材料等也会影响教学效果（Norris & Ortega，2000；韩宝成，2010；张素敏，2011a，2011b），有必要针对不同的语法项目和测试材料来进一步对比探讨输入加工教学的累积训练迁移效应。

针对不同的语法项目和测试材料来进一步对比探讨输入加工教学的累积训练迁移效应，不仅有利于分析语法形式-意义匹配中输入加工教学对学习者认知机制的影响，还有利于较为全面地了解输入和输出在语法学习中的作用。鉴于此，本节拟采用较为复杂的语篇输出测试，通过对比分析输入加工教学和传统 3P 语法教学对中国高中生英语第三人称单数一般现在时学习的干预在学习者被动语态学习中的作用，来探讨输入加工教学的累积训练迁移效应。

8.1.2　研究背景

8.1.2.1　学习者输入加工原则

输入加工原则是目标语学习者在输入理解过程中进行语法形式-意义匹配及解释动词和名词的搭配关系时，所运行的一系列加工中的初始认知程序

（VanPatten，2004a，2004b）。许多研究者（VanPatten，2004a；Benati & Lee，2010）发现，目标语学习者倾向于两大输入加工原则。一是意义优先原则：目标语学习者对意义的加工往往会优先于其对形式的加工。如例 8.1 所示，学习者对有意义的实词 Tom 的注意和提取优先于其对语法形式词-es 的注意和提取，原因是语法形式词-es 相对于有意义的实词 Tom 来说，是冗余的和不显著的（VanPatten，2004a；Talmy，2010）。二是首位名词原则：目标语学习者由于对内容的注意优先于对形式的注意而倾向于把句子中的第一个名词或代名词看作施动者（Pienemann，2007）。如例 8.2 所示，在英语被动语态学习中，学习者往往由于对被动结构中"be + 动词 + en（ed）"的错误提取，而倾向于把 Tom 看作施动者。

例 8.1　Tom *goes* to school everyday.
例 8.2　Tom *is* beat*en* by Jack.

目标语学习与母语学习最显著的区别在于目标语学习者已经形成了一套习惯，即自己的母语，而母语在某种程度上会对目标语学习产生负迁移（Benati & Lee，2010；Doughty，2003；王初明，2010）。针对学习者这种业已形成的输入加工认知心理，范柏腾（VanPatten，2004a）提出应采用输入加工教学干预来促进新习惯的形成。对某一语法项目进行教学干预所产生的影响被称为主要/直接效应，这一效应对学习其他语法项目所产生的影响被称为训练迁移效应（Benati & Lee，2008；Lee & Benati，2009）。如果所干预的语法项目和其所迁移的语法项目均受到学习者同一输入加工原则的影响，则称之为二次训练迁移效应，否则称之为累积训练迁移效应。例如，当干预学习者的英语第三人称单数一般现在时-s、-es 的学习时，如果学习者在英语一般过去时-ed 或现在进行时-ing 的输入及输出加工时出现了进步，则称之为二次训练迁移效应，因为三者均易受到学习者内部加工机制中的意义优先原则的输入加工策略的影响；而当干预学习者的英语第三人称单数一般现在时-s、-es 的学习时，如果对学习者的英语被动语态的加工产生了显著影响，则称之为累积训练迁移效应，因为前者易受到学习者内部加工机制中意义优先原则的影响，而后者则易受到学习者加工机制中首位名词原则的影响。

8.1.2.2　训练迁移效应已有研究回顾

前人大多采用句子层面的测试题，对比研究了输入加工教学和传统 3P 语法教学在不同语法研究项目和被试中的二次训练迁移效应。贝纳蒂和李（Benati & Lee，2008）以 25 名英国大学生为被试，研究了输入加工教学干预意大利语名词与形容词的一致性对意大利语将来时学习的训练迁移效应；贝纳蒂、李和斯科特·狄恩·霍顿（Scott Dean Houghton）以 26 名韩国中学生为被试，考察了输入加工教学对英语一般过去时学习的干预在英语第三人称单数一般现在时学习中的训练迁移效应（Benati，Lee & Houghton，2008）。也有研究者（Leeser & Demil，2013）以 92 名美国大学生为被试，研究了输入加工教学对西班牙语宾格代词的干预在西班牙语与格代词学习中的训练迁移效应。冯辉和张素敏（2012）则以 88 名中国初中生为被试，研究了输入加工教学对英语第三人称单数的干预在英语一般过去时学习中的训练迁移效应。不同的语法研究项目和被试丰富了输入加工教学的训练迁移效应研究。但需要指出的是，除了冯辉和张素敏（2012）以外，上述学者的研究都没有延时后测设计，难以考察到训练迁移效应的持续效应，也就很难断定输入加工教学在认知上是否优化了学习者的输入加工策略。

二次训练迁移效应研究结果在理解判断题上相对统一，显示输入加工教学显著优于传统 3P 语法教学，但在输出题上并不统一。有研究者发现，输入加工教学与传统 3P 语法教学之间无显著差异（Benati & Lee，2008；Benati，Lee & Laval，2008），也有研究者发现输入加工教学显著优于传统 3P 语法教学（Benati，Lee & Houghton，2008；张素敏，2014），还有研究者发现传统 3P 语法教学显著优于输入加工教学（冯辉和张素敏，2012），或输入加工教学和传统 3P 语法教学都没有显著迁移效应（Leeser & Demil，2013）。相对复杂的研究结果说明，李（Lee，2004）提出的训练迁移效应假设尚需进一步的验证。

累积训练迁移效应的相关研究则相对更少。贝纳蒂、李和塞西尔·拉瓦尔（Cecile Laval）等极少数研究者分析了输入加工教学对法语非完成过去时学习的教学干预在法语祈使结构学习中的累积训练迁移效应（Benati，Lee & Laval，2008）。被试为英国的 30 名大学生。他们发现，输入加工教学显著优于传统 3P 语法教学，不仅在主要/直接效应上更显著，在训练迁移效应上也更显著，这说明输入加工教学更能优化学习者的加工机制。但他们的研究也没有探索训练迁移效应的持续效应，难以确定累积训练迁移效应是否具有可持续性。

总之，国内外训练迁移效应研究尚属起步阶段，大多数都没有考察训练迁移效应的持续效应。同时，训练迁移效应研究结果在输出题上并不统一，难以断定输入加工教学在认知上是否优化了学习者的输入加工策略。此外，在外语教学中，传统 3P 语法教学的运用比较普遍，而我国也仍以传统 3P 语法教学为主（R. Ellis，2010b）。鉴于此，本节拟以中国英语学习者为被试，采用"前测—后测—延时后测"设计及输出题测试，通过与传统 3P 语法教学的对比来探讨输入加工教学的累积训练迁移效应。

8.1.3　研究设计

8.1.3.1　研究问题

（1）输入加工教学和传统 3P 语法教学对英语第三人称单数一般现在时学习有何主要/直接效应？

（2）输入加工教学和传统 3P 语法教学对英语被动语态学习有何累积训练迁移效应？

8.1.3.2　被试及目标语研究项目

被试是来自某中学高中一年级三个自然班的共 121 名学生，有效被试是 82 名，通过随机的形式分为输入加工教学组（30 人）、传统 3P 语法教学组（18 人）和控制组（34 人）。被试的前测英语第三人称单数一般现在时和被动语态学习成绩都不存在显著差异（$F = 0.96$，$p > 0.05$；$F = 1.496$，$p > 0.05$），并且都不超过前测满分成绩的 60%，以保证学习者后测成绩可以归因于干预手段，并且学习者有干预后提高的空间。同时，通过学习者的学习背景调查来筛选被试，尽力确保被试在施测期间对这两种语法形式的接触条件相当。主要/直接效应和累积训练迁移效应目标语研究项目分别是英语第三人称单数一般现在时和被动语态，原因是：①英语第三人称单数一般现在时学习通常会受到意义优先原则的影响，而英语被动语态学习通常会受到首位名词原则的影响；②这两种语法形式都属于重要的基础语法，而目前尚未检索到以英语第三人称单数一般现在时为训练对象，并以英语被动语态为累积训练迁移对象的研究。

8.1.3.3　数据收集与分析

教学实验以三个自然班为单位采用随堂面授的方式进行，各计两个课时完成。输入加工教学组在进行英语第三人称单数一般现在时规则讲解后，教师解释意义优先原则，并提示学习者不要根据位于句首的主语（代词或代名词）而是要根据语法标记-s/-es 来判断所叙述的人或事物，然后进行一系列旨在优化学习者认知的结构化输入练习，不要求学习者输出目标语语法项目；传统 3P 语法教学组则采用"呈现—操练—输出"形式，进行第三人称单数一般现在时规则讲解（同输入加工教学组）和一系列基于输出的练习；控制组只接触包含英语第三人称单数一般现在时形式的听读材料（共六篇短文）（详见张素敏，2014；冯辉和张素敏，2012）。三个组的干预材料难度、动词研究对象以及干预时间都大体相同。干预结束后进行即时后测，两周后进行延时后测。

测试以笔试方式进行，测试工具为基于语篇的三套输出题，分别用作前测、即时后测和两周后的延时后测。目标语语法项目的词汇均选自高一教学大纲，小规模初测显示三套题的难度系数相当，测试用时约为 15 分钟。每套测试包括两份试卷，试卷一测试干预手段对英语第三人称单数一般现在时学习的主要/直接效应，试卷二测试干预手段对被动语态学习的累积训练迁移效应。试卷一和试卷二各包含 10 个项目（5 个包含目标语语法项目，另外 5 个是干扰项），要求学习者以"用所给动词的适当形式填空"的形式完成语篇。评分标准参考范柏腾和卡蒂诺（VanPatten & Cadierno，1993）及冯辉和张素敏（2012）等研究中的标准。试卷一和试卷二各 10 分（每小题 2 分，选词和动词时态/语态完全正确得 2 分；只有动词时态/语态正确得 1 分；不出现目标语研究项目不得分；干扰项不计分）。之后，研究者运用 SPSS 17.0 软件对被试的前测、即时后测和延时后测数据进行重复测量方差分析。

8.1.4　数据分析

8.1.4.1　英语第三人称单数一般现在时学习的主要/直接效应比较

表 8.1.1 提供了三组被试英语第三人称单数一般现在时前测、即时后测和延时后测的描述性统计分析和各自的重复测量方差分析结果。结果显示：输入加工教学组、传统 3P 语法教学组及控制组各自的前测、即时后测及延时后测成绩均值分别是 0.07、2.93、2.73，0.22、3.22、2.89，以及 0.21、0.79、2.85，两个实验组均存在显著差异（输入加工教学组：$F = 14.24$，$p < 0.001$；传统 3P 语法教学组：$F = 9.77$，$p < 0.01$），控制组不存在显著差异（$F = 2.04$，$p > 0.05$）。Scheffe 多重比较结果显示：两个实验组的即时后测成绩和延时后测成绩都显著优于前测成绩；控制组的前测、即时后测和延时后测成绩则不存在显著差异。此结果说明：在英语第三人称单数一般现在时学习中，输入加工教学组和传统 3P 语法教学组都出现了显著性进步，并且具有两周持续效应。

表 8.1.1　三个组英语第三人称单数一般现在时前测、即时后测和延时后测成绩比较结果

组别	n	前测		即时后测		延时后测		F	多重比较结果	
		均值	标准差	均值	标准差	均值	标准差			
组 1	30	0.07	0.25	2.93	3.11	2.73	3.32	14.24***	B>A***;	C>A***

续表

组别	n	前测		即时后测		延时后测		F	多重比较结果	
		均值	标准差	均值	标准差	均值	标准差			
组 2	18	0.22	0.647	3.22	2.21	2.89	3.58	9.77**	B>A***;	C>A**
组 3	34	0.21	0.479	0.79	2.23	2.85	2.06	2.04	—	

注：A 表示前测；B 表示即时后测；C 表示延时后测；组 1 表示输入加工教学组；组 2 表示传统 3P 语法教学组；组 3 表示控制组

　　为了发现三个组之间的差异是否显著，下面以教学干预为组间变量，以时间为组内变量，对三个组进行重复测量方差分析（表 8.1.2），结果显示：时间和教学干预的主效应显著（$F = 27.75$，$p < 0.001$；$F = 7.30$，$p < 0.01$），时间与教学干预的交互作用也显著（$F = 4.05$，$p < 0.01$）。Scheffe 多重比较结果显示：英语第三人称单数一般现在时学习中的显著差异主要归因于输入加工教学组和传统 3P 语法教学组都显著优于控制组。此结果说明：输入加工教学和传统 3P 语法教学都具有显著的主要/直接效应。

表 8.1.2　三个组英语第三人称单数一般现在时前测、即时后测和延时后测
成绩重复测量方差分析

测试材料	来源	df	F	多重比较结果
	时间	2	27.75***	组 1>组 3**
输出题 1	教学干预	2	7.30**	组 2>组 3**
	时间×教学干预	4	4.05**	—

注：输出题 1 表示英语第三人称单数一般现在时；组 1 表示输入加工教学组；组 2 表示传统 3P 语法教学组；组 3 表示控制组

　　由于表 8.1.2 显示时间的主效应显著，下文对这三个组的即时后测和延时后测成绩分别进行单因素方差分析（表 8.1.3），结果显示：在英语第三人称单数一般现在时学习中，三个组的即时后测成绩存在显著差异（$F = 7.58$，$p < 0.01$）。Scheffe 多重比较结果显示：输入加工教学组和传统 3P 语法教学组的即时后测成绩都显著优于控制组（均值差为 2.14，$p < 0.01$；均值差为 2.43，$p < 0.01$）。三个组的延时后测成绩存在显著差异（$F = 4.30$，$p < 0.05$）。输入加工教学组的延时后测成绩显著优于控制组（均值差为 1.88，$p < 0.05$）；传统 3P 语法教学组的延时后测成绩虽然优于控制组，但与控制组的差异不显著（均值差为 2.04，$p > 0.05$）。

表 8.1.3　三个组英语第三人称单数一般现在时即时后测和延时后测成绩单独单因素方差分析

测试材料	成绩	项目	组 1	组 2	组 3	F	多重比较结果
输出题 1	即时后测	均值	2.93	3.22	0.79	7.58**	组 1>组 3**；组 2>组 3**
		标准差	3.12	2.21	2.23		
	延时后测	均值	2.73	2.89	0.85	4.30*	组 1>组 3*
		标准差	3.32	3.68	2.06		

注：输出题 1 表示英语第三人称单数一般现在时；组 1 表示输入加工教学组；组 2 表示传统 3P 语法教学组；组 3 表示控制组

　　表 8.1.1、表 8.1.2 和表 8.1.3 的研究结果综合回答了研究问题一，发现输入加工教学与传统 3P 语法教学在英语第三人称单数一般现在时学习中都具有显著的主要/直接效应，但输入加工教学具有显著的持续效应，因此相对优于传统 3P 语法教学。此结果与大多数前人的研究结果一致（如 VanPatten & Cadierno，1993b；Potowski，Jegerski & Morgan-Short，2009；Leeser & Demil，2013）。但前人的研究大多是基于句子的测试材料，以母语是拉丁语系语言的大学生为被试，所以本节结果为输入加工教学的促学效果提供了新的证据。

　　互动协同观则部分解释了输入加工教学的促学优势。输入加工教学以学习者或学习为中心，强调输入的质与输入和学习者之间的互动。例如，当学习者看到 gets up early in order not to be late for school 时，教师要求学习者谈谈自己的看法或说说自己是否也经常这样做，以此将学习者内生的思想内容与外语学习紧密结合起来。这种输入的真实性与学习者之间的互动有利于有意义的、易于理解的输入语境的形成及语言能力的铸就，而传统 3P 语法教学模式是以形式为中心进行机械的、反复的"呈现—操练—输出"，关注的是语法形式。它不仅缺乏输入内容与产出之间的互动，还因输出内容的单调和缺乏创造性而削弱了语言的模仿协同紧迫性。无互动便无协同，互动强则协同强。互动学习过程不仅有利于某一语言结构与情境模式的协同，还有利于与其所有相伴的心境、情境、认知状态、上下文等语境发生关联，因而能增大启动语言结构使用的可能性（Pickering & Garrod，2004；王初明，2010，2014）。输入加工教学中的输入相比而言更符合有意义教学原则，更符合语言学习的认知（Brown，2007a，2007b），这种输入是语境化的语言，因而更容易促进学习者对语法项目的内化及输出。

　　此外，输入加工教学针对的是目标语学习者内部错误的输入加工策略，强调从认知角度进行干预，促使学习者注意语法词的交际值（communicative value）。语法词的交际值往往因为在句子中其他的地方也能够体现而有所减弱（Doughty，

2003；Doughty & Long，2003），因而也往往被外语学习者所忽视。针对学习者这一输入加工策略，输入加工教学以输入流强化（input flood enhancement）和语法词句首位置的形式，如 **puts** down your book、**looks** out of the window 等，删掉了第三人称单数主语，凸显语法词的交际值。这就迫使学习者注意根据语法词而不是实词词汇来判断出主语是第三人称单数一般现在时，因此在一定程度上也解释了输入加工教学的显著效应。

8.1.4.2　英语被动语态学习的累积训练迁移效应比较

表 8.1.4 提供了三组被试的英语被动语态的前测、即时后测和延时后测的描述性统计分析和各自的重复测量方差分析结果。结果显示：输入加工教学组、传统 3P 语法教学组及控制组各自的前测、即时后测及延时后测成绩均值分别是 0.27、1.27、1.37，0.44、1.94、2.39，以及 0.12、0.68、0.50；两个实验组都存在显著差异（输入加工教学组：$F = 4.61$，$p < 0.05$；传统 3P 语法教学组：$F = 3.96$，$p < 0.05$），控制组不存在显著差异（$F = 2.50$，$p > 0.05$）。Scheffe 多重比较结果显示：输入加工教学组的即时后测和延时后测成绩都显著优于前测成绩；传统 3P 语法教学组的前测和即时后测成绩不存在显著差异，但前测和延时后测成绩存在显著差异；控制组的前测、即时后测和延时后测成绩都不存在显著差异。此结果说明：在英语被动语态学习中，输入加工教学组出现了显著进步，并且具有两周持续效应；传统 3P 语法教学组只是在两周后出现了显著进步。

表 8.1.4　三个组英语被动语态前测、即时后测和延时后测描述性统计分析和单独重复测量方差分析

组别	n	前测		即时后测		延时后测		F	多重比较结果
		均值	标准差	均值	标准差	均值	标准差		
组 1	30	0.27	0.69	1.27	2.80	1.37	2.33	4.61*	B>A*；C>A*
组 2	18	0.44	0.86	1.94	3.23	2.39	2.81	3.96*	C>A**
组 3	34	0.12	0.48	0.68	1.53	0.50	1.56	2.50	—

注：A 表示前测；B 表示即时后测；C 表示延时后测；组 1 表示输入加工教学组；组 2 表示传统 3P 语法教学组；组 3 表示控制组

为了发现三个组之间的差异是否显著，下面以教学干预为组间变量，以时间为组内变量，对三个组进行重复测量方差分析（表 8.1.5），结果显示：时间的主效应显著（$F = 12.65$，$p < 0.001$），教学干预的主效应也显著（$F = 4.53$，$p < 0.05$），时间与教学干预的交互作用不显著（$F = 1.57$，$p > 0.05$）。Scheffe 多重比较结果显示：英语被动语态学习中的显著差异主要归因于传统 3P 语法教学组显著优于控制组，但传统 3P 语法教学组与输入加工教学组之间无显著差异。

表 8.1.5　三个组英语被动语态前测、即时后测和延时后测成绩重复测量方差分析

测试材料	来源	df	F	多重比较结果
	时间	2	12.65***	组 2>组 3*
输出题 2	教学干预	2	4.53*	—
	时间 × 教学干预	4	1.57	—

注：输出题 2 表示英语被动语态；组 2 表示传统 3P 语法教学组；组 3 表示控制组

由于表 8.1.5 显示时间的主效应显著，下文对这三个组的即时后测和延时后测成绩分别进行方差分析（表 8.1.6）。结果显示：在英语被动语态学习中，三个组的即时后测成绩不存在显著差异（$F = 1.95$，$p > 0.05$）；三个组的延时后测成绩存在显著差异（$F = 4.55$，$p < 0.05$）。Scheffe 多重比较结果显示：传统 3P 语法教学组的延时后测成绩显著优于控制组（均值差为 1.89，$p < 0.05$）。

表 8.1.6　三个组英语被动语态即时后测和延时后测成绩单独单因素方差分析

测试材料	成绩	项目	组 1	组 2	组 3	F	多重比较结果
	即时后测	均值	1.27	1.94	0.68	1.95	—
		标准差	2.80	3.23	1.53		
输出题 2	延时后测	均值	1.37	2.39	0.50	4.55*	组 2>组 3*
		标准差	2.33	2.81	1.56		

注：输出题 2 表示英语被动语态；组 2 表示传统 3P 语法教学组；组 3 表示控制组

表 8.1.4、表 8.1.5 与表 8.1.6 综合回答了研究问题二，发现输入加工教学具有显著的累积训练迁移效应，且具有持续效应。与传统 3P 语法教学相比，输入加工教学的即时迁移效应出现较早，但延时效应并无显著优势。

本节结果与贝纳蒂、李和拉瓦尔（Benati, Lee & Laval, 2008）的累积训练迁移效应研究结果有一定的不同。他们发现在即时后测中，输入加工教学的累积训练迁移效应显著且优于传统 3P 语法教学，而本节研究发现二者无显著差异。他们的研究没有探索训练迁移效应的持续效应，而本节的延时后测结果同样显示二者不存在显著差异。需要指出的是，贝纳蒂、李和拉瓦尔（Benati, Lee & Laval, 2008）分别以法语非完成过去时和法语祈使结构为主要/直接效应和累积训练迁移效应目标语研究项目，研究被试是英国大学生，而本节中的被试是中国高中

生，主要/直接效应和累积训练迁移效应目标语研究项目分别是英语第三人称一般现在时单数和英语被动语态。不同的被试及学习任务等都会影响教学效应（张素敏，2011a，2011b），所以不同的目标语研究项目和被试也很可能部分地解释了贝纳蒂、李和拉瓦尔（Benati，Lee & Laval，2008）的研究和本节研究的结果不同的原因。还需强调的是，贝纳蒂、李和拉瓦尔（Benati，Lee & Laval，2008）的研究是目前检索到的文献中唯一关于输入加工教学累积训练迁移效应的研究，而本节研究也是首次以我国英语学习者为被试进行的累积训练迁移效应探索研究。所以，未来尚需进一步的实证研究来探讨输入加工教学的累积训练迁移效应。

8.1.5　结语

本节通过输入加工教学与传统 3P 语法教学的对比，首次研究了输入加工教学对中国学生英语第三人称单数一般现在时学习的干预在被动语态学习中的累积训练迁移效应。研究发现：①输入加工教学和传统 3P 语法教学都具有显著的主要/直接效应，但输入加工教学具有显著的持续效应；②与传统 3P 语法教学相比，输入加工教学的迁移效应出现较早且具有持续效应。研究结果表明，注重情感因素进行有意义教学的输入加工教学更有利于优化学习者的认知心理，促进学习者的语法形式-意义匹配。互动协调观及注意机制综合解释了输入加工教学的促学效果。输入加工教学全方位协同了语言结构、情境模式及相关注意机制、情感、认知等变量，增强了输入的可理解性、互动协同生及学习者的注意，因而优于基于输出的传统 3P 语法教学。由于训练迁移效应研究尚属新的研究领域，其研究结果尚不统一，所以需要采用不同的被试及目标吾研究对象进一步开展相关研究。还需指出的是，本节只研究了两大输入加工原则中意义优先原则对首位名词原则的累积训练迁移效应，没有分析首位名词原则对意义优先原则的累积训练迁移效应。此外，本节只是对比分析了输入加工教学与传统 3P 语法教学，但是与基于任务的教学、基于内容的教学、基于"续论"的续作等相比，输入加工教学又有何不同的累积训练迁移效应？学习者的个体差异因素会怎样影响不同教学模式的主要/直接效应及累积训练迁移效应？这些都需开展后续研究以达到对学习者输入加工认知的全面认识。

8.2 输入加工教学和传统 3P 语法教学的主要/直接效应及二次训练迁移效应对比①

8.2.1 前言

语法教学及语法规则讲解一直是教师、教育专家和二语/外语专家感到棘手的问题（Wong，2005）。由于传统 3P 语法教学对学习者交际能力的忽视（R. Ellis，2008）和克拉申（Krashen，1982，1985）提出的可理解性输入的影响，"强势"交际法语言教学忽视甚至摒除了语法教学（Wong，2005）。但是可理解性输入并不能使学习者形成对某些语法特征的准确习得（Lightbown & Spada，1990）。这一现象促使研究者重新思考语法在二语课堂中的作用，并意识到在真实语境缺失的情况下，学习者往往注意不到输入中的某些语法特点，需要加强学习者对语法形式的注意（Sharwood-Smith，1981）。范柏腾（VanPatten，2004a，2004b）则进一步提出，即使学习者注意到语法形式，也不等同于正确的形式-意义匹配形成，原因是学习者内部错误的输入加工策略阻碍了其对输入的加工，所以需要采用输入加工教学来优化学习者内部的输入加工策略。

目前，不少研究者分析了输入加工教学中结构化输入的作用（如 Marsden & Chen，2011）、显性信息的作用（如 Fernández，2008；Wong，2004；VanPatten & Cadierno，1993a）及输入加工教学的训练迁移效应（如 Benati，Lee & Houghton，2008）。研究者普遍指出输入加工教学是一种有效的目标语教学模式，并认为输入加工教学不同的组成部分会起到不同的作用，对某一目标语的教学干预会迁移到另一目标语的学习中。但这些研究的测试材料多为短语或句子，研究被试多为母语为拉丁语系语言的大学生，以较难的语篇为测试材料及以年龄较小的初中生为被试的研究相对缺乏。此外，虽然国外输入加工教学研究 20 年来发展迅猛，但检索中国外语类核心期刊后发现，相关实证性研究仍相对缺乏，这说明国内外语界对此领域的研究还有待发展。鉴于中国目前传统 3P 语法教学模式仍占很大比例（VanPatten & Wong，2004），有必要以中国 EFL 学习者为被试，采用基于语篇的测试任务来分析输入加工教学和传统 3P 语法教学的主要/直接效应和二次训练迁移效应。

---

① 本节部分内容引自《输入加工教学法和传统语法教学的主要效应及训练迁移效应》，原载于《外语与外语教学》（2012 年第 4 期，第 60-65 页，作者：冯辉和张素敏）。

8.2.2　研究背景

8.2.2.1　输入加工教学对学习者输入加工策略的效应

学习者内部的输入加工策略是二语学习者进行语法形式-意义匹配及解释动词、名词搭配关系时所运行的一系列加工中的主要程序，是学习者的一种认知心理倾向（VanPatten，2004a，2004b）。许多研究者（Benati & Lee，2010；Wong，2005；VanPatten，2004a，2004b）发现，二语学习者有意义优先原则和首位名词原则两大输入加工原则：二语学习者对意义的输入加工优于形式；二语学习者倾向于把句子中的第一个名词或代名词看作主语或施动者。鉴于这两大输入加工原则，范柏腾（VanPatten，2004a，2004b）认为，目标语学习中需采取输入加工教学，推动学习者改变自己错误的输入加工策略，进而优化其输入提取。

输入加工教学则是针对二语学习者内部错误的输入加工策略，而从认知心理角度进行干预的语法教学模式。它关注的不单单是语言形式，还有二语学习者内部对输入的加工处理，旨在通过显性信息（元语言知识讲解演示和学习者输入加工策略解释）和结构化输入练习（针对学习者输入加工策略而设计的练习），达到学习者内部输入加工程序的优化，进而形成语法形式与意义在学习者工作记忆中的正确共线联结（VanPatten & Cadierno，1993a）。它既是对只重形式、不重意义的传统 3P 语法教学的一种否定，又是对克拉申只认意义、不认语言形式的极端性的一种纠偏（Lee & Benati，2009），因而，在一定程度上更利于目标语学习者既关注语言形式又关注意义。其教学效应可分为主要/直接效应和训练迁移效应两种：对某一语法项目教学的干预产生的效应称为主要/直接效应；这一效应对学生其他语法项目的学习产生的影响称为训练迁移效应（Benati & Lee，2008；Lee & Benati，2009）。传统 3P 语法教学以"呈现—操练—输出"为主，它对目标语形式相关元语言知识进行讲解演示后，要求目标语学习者练习目标语形式输出（R. Ellis，2010b）。范柏腾和索斯·奥肯纳（Soise Oikkenon）认为这种传统的语法教学忽视了有意义输入在二语习得中的作用（VanPatten & Oikkenon，1996）。由于在外语教学中这种传统的语法教学法运用比较普遍（VanPatten & Wong，2004），因此对比研究输入加工教学和传统 3P 语法教学模式在目标语语法学习中的效应成为输入加工教学研究的一个热点。

8.2.2.2　输入加工教学实证研究

范柏腾和卡蒂诺（VanPatten & Cadierno，1993a）以英国的西班牙语学习者为被试，首次对比研究了输入加工教学和传统 3P 语法教学在西班牙语宾格代名词学习中的效应。他们的研究结果显示，输入加工教学显著优于传统 3P 语法教学。此后，许多研究者针对美国、英国及韩国等不同国家的被试，进一步对比研究了二者在不同语法形式学习中的效应。

卡蒂诺（Cadierno，1995）通过研究美国大学生对西班牙语过去时的学习也发现输入加工教学优于传统 3P 语法教学。有研究者（Potowski，Jegerski & Morgan-Short，2009）探讨了美国大学生对西班牙语虚拟语气复杂构式的学习，研究结果进一步证明输入加工教学显著优于传统 3P 语法教学。不同于上述西班牙语研究者，黄（Wong，2010）研究了英国大学生的法语祈使结构学习，并再次验证了输入加工教学的显著优势。贝纳蒂（Benati，2001）则研究了英国大学生对意大利语将来时的学习，发现在句子层面的解释题上输入加工教学优于传统 3P 语法教学，而在句子层面的输出题上二者并无显著差异。贝纳蒂（Benati，2005）通过分析中国和希腊学生对英语一般过去时的学习也发现了同样的结果。罗伯特·德凯瑟（Robert DeKeyser）和卡尔·索卡斯基（Karl Sokalski）（DeKeyser & Sokalski，1996）及琳达·艾伦（Linda Allen）（Allen，2000）的研究结果则进一步显示了输入加工教学与传统 3P 语法教学在效应对比上的复杂性。德凯瑟和索卡斯基（DeKeyser & Sokalski，1996）重复范柏腾和卡蒂诺（VanPatten & Cadierno，1993a）的实验后发现，输入加工教学在解释题上的效应更显著，而传统 3P 语法教学在输出题上的效应更显著。艾伦（Allen，2000）则发现，在美国高中生法语祈使句学习中，输入加工教学和传统 3P 语法教学在句子层面的解释题上没有显著差异，但在输出题上后者优于前者。由此可见，输入加工教学和传统 3P 语法教学的主要/直接效应结果尚需进一步探讨。

贝纳蒂和李（Benati & Lee，2008）认为训练迁移效应与主要/直接效应相比，能更好地判定输入加工教学与传统 3P 语法教学相比的优越性。因此，不同于众多研究者，他们研究了输入加工教学的训练迁移效应。虽然他们的研究结果显示输入加工教学与传统 3P 语法教学相比具有更好的训练迁移效应，但其研究被试的母语和目标语大都属于拉丁语系，且这一研究结论目前只限于贝纳蒂和李等极少数研究者。这说明输入加工教学的训练迁移效应研究还相对匮乏。国内绝大多数研究者只是介绍了输入加工教学（如戴运财和戴炜栋，2010；顾琦一，2009；衡仁权，2007），而针对输入加工教学进行的实证研究相对匮乏。

艾玛·马斯登（Emma Marsden）和陈信英（Hsin-Ying Chen）则采用计算机辅助教学模式，针对输入加工教学的两种结构化输入练习，对比分析了指称任务和表意任务的不同作用（Marsden & Chen，2011）。在该研究中，120 名 12 岁的中国英语学习者被分配为以下四个组：指称任务+表意任务组、指称任务组、表意任务组及控制组。数据的搜集包括前测、即时后测和延时后测。测试均包括限时语法判断题、书面填空题、口头图片叙述题和简短的半结构化访谈（考查学习者对过去时动词变位的学习情况）。研究结果表明，指称任务是结构化输入练习促学的主要原因，表意任务并没有在学习方面提供额外的促进作用。根据这一发现，马斯登和陈信英（Marsden & Chen，2011）认为显性知识从广义上来说促学效果较好。但遗憾的是，该研究只是停留在输入加工教学的主要/直接效应上，缺乏对其二次训练迁移效应及累积训练迁移效应的分析。

有研究者调查了基于输入的输入加工教学和基于输出的传统 3P 语法教学对印度尼西亚 EFL 学习者句子层面的英语复数标记-s 的识解与产出（Wijaya & Djasmeini，2017）。研究被试是 20 名中学学习者（最初为 97 名学习者），随机分为两组：输入加工教学组和传统 3P 语法教学组。输入加工教学组的教学干预活动包括语法解释、学习者错误的输入加工策略及旨在改变错误输入加工策略的活动，以及旨在增强学习者形式-功能匹配的结构化输入活动。一方面，传统 3P 语法教学包括对语法规则的解释和基于输出的活动，这些活动旨在提高学习者语言产出的能力；另一方面，前测和后测均包括口译任务和产出任务。结果表明，输入加工教学和传统 3P 语法教学在帮助学习者正确理解目标特征方面同样有效，传统 3P 语法教学在促使被试产出复数形式上更为有效，但与输入加工教学没有显著差异。此外，研究者还发现，尽管被试对形式生成了很好的解释性知识，但他们的产出性知识仍然存在一些问题。该研究虽然在被试的选取上不同于前人，且并未探析较为复杂的语言任务中输入加工教学的作用，也没有分析输入加工教学对英语复数标记-s 的识解与产出这一主要/直接效应是否能够迁移到其他语法项目的学习中。

也有研究者研究了语言学习者在不同输入条件下的书面二语输入中对目标句法构造的注意机制（Indrarathne & Kormos，2017），以观察学习者的目标语构式知识变化以及其知识变化与注意机制之间的关系。被试是斯里兰卡的 100 名 EFL学习者，他们被随机分为四个组：输入流组、输入增强组、特定说明组（说明目标语构式，以引起学习者对输入中目标语法构造的注意）、显性知识组（对目标语构式进行明确的显性知识解释）。眼动追踪用于收集样本中被试的注意力加工数据。与马斯登和陈信英（Marsden & Chen，2011）的研究类似，艾琳·迪亚兹（Erin Díaz）将被试分为三组，并设计了三种教学干预措施，以确定哪种学习活动类型更有利于提升学习者的学习成效（Díaz，2018）。其中，指称任务组完成指称任务；表意任务组在指称练习完成后继续交流体会及看法；混合任务组则由指称任务和表意任务平衡组成。教学干预通过开源 Moodle 平台进行。研究的目标语法特征是在 when 之后的虚拟/指示性对比。这种特殊功能涉及情绪变化，容易受到学习者错误的输入加工原则的影响。大学生被试（$n=26$）和高中生被试（$n=29$）参加了前测、即时后测和延时后测（2—8 周后）。重复测量方差分析结果表明，不同类型的结构化输入活动的促学效果在统计上并不显著。该研究结果与马斯登和陈信英（Marsden & Chen，2011）的研究结果类似，在研究设计上也类似，均只停留在输入加工教学的主要/直接效应上，同样缺乏对其二次训练迁移效应及累积训练迁移效应的分析。

总之，先前研究还存在以下不足：①大多数研究囿于输入加工教学的主要/直接效应，对其训练迁移效应的研究相对匮乏，而且输入加工教学和传统 3P 语法教学在目标语语法形式学习中的训练迁移效应对比结果不够充分，尚需进一步验证（Benati，2017）；②输出测试材料大多是基于句子，研究被试多是母语为拉丁语系语言的大学生，因此针对较难的基于语篇的测试材料及以年龄较小的初中生为被试的研究相对缺乏；③虽然国外输入加工教学研究 20 年来发展迅猛，但检索中国外语类核心期刊发现，国内相关实证性研究仍非常缺乏，这说明国内外语界在这一领域的研究尚待发展。

基于上述研究中存在的不足，以及目前我国英语语法教学还是以传统的"呈现—操练—输出"为主这一现象（R. Ellis，2010a），本节拟以我国初中英语学习者为被试，采用句子解释和语篇输出两种测试材料来对比探讨输入加工教学和传统 3P 语法教学在英语一般现在时学习中的主要/直接效应及对一般过去时学习的训练迁移效应。本节研究不仅有利于我国学界对输入加工教学的了解，有利于我国的语法教学从单一的传统 3P 语法教学模式向"聚焦于形"的、以意义为中心的输入加工教学模式转变，还会在一定程度上弥补输入加工教学现存研究中的不足。

8.2.3　研究设计

8.2.3.1　研究问题

（1）输入加工教学与传统 3P 语法教学相比，在英语第三人称单数学习中有何主要/直接效应？

（2）输入加工教学与传统 3P 语法教学相比，对于英语第三人称单数的干预，在英语一般过去时的学习中有何训练迁移效应？

8.2.3.2 被试

被试是来自中国某省某中学三个自然班的 121 名初中一年级学生。数据收集时，全部被试均按学校课程设置在学习英语，年龄都在 12—13 岁。被试都是从初中一年级开始正规学习英语语法。此外，为了保证即时后测和延时后测的成绩可以最大限度地归因于教学干预，参考范柏腾和卡蒂诺（VanPatten & Cadierno，1993a）的研究，规定被试前测时对英语第三人称单数一般现在时和一般过去时这两种语法形式的学习成绩应不超过满分的 60%，以保证学习者有干预后提高的空间。同时，在测试期间，被试对这两种语法形式的接触仅限于英语课堂，并需要参加所有测试及干预过程。最终确定有效被试人数为 64 名。

8.2.3.3 目标语研究项目

本节研究选择英语第三人称单数一般现在时及一般过去时为语言项目，主要原因为：①目标语学习者进行语法形式和意义加工时，对意义的加工优先于对形式的加工。这一输入加工倾向影响学习者对语法形式的注意、正确加工和运用（VanPatten，2004a，2004b；Wong，2005）。英语第三人称单数一般现在时标记 -s 和一般过去时标记-ed，因其冗余性（冯志伟，2011）、不显著性（Talmy，2010）及汉语母语的影响（Pienemann，2007），都受到意义优先原则的影响，这就需要采用输入加工教学对学习者的输入加工倾向进行干预。②受意义优先原则的影响，许多中国英语学习者，包括初学者，往往都会在这两种语法形式上犯错（R. Ellis，1994a，1994b）。③通过与传统 3P 语法教学的对比，来分析输入加工教学对英语第三人称单数一般现在时学习的主要/直接效应的研究较多，但继而研究输入加工教学干预对学习者一般过去时的学习所产生的训练迁移效应的研究相对缺乏，因而不利于发现学习者的输入加工策略是否真正得到了优化。

8.2.3.4 测量工具及评分标准

测量工具包括学习背景调查问卷和笔试试卷。学习背景调查问卷不仅要求被试提供其年龄及英语首次接触时间等，还要求被试提供其在课外与所研究语言项目的接触量与接触时间。据此，我们可以筛选掉部分不符合研究条件的被试，确保研究结果能最大限度地归因于不同的干预手段（Benati & Lee，2008）。

测试采用笔试的形式进行，包含 A、B、C 三套测试，分别用作前测、即时后测和两周后的延时后测。具体参考范柏腾和卡蒂诺（VanPatten & Cadierno，1993a）及贝纳蒂和李（Benati & Lee，2010）等的研究方法设计测试材料和制定评分标准。

每套测试包括两份试卷，分别测试干预手段对被试英语第三人称单数一般现在时学习的主要/直接效应，以及对其一般过去时学习的训练迁移效应。每一份试卷包含基于句子的解释题（例如，当学习者听到 picks fruits 后，要求学习者判断其主语是否为第三人称单数，或者当学习者听到 returned a book 后，要求学习者判断句子中所描述的动作是发生在现在还是过去），以及基于语篇的输出题（例如，通过"用所给动词的适当形式填空"的形式完成语篇，测试学习者对所研究的语言项目的输出）。解释题包含 20 个项目（10 个包含本节研究的目标语语言项目，另外 10 个是干扰项）；输出题包含 10 个项目（5 个包含本节研究的目标语语言项目，另外 5 个是干扰项）。解释题共 10 分（每小题 1 分）；输出题共 10 分（每小题 2 分，完全正确得 2 分，部分正确得 1 分，完全错误不得分）；干扰项不计分。

8.2.3.5　干预方法

本节研究共设计了两个实验组和一个控制组：输入加工教学组、传统 3P 语法教学组、控制组。输入加工教学组接受输入加工教学培训。首先，参考 L. G. 亚历山大（L. G. Alexander）的研究（Alexander，1988）向学习者讲解演示第三人称单数一般现在时元语言知识。其次，向学习者解释相关的学习者输入加工策略——意义优先原则，同时参考贝纳蒂和李（Benati & Lee，2010）的研究，提示学习者注意以下几点：①不要根据位于句首的主语（代词或代名词）而是根据语法标记来判断"所叙述的人或事物"；②注意第三人称单数一般现在时中位于动词词尾的-s/-es。最后，参考贝纳蒂和李（Benati & Lee，2008）的研究设计结构化输入练习。练习分为指称任务和表意任务两种：指称任务要求被试根据动词词尾指出句子的主语是否为第三人称单数；表意任务则要求被试根据设有英语第三人称单数一般现在时的句子或语篇内容，谈谈自己的观点和态度等。教师向传统 3P 语法教学组只讲解相同的元语言知识，其输出练习则是要求被试输出动词的第三人称单数一般现在时形式。例如，要求被试把听到或读到的句子的动词转换成第三人称单数形式，或要求被试用所给动词的一般现在时正确形式完成短文。控制组只是接触包含第三人称单数一般现在时形式的听读材料（共六篇短文），但教师不进行提示、讲解和练习。同时，研究者对以下变量进行了控制：三个组的干预材料的难度、词汇、动词研究对象、活动形式（听或读）、数量及干预时间均大体相同，词汇均选自初中教学大纲词汇表。

8.2.3.6　研究程序

对被试进行前测和学习背景调查两天后，三个班以自然班为单位，通过随机的形式采用不同的教学法进行干预（共两个小时，分三次完成）。干预结束后进行即时后测，两周后进行延时后测，并对被试的学习背景进行第二次调查。最后运用 SPSS 15.0 进行数据统计分析和讨论。学习背景调查、教学干预和测试均由研究者利用学生的课堂时间在任课教师的协助下完成。

8.2.4 数据分析

8.2.4.1 三个组英语第三人称单数一般现在时及一般过去时前测成绩单因素方差分析

单因素方差分析（表 8.2.1）显示，输入加工教学组、传统 3P 语法教学组、控制组的前测解释题 1（$F = 1.38$，$p > 0.05$）、前测输出题 1（$F = 0.28$，$p > 0.05$）、前测解释题 2（$F = 2.70$，$p > 0.05$）、前测输出题 2（$F = 2.34$，$p > 0.05$），均不存在显著差异。这一结果表明，三个组的前测英语第三人称单数一般现在时和一般过去时成绩在解释题和输出题上差异都不显著。

表 8.2.1 三个组英语第三人称单数一般现在时及一般过去时前测成绩单因素方差分析

测试	来源	平方和	df	均方	F	p
解释题 1	组间	4.48	2	2.24	1.38	0.259
输出题 1	组间	0.25	2	0.13	0.28	0.757
解释题 2	组间	9.88	2	4.94	2.70	0.075
输出题 2	组间	7.71	2	3.85	2.34	0.105

注：1 表示英语第三人称单数一般现在时；2 表示一般过去时。

8.2.4.2 三个组英语第三人称单数一般现在时及一般过去时测试成绩单独重复测量方差分析

为了发现每个组的英语第三人称单数一般现在时及一般过去时前测、即时后测及延时后测成绩是否存在显著差异，我们对这三个组分别进行重复测量方差分析。

表 8.2.2 显示：①解释题 1 上，组 1、组 2 及组 3 各自的前测、即时后测、延时后测成绩均值分别是 3.41、7.59、7.05、3.50、5.77、6.62，以及 4.06、5.00、6.00，都存在显著差异（输入加工教学组：$F = 77.94$，$p < 0.001$；传统 3P 语法教学组：$F = 19.27$，$p < 0.001$；控制组：$F = 9.81$，$p < 0.01$）。多重比较结果显示：两个实验组

的即时后测成绩都显著优于前测成绩（输入加工教学组：$p < 0.001$；传统 3P 语法教学组：$p < 0.001$）。此外，包括控制组在内的所有组的延时后测成绩都显著优于前测成绩（输入加工教学组：$p < 0.001$；传统 3P 语法教学组：$p < 0.001$；控制组：$p < 0.01$）。②输出题 1 上，三个组各自的前测、即时后测、延时后测成绩均值分别是 0.23、2.82、2.36，0.35、3.38、5.42，以及 0.38、2.38、1.63，都存在显著差异（输入加工教学组：$F = 9.98, p < 0.001$；传统 3P 语法教学组：$F = 42.30, p < 0.001$；控制组：$F = 5.00, p < 0.05$）。多重比较结果显示：只有传统 3P 语法教学组的即时后测成绩显著优于前测成绩（$p < 0.001$）。此外，三个组的延时后测成绩都显著优于前测成绩（输入加工教学组：$p < 0.01$；传统 3P 语法教学组：$p < 0.001$；控制组：$p < 0.05$）。此结果说明：在英语第三人称单数一般现在时学习的主要/直接效应下，在解释题上，所有实验组在施策后都取得了显著性进步，并且施策效果具有两周持续效应；在输出题上，虽然只有传统 3P 语法教学组的即时效应明显，但包括控制组在内的所有组在延时后测中都取得了显著性进步。这一研究发现初步表明，无论是输入加工教学模式还是传统 3P 语法教学模式，均显著有利于学习者英语第三人称单数的理解和输出，但在输出题上传统 3P 语法教学模式相对更好。

表 8.2.2　三个组英语第三人称单数一般现在时及一般过去时测试成绩单独重复测量方差分析

测试	组别	n	前测		即时后测		延时后测		F	多重比较结果
			均值	标准差	均值	标准差	均值	标准差		
解释题 1	组 1	22	3.41	1.30	7.59	1.71	7.05	1.24	77.94***	B>A***；C>A***
	组 2	26	3.50	1.18	5.77	2.47	6.62	2.99	19.27***	B>A***；C>A***
	组 3	16	4.06	1.39	5.00	1.59	6.00	1.03	9.81**	B=A；C>A**
输出题 1	组 1	22	0.23	0.62	2.82	3.08	2.36	2.85	9.98***	C>A**
	组 2	26	0.35	0.75	3.38	3.09	5.42	2.44	42.30***	B>A***；C>A***
	组 3	16	0.38	0.62	2.38	2.36	1.63	1.86	5.00*	C>A*
解释题 2	组 1	22	3.82	1.47	6.23	1.80	6.68	1.25	1.36***	B>A***；C>A***
	组 2	26	3.58	1.30	5.65	1.77	7.08	1.81	33.88***	B>A***；C>A***
	组 3	16	4.56	1.26	6.38	1.31	6.19	1.22	11.67**	B>A**；C>A**
输出题 2	组 1	22	0.41	1.10	1.05	1.65	0.73	1.16	1.46	
	组 2	26	0.69	1.52	1.42	1.90	2.65	2.42	8.66**	C>A***
	组 3	16	1.31	1.08	1.31	1.96	0.69	1.40	1.09	

注：1 表示英语第三人称单数一般现在时；2 表示一般过去时；组 1 表示输入加工教学组；组 2 表示传统 3P 语法教学组；组 3 表示控制组；A 表示前测；B 表示即时后测；C 表示延时后测

表 8.2.2 还显示：①解释题 2 上，三个组各自的前测、即时后测、延时后测成绩均值分别是 3.82、6.23、6.68，3.58、5.65、7.08，以及 4.56、6.38、6.19，都存在显著差异（输入加工教学组：$F = 1.36$，$p < 0.001$；传统 3P 语法教学组：$F = 33.88$，$p < 0.001$；控制组：$F = 11.67$，$p < 0.01$）。多重比较结果显示：包括控制组在内的所有组的即时后测成绩都显著优于前测成绩（输入加工教学组：$p < 0.001$；传统 3P 语法教学组：$p < 0.001$；控制组：$p < 0.01$）。此外，三个组的延时后测成绩也都显著优于前测成绩（输入加工教学组：$p < 0.001$；传统 3P 语法教学组：$p < 0.001$；控制组：$p < 0.01$）。②输出题 2 上，三个组各自的前测、即时后测、延时后测成绩均值分别是 0.41、1.05、0.73，0.69、1.42、2.65，以及 1.31、1.31、0.69，只有传统 3P 语法教学组的前测、即时后测、延时后测成绩重复测量方差分析出现了显著差异（$F = 8.66$，$p < 0.01$）。多重比较结果显示：传统 3P 语法教学组的延时后测成绩显著优于前测成绩（$p < 0.001$）。此结果说明：在对英语一般过去时学习的训练迁移效应中，在解释题上，包括控制组在内的所有组在即时后测中都取得了显著进步，并且具有两周持续效应；在延时后测输出题上，只有传统 3P 语法教学组出现了显著进步。这一研究发现表明，输入加工教学和传统 3P 语法教学，虽均显著有利于学习者英语第三人称单数的学习，但在不同的测试任务中存在显著差异。

8.2.4.3　三个组英语第三人称单数一般现在时及一般过去时测试成绩重复测量方差分析

为了发现不同干预组之间的差异是否显著，下面对三个组进行重复测量方差分析。表 8.2.3 显示：①解释题 1 上，时间的主效应显著（$F = 64.83$，$p < 0.001$），教学干预的主效应不显著（$F = 2.85$，$p > 0.05$）。鉴于时间与教学干预的交互作用显著（$F = 5.76$，$p < 0.01$），且教学干预的主效应 p 值较低，接近 0.05，可以认为教学干预具有一定的作用。多重比较结果显示：解释题 1 上的显著效应主要归因于输入加工教学组显著优于控制组（$p < 0.05$）。②输出题 1 上，时间的主效应显著（$F = 38.11$，$p < 0.001$），教学干预的主效应显著（$F = 6.40$，$p < 0.01$），时间与教学干预的交互作用显著（$F = 6.29$，$p < 0.001$）。多重比较结果显示：输出题 1 上的显著效应主要归因于传统 3P 语法教学组显著优于输入加工教学组（$p < 0.01$），以及传统 3P 语法教学组显著优于控制组（$p < 0.01$）。总体而言，在英语第三人称单数一般现在时的主要/直接效应中，在解释题上，输入加工教学组优于控制组；在输出题上，传统 3P 语法教学组相对优于输入加工教学组和控制组。

表 8.2.3　三个组英语第三人称单数一般现在时及一般过去时测试成绩重复测量方差分析

测试	来源	df	F	多重比较结果
解释题 1	时间	2	64.83***	输入加工教学组>控制组*
	教学干预	2	2.85	—
	时间×教学干预	4	5.76**	—
输出题 1	时间	2	38.11***	传统 3P 语法教学组>输入加工教学组**
	教学干预	2	6.40**	传统 3P 语法教学组>控制组**
	时间×教学干预	4	6.29***	—
解释题 2	时间	2	64.34***	—
	教学干预	2	0.36	—
	时间×教学干预	4	2.92*	—
输出题 2	时间	2	2.42	传统 3P 语法教学组>输入加工教学组*
	教学干预	2	3.42*	—
	时间×教学干预	4	4.64**	—

注：1 表示英语第三人称单数一般现在时；2 表示一般过去时

表 8.2.3 还显示：①解释题 2 上，时间的主效应显著（$F = 64.34$，$p < 0.001$），教学干预的主效应不显著（$F = 0.36$，$p > 0.05$）。鉴于时间与教学干预的交互作用显著（$F = 2.92$，$p < 0.05$），可以认为不同的教学方法具有一定的干预作用。多重比较结果显示：在解释题 2 上，不同教法组彼此间无显著差异。②输出题 2 上，时间的主效应不显著（$F = 2.42$，$p > 0.05$），教学干预的主效应显著（$F = 3.42$，$p < 0.05$），时间与教学干预的交互作用显著（$F = 4.64$，$p < 0.01$）。多重比较结果显示：输出题 2 上，传统 3P 语法教学组显著优于输入加工教学组（$p < 0.05$）。总体而言，在对英语一般过去时的训练迁移效应中，三个组在解释题上彼此间无显著差异；在输出题上，传统 3P 语法教学组显著优于输入加工教学组。

8.2.5　讨论

在主要/直接效应中，①解释题上，本节研究结果与大多数输入加工教学研究结果（如 VanPatten & Cadierno，1993a，1993b；DeKeyser & Sokalski，1996；Potowski，Jegerski & Morgan-Short，2009）一致，发现输入加工教学在中国初中英语学习者的第三人称单数学习中，与传统 3P 语法教学相比，显著优于控制组，因而具有相对更好的主要/直接效应。本节研究结果在一定程度上为输入加工教学的主要/直接效应提供了新的实证支持，证明输入加工教学能够优化学习者对输入的加工，进而形成形式与意义在学习者的工作记忆中的共线联结。这一研究结果同样说明，基于输入的练习可以有效地提高任务完成的准确性（Benati，2001）。②输出题上，本节研究发现，与输入加工教学相比，传统 3P 语法教学更具有显著的主要/直接效应。这一结果与贝纳蒂（Benati，2001，2005）的研究结果存在差异。同时，本节研究结果与艾伦（Allen，2000）的研究结果类似，但与范柏腾和卡蒂诺（VanPatten & Cadierno，1993a）的研究结果相反，他们发现输入加工教学在输出题上优于传统 3P 语法教学。本节结果进一步说明，输入加工教学在输出题上的效应尚需进一步的分析与探讨。在训练迁移效应中：①解释题上，与贝纳蒂和李（Benati & Lee，2008）的研究结果有所不同，本节研究虽然也发现输入加工教学具有训练迁移效应，但与传统 3P 语法教学相比，并不存在显著优势；②输出题上，本节研究结果也与他们的研究结果存在差异，他们发现输入加工教学显著优于传统 3P 语法教学，而本节发现，传统 3P 语法教学的训练迁移效应显著优于输入加工教学。

对比分析本节和前人的研究发现，不同的被试、目标语研究项目、相对复杂的测试材料及对控制组的不同处理，综合解释了本节研究结果。本节中，被试是十二三岁的初中一年级学生，而范柏腾和卡蒂诺（VanPatten & Cadierno，1993a）等研究者的被试都是大学生。不同年龄段的学习者在目标语学习中运用的学习机制有所不同（Saville-Troike，2005），在规则和概念的理解上也存在一定的差异（Weinert，2009）。此外，输入加工教学和传统 3P 语法教学具有不同的显性度（explicitness）和干扰度（obtrusiveness）（Doughty，2003），也很可能对不同年龄段的目标语学习者产生不同的效应。同时，不同年龄段的目标语学习者具有不同的母语水平，这也会在一定程度上影响学习者对目标语输入的摄入。鉴于几十年来年龄是否及如何影响目标语学习者的学习成效一直是二语习得领域所关注的一个焦点（文秋芳，2010），本节研究结果尚需进一步的验证。此外，被试相对较低的预先元知识也是一个不可忽视的影响因素。研究者在访谈被试及其任课教师时发现，被试只是偶尔接触到训练迁移项目，并未接受过正式的显性信息讲授。这说明输入加工教学的训练迁移效应受到学习者训练迁移项目预先元知识的影响。基于此，我们可以认为输入加工教学的训练迁移效应只显性作用于学习者有一定元知识的旧项目学习中。

不同的目标语研究项目及相对复杂的输出测试材料在一定程度上也解释了本节的研究结果。理查德·施密特（Richard Schmidt）提出，目标语不同的语法形式对学习者的注意机制要求不同，因此也会影响学习者的加工程序和存储方式（Schmidt，1995）。学习者的目标语水平及学习任务难度也会反过来影响其注意机制（Ortega，2011）。第三人称单数在形式和功能上都比较复杂，易于形成陈述性知识，但难于形成程序性知识及准确输出，再加上本节采用了有干扰项的基于语篇的输出题，相对难于以前的基于句子的输出题，因而学习者也需要花费较多的加工资源来形成形式与意义的正确匹配（Wong，2010）。但是，学习者的语言认知体系不可能因为学习环境的改变而立刻发生根本性的转变，而是需要大量的结构化输入练习（Pienemann，1998）。

控制组在解释题上出现了训练迁移效应，这一研究发现很可能归因于一般过去时的理解相对简单，而测试具有"练习效应"，学习者在缺乏确切显性知识的情况下能够根据测试猜透这一语言点的结构特征（R. Ellis，1994a；Allen，2000）。另一种解释是，不同于范柏腾和卡蒂诺（VanPatten & Cadierno，1993a）及范柏腾和黄（VanPatten & Wong，2004）等研究，本节研究中的控制组除参加测试外，还接触了与实验组大体相当的目标语语法形式。接触频次与目标语学习成效相关（Spada，1986），控制组虽然没有接受教师的显性干预，但在一次次的测试中也许会因接触频次的增加而增进了对考察项目的学习。

8.2.6　结语

本节采用句子层面的解释题和语篇层面的输出题，探讨了输入加工教学和传统 3P 语法教学对英语第三人称单数一般现在时学习的主要/直接效应，以及对一般过去时学习的训练迁移效应。重复测量方差分析结果显示：从学习者认知心理角度进行干预的输入加工教学对于较难的测试材料及年龄较小的被试，同样具有显著的主要/直接效应和一定的训练迁移效应；与不受语法教学干预的控制组相比，两种教学方法都显著有利于语法形式的学习，但二者的效应因评估材料、研究的语言项目及被试的不同而存在差异。具体来讲：①在英语第三人称单数一般现在时学习的主要/直接效应中，解释题上，输入加工教学组显著优于控制组；输出题上，传统 3P 语法教学组显著优于输入加工教学组和控制组。②在一般过去时学习训练迁移效应中，解释题上，输入加工教学组和传统 3P 语法教学组都具有训练迁移效应，但都与控制组无显著差异；输出题上，只有传统 3P 语法教学组与输入加工教学组相比具有显著训练迁移效应。

这一结果说明，输入加工教学对于较难的测试材料及年龄较小的初中被试，同样具有显著的主要/直接效应，但其训练迁移效应尚需进一步的验证。这说明不同语法项目会影响输入加工教学的促学效果。此外，输入加工教学在解释题上的显著优势和传统 3P 语法教学在输出题上的显著优势说明，在我国外语学习环境下，除采用传统 3P 语法教学外，还可以适当通过输入加工教学来优化学习者内部的输入加工机制。本节研究结果同时说明，在语法学习中，显性教学在外语学习环境下优于隐性教学，并且不同的教学方法对同一目标语语法形式有不同的作用。因此，建议教师根据不同的任务类型灵活采用不同的教学方法对目标语语法进行显性干预。

　　总之，本节以英语第三人称单数一般现在时和一般过去时为例，探讨不同教学模式下我国英语外语学习者的目标语语法学习，在扩展输入加工教学目标语研究项目、被试及丰富测试材料的同时，也对训练迁移效应进行了深入探讨。本节研究发现不仅有助于学界深入了解输入加工教学的主要/直接效应和训练迁移效应，也有利于教师了解不同教学环境中输入加工教学的不同效应，因而有利于教师根据不同教学环境对二语习得不同教学方式的作用而有效改进教学方式。此外，本节研究发现还有助于对比检验不同母语、外语初始学习年龄及不同目标语背景学习者在不同语法形式学习中的效果，可以深入了解不同个体差异因素、教学方法及测试任务等之间的交互影响。因此，本节研究具有一定的理论和教学应用价值。

8.3　分词形容词学习中的输入加工教学和传统 3P 语法教学效应对比[①]

8.3.1　引言

　　许多研究显示语法教学在外语教学中是必要的，对提高学习者使用目标语的准确性有着积极的促进作用（R. Ellis，2001）。目前，语法教学虽然出现了各种不同的教学模式，但在实际的课堂教学中，还是以传统的"呈现—操练—输出"模式为主（R. Ellis，2010a，2010c）。因此，如何在有限的课堂时间中找到更好的干预方法，在不影响语言交际的同时把对语法的注重达到最大化是许多语言学家研究的重点（Nassaji，2000，2020；Nassaji & Cummuing，2000）。

　　正如前面第 8.1 节及第 8.2 节所言，输入加工理论是国外二语输入理论研究的一项新进展。范柏腾和卡蒂诺（VanPatten & Cadierno，1993a）曾指出学习者对语言的加工过程不是简单的从输入到输出（也就是传统 3P 语法教学），而是输入经

---

　　① 本节部分内容引自《输入加工法和传统教学法在英语分词形容词学习中的效应对比研究》，原载于《第二语言学习研究》（2015 年第 1 期，第 80-90 页，作者：李越风和张素敏）。

过吸收环节后才到输出环节，并且整个过程中尤其关注语言形式和意义的联结。在大量实证研究的基础上，范柏腾和奥肯纳（VanPatten & Oikkenon，1996）又提出了输入加工教学法，即二语教学的重点是吸收环节，通过对输入信息进行有效的加工处理促进目标语法结构的习得，并运用于实际的语言交际中。国内外虽有研究者（如冯辉和张素敏，2012；张素敏，2013a，2013b，2014；张素敏和陈先奎，2015；Benati，2005；Indrarathne & Kormos，2017；Wijaya & Djasmeini，2017；Wong，2010）对比分析了这两种教法的不同效应，并进行了定量分析，但都缺乏相应的定性分析，不利于全面掌握学习者对这两种教学方法的看法与认识。此外，前人研究多聚焦于动词词尾-s 及-ed，对英语分词形容词的相关研究较为缺乏，不利于全面了解输入加工教学在不同语法项目学习中的作用。

因此，本节以英语分词形容词为语法研究项目，通过定量分析和定性分析，来了解输入加工教学和传统 3P 语法教学对国内大学生英语语法学习的不同作用，借此从情感和语法研究项目两方面来探索国外教学理论在我国外语教学中的应用。

8.3.2　研究背景

国外输入加工教学和传统 3P 语法教学对比研究相对丰富，但大多被试的母语和目标语都属于拉丁语系，而且研究结果尚不一致。例如，一些研究显示输入加工教学比传统 3P 语法教学更有优势（Potowski，Jegerski & Morgan-Short，2009；Wong，2010）；贝纳蒂（Benati，2005）的研究结果则发现，在输出题上，两种教学法无显著差异；还有研究发现，传统 3P 语法教学在输出题上优于输入加工教学（Allen，2000），或输入加工教学和传统 3P 语法教学在帮助学习者正确理解目标特征方面同样有效，传统 3P 语法教学甚至在促使被试产出复数形式上更为有效，但与输入加工教学没有显著差异（Wijaya & Djasmeini，2017）。国内少数研究者对输入加工教学的实证研究也存在差异。有研究者证明输入加工教学不仅对首次接触的语法项目的学习具有主要/直接效应，而且对旧的语法项目的学习也具有显著的训练迁移效应（冯辉和张素敏，2012；张素敏，2013a，2013b）；也有研究者发现外语学习动机显著影响输入加工教学的效应（张素敏，2014）及学习者的显性信息加工（张素敏和陈先奎，2015）。但是这些研究的被试主要是初高中学生，没有对大学生进行相关研究。

鉴于大多数研究者采用离线任务对比考察输入加工教学和传统 3P 语法教学，黄和伊藤喜和子（Kiwako Ito）通过两项眼动追踪研究比较了输入加工教学和传统的句型操练教学在中级二语学习者对法语因果关系的习得中的作用（Wong & Ito，

2019）。这两个实验均使用"前测—后测"设计，采用眼动追踪二分场景选择任务，以测量被试处理听觉句子时的眼动模式和图片选择的准确性。在实验 1 中，两个组均未接收到显性信息，而在实验 2 中，两个实验组均在句子处理之前接收到显性信息。实验 1 研究结果表明，输入加工教学组的判断准确性显著高于句型操练教学组；输入加工教学组观察到了眼动模式的变化，而句型操练教学组则没有。在实验 2 中，当两组均接收到显性信息时，输入加工教学组被试的准确性再次明显高于句型操练教学组被试，但两组的准确性均未显著高于实验 1 中未接收到显性信息的输入加工教学组和句型操练教学组。实验 2 中的眼动模式还表明，输入加工教学组和句型操练教学组均像实验 1 中的句型操练教学组那样，将视线转移到正确的图片上。这一研究发现表明，显性信息有助于传统句型操练教学组快速做出准确的判断，但显性信息不足以促进输入加工教学组更快地做出准确判断。虽然黄和伊藤喜和子（Wong & Ito，2019）在研究方法上有所创新，也进一步研究了显性信息的作用，但其研究结论只是基于量化数据分析，没有考察不同教学组学习者的质性观察或访谈数据。

总结发现，不同研究者及不同的被试选取显示，输入加工教学和其他教学方法之间的效应对比有所不同，同时国内外以往相关的研究中都没有进行实验后的访谈研究，不利于了解被试对语法教学的态度及对两种教学法的心理接受程度。在教学研究中，应结合使用定量分析和对被试在知识、态度等方面的定性分析（张丽华，2008）。

鉴于上述分析，本节以国内大学生为被试，对输入加工教学和传统 3P 语法教学在英语分词形容词学习中的主要/直接效应进行对比研究，并在实验后对所有被试进行书面访谈。本节研究还从学习方法、情感因素等方面进行了定性研究，以了解学生对传统 3P 语法教学的真实想法，同时分析学生在英语分词形容词学习中对输入加工教学的接受情况，以便客观合理地分析两种教学法在教学实践中的应用效应。

8.3.3 研究设计

8.3.3.1 研究问题

（1）在语言输出方面，输入加工教学和传统 3P 语法教学相比，哪种方法更有效？

（2）在语言理解方面，输入加工教学和传统 3P 语法教学相比，哪种方法更有效？

（3）在延时后测中，输入加工教学和传统 3P 语法教学相比，哪种方法的时效性更强？

（4）被试对语法教学有何看法以及更希望接受哪种教学法干预？

8.3.3.2 被试及目标语研究项目

被试为某学院 68 名非英语专业的大学生。被试都满足以下条件：仅在课堂上显性接触过目标语法；前测成绩不超过满分的 60%；参与整个实验过程。

英语分词形容词是本节语法研究项目。英语中有相当数量的现在分词和过去分词可作为形容词，称为分词形容词，在句中的语法功能主要是做定语、表语、宾语补足语（Quirk et al., 1985；于海江，1998）。

8.3.3.3 测量工具及评分标准

测量工具包括测试和书面访谈两部分。本节中三次测试都采用笔试形式进行，分别为前测、即时后测和两周后的延时后测。试题包括输出题和解释题两种题型。输出题为传统的多项选择题，共 10 个小题（每个小题 1 分）；解释题要求测试者根据所给的句子或图片选出正确的选项，共 10 个小题（每个小题 1 分）。被试完成延时后测后，参加书面访谈。

8.3.3.4 干预方法

前测结束后，三个班分别以自然班为单位，随机分组接受不同的教学方法，分为输入加工教学组、传统 3P 语法教学组、控制组。A 班为输入加工教学组。教师首先向学习者讲解分词形容词的元语言知识和相关的输入加工策略，即意义优先原则和首位名词原则，然后提示学习者注意以下几点：①不能根据句首的主语而是根据语法标记来判断所描述的人或事物；②英汉语言中动词的用法不同，词形相同的分词形容词和动词分词也存在差异。最后，教师参考贝纳蒂（Benati，2005）的研究，设计了针对结构化输入的输出练习，包括指称任务（听含有英语分词形容词的句子，并选出正确的图片）和表意任务（听并阅读一篇含有英语分词形容词的短文，选择"符合我的情况"或"不符合我的情况"，然后让被试讨论并解释含有目标语法的单词和句子的含义）。B 班为传统 3P 语法教学组，先讲解元语言知识，再进行和 A 班干预材料相同但练习形式不同的输出练习（多项选择题和用动词正确形式填空），最后对练习内容进行讲解。C 班为控制组，在相同的课时内自学目标语法。

8.3.3.5　研究程序

前测一周后，三个班分别以自然班形式随机在正常课时内接受不同教学法培训，学习分词形容词（共两个课时，每个课时 50 分钟），然后进行即时后测，两周后进行延时后测和书面访谈，最后运用 SPSS 16.0 对量化数据进行数据统计分析。测试和书面访谈在任课教师的协助下完成。

8.3.4　数据分析

8.3.4.1　三个组英语分词形容词组间前测成绩分析

单因素方差分析（表 8.3.1）显示：三个组在前测成绩上没有显著差异（输出题：$F = 0.59$，$p > 0.05$；解释题：$F = 1.44$，$p > 0.05$；总分：$F = 1.66$，$p > 0.05$）。

表 8.3.1　三个组英语分词形容词的前测成绩分析

题型	来源	平方和	df	均方	F	p
输出题	组间	3.16	2	1.57	0.59	0.556
解释题	组间	5.57	2	2.79	1.44	0.244
总分	组间	15.86	2	7.93	1.66	0.199

8.3.4.2　三个组英语分词形容词输出题测试成绩对比分析

本小节主要汇报传统 3P 语法教学和输入加工教学在输出题上的主要/直接效应，以回答研究问题一。多重比较结果（表 8.3.2）显示：三组的即时后测成绩都优于前测成绩，实验组组内对比显著（输入加工教学组：均值差为-3.09，$p < 0.001$；传统 3P 语法教学组：均值差为-2.17，$p < 0.001$；控制组：均值差为-1.09，$p < 0.05$）；三组的延时后测成绩也都优于前测成绩，实验组组内对比显著（输入加工教学组：均值差为-2.68，$p < 0.001$；传统 3P 语法教学组：均值差为-2.39，$p < 0.001$；控制组：均值差为-1.22，$p < 0.05$）；三组的即时后测成绩和延时后测成绩不存在显著差异（输入加工教学组：均值差为 0.41，$p > 0.05$；传统 3P 语法教学组：均值差为-0.22，$p > 0.05$；控制组：均值差为-0.13，$p > 0.05$）。结果说明：①输入加工教学和传统 3P 语法教学都有利于提高大学生在学习英语分词形容词时的输出能力；②控制组在实验中也出现了训练迁移效应。

表 8.3.2　三组组内输出题前测、后测成绩的多重比较

组别	I	J	均值差（$I-J$）	p	结果
输入加工教学组	前测	即时后测	−3.09	0.000***	即时后测>前测
		延时后测	−2.68	0.000***	延时后测>前测
	即时后测	延时后测	0.41	0.454	即时后测=延时后测
传统 3P 语法教学组	前测	即时后测	−2.17	0.000***	即时后测>前测
		延时后测	−2.39	0.000***	延时后测>前测
	即时后测	延时后测	−0.22	0.669	即时后测=延时后测
控制组	前测	即时后测	−1.09	0.048*	即时后测>前测
		延时后测	−1.22	0.037*	延时后测>前测
	即时后测	延时后测	−0.13	0.544	即时后测=延时后测

　　表 8.3.3 显示的是在即时后测和延时后测中三组的组间多重比较。结果显示：即时后测、延时后测中输入加工教学组和传统 3P 语法教学组的均值差分别为 0.89、0.27，都没有显著差异（$p > 0.05$，$p > 0.05$）；即时后测、延时后测中输入加工教学组和控制组，以及传统 3P 语法教学组和控制组之间均差异显著（均值差为 2.23，$p < 0.001$；均值差为 1.34，$p < 0.01$；均值差为 1.65，$p < 0.01$；均值差为 1.38，$p < 0.01$）。研究结果初步说明，不同的教学法之间存在不同的教学效果。

表 8.3.3　三组组间输出题即时后测、延时后测成绩的多重比较

测试	组别（I）	组别（J）	均值差（$I-J$）	p	结果
即时后测	输入加工教学组	传统 3P 语法教学组	0.89	0.063	输入加工教学组=传统 3P 语法教学组
		控制组	2.23	0.000***	输入加工教学组>控制组
	传统 3P 语法教学组	控制组	1.34	0.006**	传统 3P 语法教学组>控制组
延时后测	输入加工教学组	传统 3P 教学语法组	0.27	0.590	输入加工教学组=传统 3P 语法教学组
		控制组	1.65	0.002**	输入加工教学组>控制组
	传统 3P 语法教学组	控制组	1.38	0.007**	传统 3P 语法教学组>控制组

　　上述分析综合回答了研究问题一，说明：①三组在学习英语分词形容词的语

言输出方面都取得了进步；②输入加工教学组和传统 3P 语法教学组在语言输出题上都比控制组有显著进步；③输入加工教学组和传统 3P 语法教学组在语言输出题上没有显著差异。

8.3.4.3　三个组英语分词形容词解释题测试成绩对比分析

本小节主要汇报两种教学法在解释题上的主要/直接效应，以回答研究问题二。三组组内的多重比较结果（表 8.3.4）显示：三组的即时后测成绩都优于前测成绩（输入加工教学组：均值差为-2.73，$p < 0.001$；传统 3P 语法教学组：均值差为-3.65，$p < 0.001$；控制组：均值差为-2.05，$p < 0.001$）；三组的延时后测成绩也都优于前测成绩（输入加工教学组：均值差为-2.00，$p < 0.001$；传统 3P 语法教学组：均值差为-2.17，$p < 0.001$；控制组：均值差为-1.48，$p < 0.01$）；输入加工教学组和控制组的即时后测成绩和延时后测成绩不存在显著差异（输入加工教学组：均值差为 0.73，$p > 0.05$；控制组：均值差为 0.57，$p > 0.05$），而传统 3P 语法教学组的两次后测成绩存在显著差异（均值差为 1.48，$p < 0.01$）。结果说明：①输入加工教学和传统 3P 语法教学对大学生学习英语分词形容词的形式-意义联结都具有明显的主要/直接效应；②控制组同样出现了训练迁移效应。

表 8.3.4　三组组内解释题成绩的多重比较

组别	测试（I）	测试（J）	均值差（$I-J$）	p	结果
输入加工教学组	前测	即时后测	-2.73	0.000***	即时后测>前测
	前测	延时后测	-2.00	0.000***	延时后测>前测
	即时后测	延时后测	0.73	0.140	即时后测=延时后测
传统 3P 语法教学组	前测	即时后测	-3.65	0.000***	即时后测>前测
	前测	延时后测	-2.17	0.000***	延时后测>前测
	即时后测	延时后测	1.48	0.002**	即时后测>延时后测
控制组	前测	即时后测	-2.05	0.000***	即时后测>前测
	前测	延时后测	-1.48	0.002**	延时后测>前测
	即时后测	延时后测	0.57	0.583	即时后测=延时后测

表 8.3.5 显示了三组即时后测和延时后测成绩的组间多重比较。结果显示：在即时后测成绩上，实验组之间没有显著差异（均值差为-0.75，$p > 0.05$），输入加工教学组和控制组之间差异显著（均值差为 1.08，$p < 0.05$），传统 3P 语法教学组和控制组之间也差异显著（均值差为 1.83，$p < 0.001$）；在延时后测成绩上，输入

加工教学组与传统 3P 语法教学组之间差异不显著（均值差为 0.00，$p > 0.05$），输入加工教学组和控制组之间差异不显著（均值差为 0.92，$p > 0.05$），传统 3P 语法教学组和控制组之间差异也不显著（均值差为 0.92，$p > 0.05$），三组之间均不存在显著差异。这一研究发现很可能归因于：①解释题是考察英语分词形容词的形式-意义联结的题型，不是传统题型，因此被试在一定程度上缺少相关考试技巧或经验；②显性教学对大学生学习英语分词形容词有显著作用，但要真正达到内化掌握还需增加教学频次。

表 8.3.5　三组组间解释题成绩的多重比较

测试	组别（I）	组别（J）	均值差（$I-J$）	p	结果
即时后测	输入加工教学组	传统 3P 语法教学组	−0.75	0.147	输入加工教学组=传统 3P 语法教学组
		控制组	1.08	0.043*	输入加工教学组>控制组
	传统 3P 语法教学组	控制组	1.83	0.001***	传统 3P 语法教学组>控制组
延时后测	输入加工教学组	传统 3P 语法教学组	0.00	0.997	输入加工教学组=传统 3P 语法教学组
		控制组	0.92	0.100	输入加工教学组=控制组
	传统 3P 语法教学组	控制组	0.92	0.092	传统 3P 语法教学组=控制组

　　上述分析综合回答了研究问题二，说明：①输入加工教学组和传统 3P 语法教学组在解释题上均无显著差异；②在即时后测成绩上，两个实验组和控制组相比均取得了明显进步；③在延时后测成绩上，三组之间没有显著差异。

8.3.4.4　三个组的时间效应

　　为了发现不同干预组之间的时间效应是否有差异，研究者对三组进行了重复测量方差分析，如表 8.3.6 所示。

表 8.3.6　三个组各自的时间效应对比

组别	题型	均值差	标准差	p	结果
输入加工教学组	输出题	0.41	2.34	0.422	即时后测=延时后测
	解释题	0.73	1.88	0.084	即时后测=延时后测

续表

组别	题型	均值差	标准差	p	结果
传统 3P 语法教学组	输出题	−0.22	1.48	0.487	即时后测=延时后测
	解释题	1.48	1.24	0.000***	即时后测>延时后测
控制组	输出题	−0.13	1.01	0.544	即时后测=延时后测
	解释题	0.57	1.24	0.045*	即时后测>延时后测

表 8.3.6 显示：输入加工教学组在输出题和解释题的即时后测和延时后测中，组内比较均没有显著差异（均值差为 0.41，$p > 0.05$；均值差为 0.73，$p > 0.05$）；传统 3P 语法教学组在即时后测和延时后测中，在输出题上没有显著差异（均值差为−0.22，$p > 0.05$），但在解释题上却有显著差异（均值差为 1.48，$p < 0.001$）；控制组在即时后测和延时后测中，在输出题上没有显著差异（均值差为−0.13，$p > 0.05$），但在解释题上却有显著差异（均值差为 0.57，$p < 0.05$）。此研究发现说明，对于学习者的目标语形式-意义联结，输入加工教学比传统 3P 语法教学更能保持较好的时间效应。上述分析综合回答了研究问题三：总体上，输入加工教学比传统 3P 语法教学具有更好的时间效应。

8.3.4.5 书面访谈统计结果

实验结束后，研究者对所有被试进行了书面访谈（访谈结果见表 8.3.7），并对主要问题进行了定性分析，主要围绕以下问题进行：①你觉得英语分词形容词难学吗？②在课堂教学中，你希望老师讲解语法吗？③你更喜欢以下哪种教学方法？（具体描述略）

表 8.3.7 三个组对三个主要问题的访谈结果

问题	选项	传统 3P 语法教学组	输入加工教学组	控制组
1	A	91%	89%	90%
	B	9%	11%	10%
2	A	87%	86%	83%
	B	13%	14%	17%
3	A	82%	96%	79%
	B	18%	4%	21%

注：选项 A 和 B 在问题 1、2 及 3 中分别表示难和不难、希望和不希望，以及输入加工教学和传统 3P 语法教学

表 8.3.7 的比较结果显示：①在英语语法教学中，大部分被试认为英语分词形容词属于比较难的语法点之一（传统 3P 语法教学组占 91%，输入加工教学组占 89%，控制组占 90%）；②尽管被试都是大学生，但大多数人仍希望教师在课堂上讲授英语语法（传统 3P 语法教学组占 87%，输入加工教学组占 86%，控制组占 83%）；③大部分被试更希望通过输入加工教学来学习英语语法（传统 3P 语法教学组占 82%，输入加工教学组占 96%，控制组占 79%）。

8.3.5　讨论

本节研究结果显示：①输入加工教学和传统 3P 语法教学对于中国大学生学习英语分词形容词都有显著作用；②输入加工教学与传统 3P 语法教学相比，在延时后测中更能保持较好的时间效应；③大学生虽具有一定的自学能力，但在大学英语课堂中仍需教学干预来促进其对英语语法的习得。这一结果与范柏腾和卡蒂诺（VanPatten & Cadierno，1993a）、卡蒂诺（Cadierno，1995）及贝纳蒂和李（Benati & Lee，2010）等的结果类似，进一步说明了输入加工教学的显著效果。不同于上述研究，本节还增加了访谈数据，通过定性分析进一步推进了输入加工教学研究。

这一结果说明，输入加工教学对较难语法项目的学习具有显著的主要/直接效应。英语动词的屈折变化是中国学生习得英语的一个难点。受母语和意义优先原则的影响，即使是大学生在现在分词形容词和过去分词形容词的词形和意义的习得上也容易犯错。此外，错误的加工策略也会影响学习者对语法形式的注意、加工和运用（VanPatten，2002；Wong，2005）。在本节中，输入加工教学通过对可能出现的错误加工策略的明示提醒，让被试注意语法形式词-ed 和-ing 的不同之处，从认知上强调英语分词形容词和英语分词的差异，以及英汉两种语言在动词用法、词形等方面的不同点。突出目标语法形式词的功能承载量（Wong，2010），有利于学习者在理解目标语法意义的同时，有意识地注意目标语法形式，更有利于学习者加强和建立正确的形式-意义联结（VanPatten & Cadierno，1996）。

本节研究结果也说明，对目标语法的输入理解较好时，输出效果也会较好。在本节中输入加工教学组的被试虽没有进行过任何目标语研究项目有关输出练习，但他们在输出题测试中同样取得了较大进步。有研究者把语言习得的过程分为四个阶段：①注意到的语言输入；②已被理解的语言输入；③语言输入的吸收；④语言输入的整合和输出（Gass，1988；Gass & Selinker，2008）。输入加工教学通过对输入信息进行结构化处理（包括书面和口头的信息输入），促使学习者对所输入的信息加以理解并做出积极反应，进而增加对目标语法信息的摄入量。另外，在输入加工教学中，针对输入目标语法设计相对真实的语境活动（例如，听含有目标语的句子，选出正确的图片；听含有目标语的短文，选择符合自己情况的选项）可以促使学习者从听觉、视觉等方面加深对目标语法形式的理解，进而优化学习者的认知方式，并使学习者启动语言学习运行机制（Niemeier，2013）。因此，在输入加工教学中，输入信息的真实性和可理解性对语法学习有较好的促学效果，教师可以通过有效的输入强化来促进学生对目标语法形式和意义的习得。本节中，传统 3P 语法教学组在即时后测中同样取得了显著的进步，说明输出练习的"选择注意"和"增强注意"功能对被试的英语分词形容词学习同样起到了重要的作用。描述性统计数据分析显示，两个实验组的延时后测成绩都比即时后测成绩有所下降，虽不太明显，但很可能说明接触频次及时间与语言学习成效密切相关，需要进一步加强输入的频次及时间以增强教学效果（Spada，1986，2011；R. Ellis & Collis，2009）。控制组在两次后测中的成绩也均比前测成绩有所进步，进一步说明被试在显性知识缺乏的情况下，能根据几次测试猜出所考查语言点的语法特征，表明测试起到了一定的练习作用（R. Ellis，1994a；Allen，2000）。

本节书面访谈定性分析表明：在大学英语课堂中，讲授重点和难点语法可以帮助学生更好地习得英语；大部分受访者更倾向于接受输入加工教学法进行语法教学。这说明教师在英语教学中应增加重点和难点语法的输入加工教学。在本实验中，被试为已具较高认知能力和辨别能力的大学生，而且其所接受的英语教学主要在课堂时间进行。因此，了解学习者的学习态度、动机、学习方法，以及其对教学干预的认可程度等定性研究，也是分析教学效果的有效途径。本节研究结果进一步说明，在教学中，教师应充分考虑学习者的情感需求、学习策略及学习风格，并根据不同的文化背景和实际教学内容灵活采用授课方法（束定芳，2006）。

8.3.6　结语

本节基于传统选择题和句子层面的解释题，对比研究了基于学习者认知心理的输入加工教学和传统 3P 语法教学对学习者英语分词形容词学习效果的作用。结果显示：①输入加工教学组和传统 3P 语法教学组在语言输出和语言理解方面均优于未受教学干预的控制组；②输入加工教学组在语言理解的时效性上优于传统 3P 语法教学组；③大部分受访者希望教师在课堂上讲授语法，而且更倾向于接受输入加工教学。但本节研究只是基于句子层面的考察，相对简单，未来尚需采用更为复杂的测试材料来进一步了解输入加工教学的效应。此外，本节只研究了两种教学法的主要/直接效应，涉及的语法研究项目也比较单一，未能探讨其对其他相关语法形式所产生的训练迁移效应，这些均是以后需进一步研究的问题。好的教学理论应该在具体的教学实践中得到进一步的验证和完善，输入加工教学在我国外语教学研究中刚刚起步，有待语言教育工作者进行更多的研究和探讨。

8.4　基于实践的高校外语教师培训有效性评价①

8.4.1　引言

评价有利于我们了解培训的价值及意义（Candlin，1998），有助于我们判断出培训项目的有效性及提升方式（D. L. Kirkpatrick & J. D. Kirkpatrick，2006）。唐纳德·L. 柯克帕特里克（Donald L. Kirkpatrick）的系列研究为培训项目的评价提供了参考（D. L. Kirkpatrick，1976，1979）。但正如一些研究者（Alliger & Janak，1989；Guskey，2000）所言，唐纳德·L. 柯克帕特里克的评价标准并不能满足不同培训人群和不同目的的评价。此外，目前的培训有效性研究多止于理论分析或现象描述，尚缺乏一个普遍认可的有效性评价模型（Guskey，2000）。此外，评价模式多集中在商业或企业机构及学科教学评价上，有关高校外语教师培训有效性的评价模式其少（Turkan & Buzick，2016），而基于实践从被培训者个体差异角度来进行的评价研究更少（McCann & Gardner，2014）。

目前我国的外语教师培训逐年递增，除上海外国语大学、北京外国语大学和广东外语外贸大学等外语类院校常年举办的各种外语教师培训外，其他一些机构或团体也纷纷举办了诸多培训项目。这些培训项目的效果如何？怎样对其进行评价以更好地推进外语教师职业发展？目前尚未形成一个有效的评价模式。前面章节显示，不同的教学模式及学习者个体不同的情感等可显著影响学习者的外语学习成效。因此，合格的教师不应只是知识的给予者，还应具有持续学习和自我提升的愿望，并应是教师职业发展的促进者（Brown，2007b），能不断革新自己的教学方法及教学理念。因此，基于高校外语教师培训实践，制定外语教师培训有效性量表，研究外语教师培训有效性的影响因素，不仅能为规范和增加外语教师

① 本节部分内容引自《基于实践的高校外语教师培训有效性评价研究》，原载于《外语界》（2019 年第 3 期，第 57-65 页，作者：张素敏和孙钦美）。

的各种培训提供参考依据，还有利于促进教师职业发展及教师教育实践和理论发展。

8.4.2 高校外语教师培训有效性评价的理论基础

8.4.2.1 已有项目培训效能评价模式

许多研究者针对不同的培训项目，研制了培训项目的效能。其中，最为出名的是泰勒模型（转引自 Worthen & Sanders，1989）。此模型强调培训活动的目标，以及评价的顺序和方向，后人评价研究多以此为基础。有研究者通过数据分析，从统计意义上扩展了泰勒模型（Metfessel & Micheal，1967）。不同于上述模型，也有研究者（Stufflebeam，1971）侧重从决策制定流程角度设计了评价模型，认为评价模型需从环境、输入、过程及产出这几个方面来综合设计：环境侧重培训是否基于并解决了目前教育现状中存在的问题；输入则强调评价培训效能提升的资源或策略；过程则评价项目实施者是否考虑到了目前培训项目中的弊端并采取了补偿措施来提升培训效能；产出则强调培训效果与预期效果间的对比分析，以继续、修正或终止某一培训项目。还有研究者基于层次分析法（analytic hierarchy process），认为工作坊的设计、内容、内容讲授模式等都会影响培训效能（Lucas et al.，2017）。唐纳德·L. 柯克帕特里克（D. L Kirkpatrick，1976，1979）则侧重从反应、学习、行为及结果等方面研究评价。在反应上，他侧重分析被培训者对培训项目的满意度；在学习上，分析被培训者在知识、技能或态度上的变化；在行为上，分析被培训者在培训后的实际工作中的变化；在结果上，着重研究被培训者在培训后的工作效率、服务质量或从业素养，以及工作事故率及跳槽率的降低等。唐纳德·L. 柯克帕特里克和詹姆斯·D. 柯克帕特里克（James D. Kirkpatrick）（D. L. Kirkpatrick & J. D. Kirkpatrick，2006）认为，在计划和实施项目培训时，除了考虑到培训目标、培训方案计划、被培训者的选取及需求、培训内容的选取、适切的培训者及培训相关设施等之外，还应注意项目的协调及评价。由此可见，项目培训的效能与被培训者、培训者、组织者及环境设施等因素都相关。虽然唐纳德·L. 柯克帕特里克和詹姆斯·D. 柯克帕特里克的系列研究主要针对企业或商业培训，但对于教师的教育培训也具有重要参考意义。

托马斯·古斯基（Thomas Guskey）也对教师培训项目的有效性进行了系列研究，除了强调培训目标和培训者的知识技能外，还提出了教师改变模型，认为教师的思想、态度和性情的提升是培训有效性的一个重要方面（Guskey，1985，1988，

2000）。古斯基（Guskey，2000）及斯图尔特·麦肯（Stewart McCann）和克里斯托弗·加德纳（Christopher Gardner）（McCann & Gardner，2014）进一步提出不同评价模型具有互补性，相对复杂，需综合进行参考。也有一些研究者提出个体的观念等会影响培训效果（Noe & Schmitt，1986；Noels et al.，2014）。总结发现，诸多培训项目虽然目的不同、内容各异，但都侧重评价以下方面：组织者、培训者、被培训者及相关设施及服务。

8.4.2.2　外语教师培训有效性评价主要相关因素

许多外语教师培训研究者（如 R. Ellis，2004；Erikson et al.，2018；Richards & Nunan，2004；文秋芳和常小玲，2012）基于前人培训模式提出，主办方清晰的培训目标、培训者资质都是影响培训有效性的关键因素。研究者强调培训者的决定性作用，认为培训者应以被培训者为中心，应具有满足被培训需求的强烈愿望（Wright，2004）。此外，培训者还应具备优良的学科知识、授业渴望、交际能力及调动被培训者参与的感染力（Richards & Nunan，2004）。也有研究者（Gebbard，2004）强调指出，培训的外部条件也至关重要。外部条件不仅指教室等场所及设备，还包括时间安排适合被培训者，而不是看主办方是否合适（D. L. Kirkpatrick & J. D. Kirkpatrick，2006）。也就是说，培训时间安排应尽可能方便被培训者，饮食住宿服务和教学设备等都会影响被培训者的学习动机和态度，进而影响培训效果。

需要注意的是，对于培训者的资质，不同的学者有不同的定义。有研究者主要关注培训教师的学科知识、一般教学知识、学科教学知识三大模块（Alliger & Janak，1989；Shulman，1987）。文秋芳和常小玲（2012）则提出，教师的科学研究能力、师德和管理能力也应是重要的评价标准，还指出教师不仅是授业者，还应是研究者，更应是正能量和积极情感的传播者。因此，教师的师德和情感态度也应是衡量培训教师的一个重要标准。

托尼·怀特（Tony Wright）提出培训评价理论应结合培训项目的实际，不能像唐纳德·L. 柯克帕特里克和詹姆斯·D. 柯克帕特里克（D. L. Kirkpatrick & J. D. Kirkpatrick，2006）等所言，总是以被培训者为中心，培训者和被培训者的中心地位应在不同的情况下有所变化（Wright，2004）。怀特（Wright，2004）进一步指出培训者和被培训者的中心关系是授课培训过程中的中心环节，受制于整个培训项目的目标和被培训者的兴趣。同时，怀特（Wright，2010）还强调说，实践中被培训者有效的积极参与能引导其深入思考，并能激发被培训者之后在自己课堂中积极实践所思考的问题。由此可见，在教师培训项目评价上，被培训者的学习自主性和主观积极性也是需要考虑的重要方面。

还应指出的是，虽然唐纳德·L. 柯克帕特里克和詹姆斯·D. 柯克帕特里克（D. L. Kirkpatrick & J. D. Kirkpatrick，2006）强调培训项目应以学员为导向，但只是针对满足学员的需求，而不是强调激发学员的参与积极性。格里·格巴德（Gerry Gebbard）指出，培训者与学员间的互动会为培训者提供一个改进自己授课方式的机会，会起到促进培训者教授进而促进学员学习的作用（Gebbard，2004）。格巴德（Gebbard，2004）还特别提到学员之间的互动，认为学员间的互动会促使学员了解到其他教师的教学现状，进而能有意识地走出自己的区域局限而去尝试不同的教学模式。由此可见，学员和培训者以及学员之间的互动也是影响培训成效的重要因素。虽然格巴德（Gebbard，2004）的观点主要是针对外语教师教学，但对于教师科研方面的培训方法及内容，以及全面了解培训中不同主体之间的互动在不同内容的培训中的作用也具有重要的参考价值。

同时还需说明的是，虽然格巴德（Gebbard，2004）主张学员互动为丰富学员的教学提供了机会，但并没有分析互动为什么会提升学员的教学水平。一些研究者（Farrell，2014）认为，教师的反思能促进教师的职业发展，教师交流过程中对自己课堂活动及教学目标实现的全面分析和客观反思是提升自身教学水平的重要因素。互动中的反思具有双重意义，不仅涉及教师个人的思想和行为关系，还涉及整个团体的思想和行为关系，能帮助教师拓展其教师角色，可在一定程度上增加师生互动（Brown，2007b）。由此可见，学员反思也应是教师教育培训效能量表制定的一个重要维度。

此外，虽然唐纳德·L. 柯克帕特里克和詹姆斯·D. 柯克帕特里克（D. L. Kirkpatrick & J. D. Kirkpatrick，2006）等研究者强调说明了培训目标的重要性，但只是从主办者的观点提出，并未涉及被培训者的参训动机和目标意识。被培训者是否明晰某一培训项目的目标直接关系到其前期准备、培训期间的目标设定和培训后的反思，而被培训者的学习动机和目标意识与学习成效相关（Dörnyei，2007；Dörnyei，MacIntyre & Henry，2015a，2015b；张素敏和陈先奎，2015），会直接影响整个培训的效能。鉴于此，被培训者的参训目标或培训目标意识也应是教师教育培训效能量表的制定中应考虑到的一个重要因素。

笔者作为一名高校外语教师培训者和被培训者，通过近几年的观察发现，不管是什么内容的培训项目，总会存在不同的效果。是什么因素造成了这些差异？有效的培训项目具有哪些主要特征？如何能够最大限度提升培训的效应？目前的培训评价模式虽然各有长处，但都不是针对高校外语教师的培训项目，因此很有必要制定一个量表来较为完善地了解影响高校外语教师培训效能的主要因素，以进一步提升高校外语教师培训的效果。并且，学习者的个性会影响评价

（McCann & Gardner，2014），教学理论应基于一定的教学实践（Wright，2004），有效的评价应基于清晰的过程及结果证据，而问卷是最普遍的被试职业发展反应数据的收集手段（Guskey，2000），本节基于上述评价理论设计评价项目，通过问卷的形式，调查参加培训的高校外语教师，以此获得高校教师有效性评价数据，进而在数据分析的基础上制定出信度和效度良好的高校外语教师培训有效性评价量表，并进一步分析被培训者的性别、年龄、教龄、职称等因素对培训项目有效性的影响。

8.4.3　研究设计

8.4.3.1　研究问题

（1）高校外语教师培训有效性评价应主要包含哪些维度？

（2）被培训者的性别、年龄、教龄、职称等个体差异因素是否会显著影响高校外语教师培训的有效性？

8.4.3.2　被试

被试是来自北京、河北、河南、福建、广东、湖南、吉林、江苏、山东、上海、四川、云南等省市 26 所院校的 108 名在中国某外语类院校培训机构接受培训的高校外语教师、博士研究生及社会人员。其中，男性共 16 人（14.8%）、女性共 92 人（85.2%）。被试年龄共分三段：35 岁及以下 57 人（52.78%）、36—45 岁 4 0 人（37.04%）、46 岁及以上 11 人（10.18%）。教龄共分三段：0—9 年 43 人（39.81%）、10—19 年 50 人（46.30%）、20 年以上 15 人（13.89%）。职称共分三段：初级职称 16 人（14.81%）、中级职称 59 人（54.63%）、高级职称 33 人（30.56%）。学位共分三段：本科 7 人（6.48%）、硕士研究生 92 人（85.19%）、博士研究生 9 人（8.33%）。培训费来源主要分两类：自费 28 人（25.93%），公费 78 人（72.22%），另外 2 名被试没有标明自己的培训费用来源。数据在被试自愿的情况下收集。

8.4.3.3　研究过程和统计方法

鉴于教师及学习活动涉及许多因素，具有复杂性（Spada，2004；Turkan & Buzick，2016），本节首先根据前文的相关理论和研究，从组织者、培训者及被培训者三方面，聚焦于组织者的目标、培训者的培训目标、被培训者的参训目标、培训者的资质、被培训者的需求、被培训者之间的互动、被培训者-培训者之间的互动、被培训者反思及饮食住宿等设施条件等，同时考虑到培训项目的活动内容、过程、结果等重要因素（R. Ellis，2004），初步制定了问卷的主要项目。其次对被试进行问卷调查，并运用 SPSS 19.0 软件分析问卷的结构效度和信度，通过因子分析得出高校外语教师培训有效性评价量表的主要内部因素，并根据分析结果进一步做因子分析来完善该量表。最后从被培训者的性别、年龄、教龄、职称、学位及主办方参训费等方面，分析高校外语教师培训有效性的相关外部影响因素。

8.4.4 高校外语教师培训有效性评价维度

8.4.4.1 评价量表的结构效度和信度分析及第一次因子提取

高校外语教师培训有效性评价量表以问卷的形式，共含 18 个项目。除项目 3 外，其他 17 个项目都采用利克特五级量表形式：非常明确/满意—明确/满意——一般—不明确/满意—非常不明确/满意。

项目 1：您的研修目标（　　　）。

项目 2：您认为我们的研修主题（　　　）。

项目 3：您认为有效的研修模式是（　　　）。

        A. 面授　 B. 在线学习　 C. 面授+在线学习　 D. 其他

项目 4：研修项目设计者对我们的实际需求（　　　）。

项目 5：主办方邀请的主讲专家对我们的实际需求（　　　）。

项目 6：研修活动设计做到了"做中学"（　　　）。

项目 7：研修为教师提供了"同伴互助"的平台（　　　）。

项目 8：您认为主讲专家的专业水平（　　　）。

项目 9：您认为主讲专家的敬业精神（　　　）。

项目 10：您认为主讲专家理论联系实际的水平（　　　）。

项目 11：您认为主讲专家与研修教师之间的互动（　　　）。

项目 12：研修期间，您与其他教师之间的互动（　　　）。

项目 13：研修结束后，预计您与其他教师之间的交流（　　　）。

项目 14：研修期间，您做到了积极反思（　　　）。

项目 15：研修期间，您的参与度（　　　）。

项目 16：您认为食宿安排对研修效果的影响（　　　）。

项目 17：您认为会务人员的服务水平（　　　）。

项目 18：会务人员的服务水平对研修效果的影响（　　　）。

分析显示问卷的 Cronbach's α 系数是 0.815，说明信度达到了可接受水平。KMO 检验和 Bartlett 球形检验结果说明问卷结构效度好（KMO 值为 0.76，$p < 0.001$，

Bartlett 球形检验近似值为 782.86），说明问卷适合做因子分析。因子分析显示除第 17 项（公因子方差比是 0.41）以外，各个项目的数值都大于 0.5，都大于可接受水平 0.3，说明所有的项目都适合做因子分析。因子解释方差（表 8.4.1）显示了各个主因子的方差贡献率，六个主因子对应的权重分别为 31.32、11.38、8.18、6.86、6.45、5.58，将六个权重进行归一化处理后，所有主因子的总权重为 69.77。图 8.4.1 同样显示，在第五个及第六个因子后，曲线趋于平缓。这一结果同样说明可以提取 5—6 个主因子。

表 8.4.1　六个主因子解释方差

因子	初始值			提取的平方载荷			旋转后的平方载荷		
	特征值	解释方差	累积解释方差	特征值	解释方差	累积解释方差	特征值	解释方差	累积解释方差
1	5.64	31.32%	31.32%	5.64	31.32%	31.32%	2.93	16.29%	16.29%
2	2.05	11.38%	42.70%	2.05	11.38%	42.70%	2.43	13.49%	29.78%
3	1.47	8.18%	50.88%	1.47	8.18%	50.88%	2.20	12.23%	42.01%
4	1.24	6.86%	57.74%	1.24	6.86%	57.74%	1.92	10.67%	52.68%
5	1.16	6.45%	64.19%	1.16	6.45%	64.19%	1.70	9.46%	62.14%
6	1.00	5.58%	69.77%	1.00	5.58%	69.77%	1.37	7.63%	69.77%
7	0.83	4.61%	74.37%						
8	0.82	4.53%	78.90%						
9	0.69	3.83%	82.73%						
10	0.56	3.13%	85.86%						
11	0.49	2.74%	88.60%						
12	0.44	2.44%	91.03%						
13	0.41	2.26%	93.30%						
14	0.33	1.81%	95.11%						
15	0.28	1.55%	96.67%						
16	0.23	1.30%	97.97%						
17	0.20	1.09%	99.05%						
18	0.17	0.95%	100%						

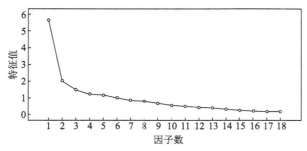

图 8.4.1　第一次因子分析碎石图

　　表 8.4.2 显示了旋转后的成分矩阵，说明可以提取六个主因子。项目 9、8、10、11 可以作为一个主因子，项目 12、6、13、7 可以作为一个主因子，项目 15、1、14、2 可以作为一个主因子，项目 4、5、17 可以作为一个主因子，项目 18、16 可以作为一个主因子，项目 3 可以作为一个主因子。鉴于第 17 项的公因子方差比是 0.41，小于其他项，同时鉴于最后一个主因子只有一个项目，即项目 3，笔者删掉了这两个项目，并重新进行了因子提取，以得到更为可信的数据。

表 8.4.2　第一次旋转后的成分矩阵

项目	主因子					
	1	2	3	4	5	6
项目 9	**0.87**			0.17		
项目 8	**0.86**			0.11		
项目 10	**0.84**		0.18	0.15		
项目 11	**0.49**	0.36	0.33	0.26		0.22
项目 12		**0.76**	0.18			0.23
项目 6		**0**		0.41	0.11	−0.14
项目 13	0	**0.68**		−0.12	0.10	0.49
项目 7	0.11	**0.65**	0.21	0.16	0.28	−0.25
项目 15			**0.72**		0.12	0.34
项目 1		0.22	**0.71**	0.13		−0.40
项目 14	0.25	0.33	**0.67**			0.14
项目 2	0.35	0.27	**0.54**	0.31		
项目 4	0.24	0.130		**0.85**		

续表

项目	主因子					
	1	2	3	4	5	6
项目 5	0.42	0.22	0.16	**0.75**		
项目 17			0.39	**0.41**	0.39	0.12
项目 18					**0.86**	
项目 16		0.10			**0.79**	0.13
项目 3		−0.10	−0.13	−0.11	−0.21	**−0.78**

8.4.4.2 第二次因子分析后评价量表的结构效度和信度分析

KMO 检验和 Bartlett 球形检验结果说明,该问卷结构效度较好(KMO 值为 0.79,$p < 0.001$,Bartlett 球形检验近似值为 712.55),适合做因子分析。进一步的因子分析显示,16 个项目的公因子方差比都大于 0.5,均大于可接受水平 0.3。这一结果说明,所有的项目都适合做因子分析。

表 8.4.3 显示了各主因子的方差贡献率。拟提取的五个主因子对应的权重分别为 33.91、11.73、8.86、7.33、6.91,将五个权重进行归一化处理,得出主因子权重为 68.73,说明可以提取这五个主因子。图 8.4.2 同样显示在第四个及第五个因子后,曲线趋于平缓,进一步说明提取 4—5 个主因子比较合理。

表 8.4.3 五个主因子解释方差

因子	初始值			提取的平方载荷			旋转后的平方载荷		
	特征值	解释方差	累积解释方差	特征值	解释方差	累积解释方差	特征值	解释方差	累积解释方差
1	5.43	33.91%	33.91%	5.43	33.91%	33.91%	2.94	18.35%	18.35%
2	1.88	11.73%	45.63%	1.88	11.73%	45.63%	2.18	13.62%	31.97%
3	1.42	8.86%	54.49%	1.42	8.86%	54.49%	2.16	13.48%	45.46%
4	1.17	7.33%	61.82%	1.17	7.33%	61.82%	2.12	13.24%	58.70%
5	1.11	6.91%	68.73%	1.11	6.91%	68.73%	1.61	10.04%	68.73%
6	0.91	5.66%	74.39%						
7	0.80	4.99%	79.38%						
8	0.57	3.59%	82.97%						

续表

因子	初始值			提取的平方载荷			旋转后的平方载荷		
	特征值	解释方差	累积解释方差	特征值	解释方差	累积解释方差	特征值	解释方差	累积解释方差
9	0.55	3.38%	86.38%						
10	0.47	2.97%	89.34%						
11	0.42	2.59%	91.94%						
12	0.35	2.19%	94.12%						
13	0.28	1.77%	95.89%						
14	0.25	1.58%	97.47%						
15	0.21	1.230%	98.77%						
16	0.20	1.23%	100%						

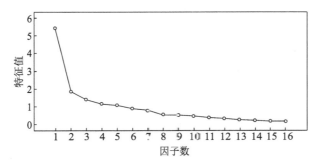

图 8.4.2　第二次因子分析碎石图

　　下面，根据不同的项目内容，对可以提取的主因子进行归类，以进一步分析各因子的提取有效性。

　　表 8.4.4 显示可以提取五个主因子。项目 9、8、10、11 可以作为一个主因子，项目 4、5、6、7 可以作为一个主因子，项目 12、13 可以作为一个主因子，项目 15、1、14、2 可以作为一个主因子，项目 16、18 可以作为一个主因子。对比第一次因子分析的表 8.4.2 和第二次因子分析的表 8.4.4 发现，二者的主要区别在于：在第二次因子分析中，项目 4、5、6、7 归属于同一主因子；而第一次因子分析中，项目 6、7、12、13 归属于同一主因子。分析发现，项目 6、7 都涉及项目的组织者，与项目 4、5 更接近，而项目 12、13 则更侧重交流互动。所以，笔者认为项

目 6、7 应根据第二次因子分析，与项目 4、5 归属于同一主因子。这同时说明，第二次因子分析较第一次因子分析更为科学、可信。

表 8.4.4　第二次旋转后的成分矩阵

项目	主因子				
	1	2	3	4	5
项目 9	**0.87**	0.19			
项目 8	**0.86**				
项目 10	**0.83**	0.15		0.19	
项目 11	**0.50**	0.25	0.38	0.35	0.14
项目 4	0.23	**0.79**		0.12	
项目 5	0.46	**0.70**		0.19	
项目 6		**0.63**	0.53		
项目 7		**0.49**	0.46	0.19	0.15
项目 12	0.16		**0.84**		0.17
项目 13		0.21	**0.77**	0.20	
项目 15				**0.76**	0.23
项目 1		0.31		**0.69**	−0.15
项目 14	0.22		0.37	**0.67**	0.10
项目 2	0.34	0.37	0.19	**0.54**	
项目 16				0.14	**0.84**
项目 18			0.13		**0.84**

　　根据第二次因子分析结果及每一个项目的内容，笔者归纳出五个主要因子：培训者（项目 8、9、10、11）、项目组织者（项目 4、5、6、7）、被培训者互动参与（项目 12、13）、被培训者学习动机（项目 15、1、14、2）、服务设施等（项目 16、18）。信度分析显示，最后制定的问卷的 Cronbach's α 系数是 0.85，重测信度 Pearson 相关系数是 0.85（$p < 0.001$），说明量表信度好，可以用来评价高校教师培训的有效性（Guskey & Sparks，1991）。因此，以上分析也回答了研究问题一，说明高校外语教师培训有效性评价应主要包含以下维度：①培训者的责任心、学科知识及教学知识；②组织者对学员需求的了解及对学员提升平台的倾力打造；③学员的互动参与；④学员提升自我的主动性；⑤服务设施及设备的完善便利。

但需指出的是，本量表总的解释率是 68.73%，尚有 31.27%的方差不能得到解释，说明除上述重要因素外，还有其他因素会影响高校教师培训的有效性。因此，基于被试背景调查，研究者进一步分析了其他影响因素。

8.4.5　高校外语教师培训有效性评价影响因素

不同的评价模型具有互补性，充分说明评价一个复杂的过程，需参考不同因素进行综合评价（Erikson et al., 2018；Guskey, 2000），下面结合被试的个人相关信息，进一步分析性别、年龄、教龄、职称、学位及培训费用来源等因素对高校外语教师培训有效性的影响。

8.4.5.1　性别与五个主因子间的关系分析

表 8.4.5 显示，女教师和男教师在五个主因子上的均值分别是：0.00、−0.01（$t = 0.05$，$p > 0.05$）；0.06、−0.33（$t = 1.43$，$p > 0.05$）；0.06、−0.37（$t = 1.62$，$p > 0.05$）；0.04、−0.24（$t = 1.02$，$p > 0.05$）；0.02、−0.13（$t = 0.58$，$p > 0.05$），都不存在显著差异。这说明量表不受被试性别差异的影响。但由于外语教师队伍中男教师普遍较少，本节中男教师仅占被试总数的 14.8%，这是否会影响结果分析，尚需进一步的验证。

表 8.4.5　性别与五个主因子间的差异分析

因子	性别	n	均值	标准差
培训者	女	92	0.00	1
	男	16	−0.01	1.04
组织者	女	92	0.06	0.95
	男	16	−0.33	1.22
被培训者互动	女	92	0.06	1.00
	男	16	−0.37	0.92
被培训者主动性	女	92	0.04	0.99
	男	16	−0.24	1.08
设施和服务	女	92	0.02	1.01
	男	16	−0.13	0.99

8.4.5.2　年龄和教龄与五个主因子间的关系分析

此部分分析了年龄和教龄与五个主因子间的关系，旨在发现年龄和教龄是否影响高校外语教师培训的效能。表 8.4.6 显示了不同年龄和教龄的教师在五个主因子上的均值和标准差各不相同。总体而言，教龄在 20 年以上的老教师更肯定培训者的知识、技能和责任心，以及设施和服务在高校教师培训效果中的作用（均值分别是 0.08 和 0.06，均大于其他两组被试）。教龄在 10 年以下的青年教师则更肯定组织者、被培训者互动及被培训者主动性在培训效果中的作用（均值分别是 0.08、0.32、0.03，均大于其他两组被试）。教龄在 10—19 年的教师，对五个主因子的肯定都最低（均值分别是 –0.02、–0.07、–0.26、–0.03、–0.04）。分析结果说明，青年教师及教龄短的教师与教龄在 20 年以上的老教师之间存在一定的差异。同样，教龄在 10—19 年的教师与青年教师和老教师之间也存在一定差异。

表 8.4.6　年龄和教龄与五个主因子间的关系

主因子	年龄/岁	n	均值	标准差	教龄/年	n	均值	标准差
培训者	35-	57	0.07	0.98	0—9	43	−0.01	0.96
	36—45	40	−0.10	1.03	10—19	50	−0.02	1.04
	46+	11	0.00	1.08	20+	15	0.08	1.04
组织者	35-	57	0.02	1.04	0—9	43	0.08	1.10
	36—45	40	−0.07	0.98	10—19	50	−0.07	0.89
	46+	11	0.15	0.92	20+	15	0	1.10
被培训者互动	35-	57	0.15	0.96	0—9	43	0.32	0.92
	36—45	40	−0.30	1.08	10—19	50	−0.26	0.97
	46+	11	0.29	0.69	20+	15	−0.06	1.14
被培训者主动性	35-	57	0.05	0.92	0—9	43	0.03	0.94
	36—45	40	−0.11	1.14	10—19	50	−0.03	1.05
	46+	11	0.12	0.94	20+	15	0.01	1.05
设施和服务	35-	57	0.10	1.02	0—9	43	0.03	0.84
	36—45	40	−0.11	1.02	10—19	50	−0.04	1.10
	46+	11	−0.12	0.84	20+	15	0.06	1.13

单因素方差分析（表 8.4.7）显示：35 岁以下的教师和 36—45 岁的教师在被培训者互动上有显著差异（均值差为 0.45，$p < 0.01$）；10 年教龄以下的教师

和 10—19 年教龄的教师在被培训者互动上存在显著差异（均值差为 0.58，$p <$ 0.001）。10 年教龄以下的教师比 10—19 年教龄的教师更注重被培训者互动。一个可能的原因是，35 岁以下的青年教师相对于 36—45 岁的中年教师更外向，更善于社交。另外，从教师基本信息可以看出，只有 8%的教师具备博士学位。较低的学位和较低的年龄也许造成 35 岁以下的青年教师，相对于 36—45 岁的教师，研究方向不太确定，科研压力较小，因而也可能会更倾向于相互交流。年龄是认知心理和二语习得中的重要因素（Birdsong，2014；文秋芳，2010），不同年龄和教龄的教师在被培训者互动这一主因子上的差异进一步说明，在评价项目的培训效能时，应考虑到被培训者的年龄和教龄差异而有针对性地设计培训项目。此外，以前与年龄相关的研究集中在关键期假设上，很少涉及高校外语教师培训效能。本节研究基于高校外语教师培训研究中的不同年龄，扩展了年龄因素在二语习得研究中的范围，有利于更全面地了解年龄对培训效能的影响。

表 8.4.7　不同年龄和教龄的教师在被培训者互动主因子上的差异

主因子	年龄（I）	年龄（J）	均值差（$I-J$）	p	教龄（I）	教龄（J）	均值差	p
被培训者互动	35-	36—45	0.45**	0.027	0—9	10—19	0.58***	0.005
		46+	−0.14	0.663		20+	0.38	0.197
	36—45	46+	−0.59	0.079	10—19	20+	−0.20	0.488

8.4.5.3　学位和职称与五个主因子间的关系分析

此部分分析了学位和职称与五个主因子之间的关系，旨在发现被培训者的学位和职称是否影响高校外语教师培训的效能。

表 8.4.8 显示不同学位和职称的教师在五个主因子上的均值和标准差各不相同，但在学位上都不存在显著差异（$p > 0.05$）。此结果说明量表不存在学位差异，即不受被培训者学位的影响。

表 8.4.8　学位和职称与五个主因子间的关系

主因子	学位	n	均值	标准差	职称	n	均值	标准差
培训者	学士	7	0.17	1.11	初级	16	−0.30	0.94
	硕士	92	0.03	1.00	中级	59	0.07	1.00
	博士	9	−0.40	0.95	高级	33	0.01	1.04
组织者	学士	7	−0.40	1.08	初级	16	0.15	1.05
	硕士	92	0.08	1.00	中级	59	0.02	1.02

续表

主因子	学位	n	均值	标准差	职称	n	均值	标准差
组织者	博士	9	-0.50	0.85	高级	33	-0.10	0.95
被培训者互动	学士	7	0.12	0.73	初级	16	0.51	1.13
	硕士	92	0.04	1.01	中级	59	-0.10	0.96
	博士	9	-0.50	1.02	高级	33	-0.10	1.00
被培训者主动性	学士	7	0.38	0.75	初级	16	0.07	0.83
	硕士	92	0.00	1.04	中级	59	-0.10	1.03
	博士	9	0.07	0.75	高级	33	0.07	1.03
设施和服务	学士	7	0.04	0.68	初级	16	0.19	0.83
	硕士	92	0.02	1.02	中级	59	0.02	1.06
	博士	9	-0.30	1.00	高级	33	-0.10	1.00

表 8.4.9 显示在被培训者互动这一主因子上，初级职称者的影响要显著高于中级职称者（均值差为 0.61，$p < 0.05$），与高级职称者之间的差异为边缘显著（均值差为 0.56，$p = 0.063$）。这说明被培训者的职称会影响被培训者互动这一主要因素，在培训效能评价中应考虑到被培训者职称对培训效能的影响，根据不同的职称分类进行培训以提高培训的效能。

表 8.4.9　不同职称教师在被培训者互动主因子上的差异

主因子	职称（I）	职称（J）	均值差（I–J）	p
被培训者互动	初级	中级	0.61*	0.029
		高级	0.56 ⋆	0.063
	中级	高级	-0.05	0.816

8.4.5.4　培训费用来源与五个主因子间的关系分析

此部分分析了培训费用来源与五个主因子间的关系，旨在发现被培训者的培训费用来源是否影响高校外语教师培训的效能。

表 8.4.10 显示培训费用来源在五个主因子上的均值和标准差各不相同。独立样本 t 检验显示，公费学员和自费学员在被培训者主动性上差异显著（$t = -2.00$，$p < 0.05$）。自费来参加培训这本身就说明这些学员有较高的学习动机。高动机学习者有目标意识，同时也有为目标实现而持续努力的动力（Dörnyei，2007），学

习主动性自然就高。有些研究者提出如果缺乏学习动机，学习者根本就不会有高效实现目标的愿望（戴炜栋和束定芳，1994a）。此结果说明，不同的培训费用来源会影响被培训者的主动性。因此，在高校外语教师培训有效性评价中应考虑到被培训者费用来源对培训效能的影响，采取适当措施提高自费比例以进一步提升培训效能。

表 8.4.10　培训费用来源与五个主因子间的关系

主因子	来源	n	均值	标准差
培训者	公费	28	0.24	1.05
	自费	73	−0.07	0.97
组织者	公费	23	−0.17	1.09
	自费	73	0.04	0.98
被培训者互动	公费	23	−0.06	0.95
	自费	73	0.01	1.04
被培训者主动性	公费	28	−0.33	1.07
	自费	78	0.11	0.96
设施和服务	公费	28	0.05	1.08
	自费	78	−0.04	0.97

8.4.6　总结

不同于以往的理论探讨，也不同于单一的问卷调查，本节研究基于前人评价理论和高校外语教师培训实践，首次尝试制定包括培训者、组织者、被培训者互动、被培训者主动性及设施和服务这五个主因子的高校外语教师培训有效性评价量表，并进一步分析了被培训者的性别、年龄、教龄、学位、职称、培训费用来源等个体差异因素对高校外语教师培训有效性评价量表五个主因子的影响作用。研究结果显示，除性别和学位这两个因素外，年龄、教龄和职称都显著影响被培训者互动这一主因子。本节不仅为量化高校外语教师培训有效性评价提供了一个参考模式，还有利于促进高校外语教师教育实践和理论的发展。

鉴于互动是外语教学与二语习得中的一个重要因素，影响学习成效（Brown，2007b；王初明，2016，2020a；张素敏，2010a），在使用本量表进行培训效果评价时，应考虑年龄、教龄和职称对被培训者互动这一主因子的影响，尽量根据被培训者的年龄、教龄和职称这些因素进行区别培训，因材施教，以使培训效果最大化。同时，鉴于不同的培训费用来源会影响被培训者的学习主动性，建议在培训效能评价中考虑被培训者费用来源对培训效能的影响，采取措施适当提高自费比例以刺激学员的学习主动性，增强培训的效果。此外，一项调查（Wang & Zhang，2021）结果显示，我国虽然有很多汉语师范类培训项目，但这些被培训人员中只有少数毕业生从事汉语教学工作。这一现象导致教学团队不够稳定，并威胁到汉语教学的可持续性发展。笔者以三名学科教学方向硕士研究生的访谈及自我反思日志为例，探索毕业生离开教师这一行业的原因，笔者发现，在培训过程中，毕业生的入行动机发生了很大的变化。职业身份构建并不是毕业生选择汉语教学工作的主要原因。一些外在的社会因素如收入和居住地户口等，似乎极大地影响了毕业生的行业选择动机。因此，在进行教师培训时，组织者也应注意思考一些社会相关因素如收入、户口等，以帮助我们更好地理解为什么职前汉语教师在完成教师培训后会选择其他职业，同时也为进一步提升培训的效能提供参考。

需要指出的是，由于我国外语教师中男教师较少，因此本节研究目前只解释了近 70%的结果。虽然笔者进一步分析了被培训者的性别、年龄、教龄、学位、职称等个体差异因素对高校外语教师培训有效性评价的影响，但仍需通过课堂观察或开放性设计增加质性分析（Oon，Spencer & Kam，2017；Palmer，2012），以得到更全面的数据来进一步完善量表。

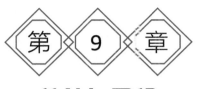

第 9 章

总结与展望

9.1 前 言

　　首先，本章回顾全书各章的主要研究问题和研究发现；其次，指出二语信息加工研究中，学习者的情感因素、社会认知因素及教学模式等动态综合分析的理论意义、实际应用价值及存在的问题；最后，针对本书研究的不足，从研究设计、研究内容、研究方法及研究角度等方面，指出进一步研究的方向。

　　本书通过思辨型分析和实证调查研究，综合运用问卷调查、课题干预及访谈等方法，基于学习者的个体情感差异因素、教学模式和师生间交互，从外语学习动机、学习风格与外语学习间的关系，外语学习歧义容忍度、外语学习焦虑与外语学习成效之间的关系，以及教学模式与情感因素之间的关系等部分，多维研究情感认知因素在外语学习中的作用。本书采用定量和定性相结合的混合型研究方法，为应用语言学研究提供强有力的数据支撑（Riazi，2016），对于中国外语学习环境下的外语教学及教师培训等，均具有一定的参考价值。下面针对本书的主要研究发现，以及主要不足提出进一步研究的方向。

9.2 主要研究发现

9.2.1 外语学习动机、交互式认知原则与外语学习之间的关系及语言习得环境

分析显性信息、外语学习动机、交互式认知原则及不同形式的反馈之间的关

系发现：①显性信息的作用受到学习者外语学习动机的影响。当学习者的外语学习动机较高时，显性信息的促学效果明显；而当学习者的学习动机较低时，有无显性信息则差异不显著。虽然输入加工教学和传统 3P 语法教学都对高外语学习动机水平者作用显著，但输入加工教学在新语法项目学习中的主要/直接效应能显著迁移到旧语法项目的学习中去，因而促学效果更佳。②交互式语言教学原则中语言自动生成、有意义学习、奖励期待、内部学习动机和策略运用等丰富了二语习得理论和教学实践，但我国各高校缺乏语言真实性输入和输出环境，班容量很大，而师资力量相对薄弱。所以上述交互式语言教学原则在中国外语教学环境中的有效运行需要加强间接语境建设，进行适当的"显性学习"，尊重个体差异因素，以及加速教材、课程设置、评估与测试等方面的改革。③错误分析的意义不应只是形成一种理论或是消除错误，而是探索错误表层下深层的学习动机等心理情感因素，树立对错误的正确认识，并对症下药，使学习者在犯错的过程中不断进步，逐步达到对语言的准确掌握。本书还提出，根据学习者错误的发展阶段，错误也可划分为阶段性错误和障碍性错误。

分析概念性迁移和不同母语者外语学习中的迁移现象发现：①概念性迁移关注思维建构和意义表达中的跨语言差异和影响。外在的语言表现取决于内在的概念结构，概念系统的语言特定性、双向性和交互性既是观察到的现象，也是一种研究取向和假设。②时间概念形式-功能匹配加工中存在意义优先原则，母语和目标语之间的距离及目标语语境在一定程度上会影响学习者的目标语时间域信息加工。③母语与目标语之间的双向迁移发生的层面不同：母语向目标语的迁移更多地发生在语法、词汇层面，而目标语向母语的反向迁移则更多地发生在语言单位的线性排列组合等句法层面。因而，概念迁移和概念化迁移是母语和目标语的语言概念特征和思维范式双重作用下的动态现象，扩展了概念性迁移假说研究维度。

9.2.2 外语学习歧义容忍度、外语学习焦虑与外语学习成效之间的关系及城乡差异

分析外语学习歧义容忍度、外语学习焦虑与外语学习成效之间的关系发现：①外语学习歧义容忍度作为学习者内部的动态认知心理过程和个性特征，与个体面对歧义情景时的应变能力、创造力和冒险精神显著相关。外语学习歧义容忍度与外语学习焦虑、外语学习学习动机、学习策略等因素显著相关，并对外语学习成效有显著影响，为二语习得研究提供了广阔的视角和维度。外语学习歧义容忍度与学习者的认知心理、母语、文化、目标语学能及情感倾向等的相关性说明，

其影响因子具有动态特征，说明外语学习歧义容忍度也是一个动态发展体。②图式对英语外语学习者预测主题、掌握篇章结构及理解语言知识有重要的作用，学习者的外语学习歧义容忍度较低，会影响其已有背景知识的激活，从而使其不易形成正确的阅读图式。③外语学习歧义容忍度和外语学习焦虑均对外语学习总体成效有显著影响，但其影响因目标语习得中听力、听写、完形填空、阅读理解及写作等不同的任务类型而存在差异，说明测试目标、标准和难度等因素影响外语学习歧义容忍度和外语学习焦虑对外语学习成效的作用。因而，目标语教学中教师需要重视心理情感因素对学生的学习成效的影响。

从社会因素角度分析英语外语学习者的情感因素及各因素彼此间的关系发现：①外语学习过程中外语学习歧义容忍度有显著城乡差异，即来自城市的学生比来自乡村的学生歧义容忍度偏低；不同外语学习歧义容忍度和外语学习焦虑水平的学生的英语学习成绩有显著差异，即高外语学习焦虑和低外语学习歧义容忍度的学生的英语学习成绩低于低外语学习焦虑和高外语学习歧义容忍度的学生；外语学习歧义容忍度和外语学习焦虑强相关。②高、中、低不同外语学习歧义容忍度的学生在外语学习焦虑水平上存在显著差异；外语学习焦虑在外语学习歧义容忍度和英语学习成绩之间具有完全中介作用。这一研究发现说明，教师在教学中应通过提高学习者的外语学习歧义容忍度来降低个体在学习过程中的外语学习焦虑，从而改善其信息加工过程及结果；同时，也应通过进一步关注城乡不同生源之间的差异来采取适宜的方法来降低学生的外语学习焦虑。

9.2.3　不同教学模式对学习者情感认知因素与外语学习的影响

分析信息加工中的不同教学模式与个体情感差异因素等发现：①不同的教学干预方法对外语学习焦虑有不同的影响，"教师与学生双中心"教学模式优于"学生中心"教学模式及"教师中心"教学模式，"学生中心"教学模式虽然与"教师中心"教学模式无显著差异，但干预效果相对更好。②教师话语中的母语使用情况受到学习者的语言概念认知和态度情感因素的影响；教师一般在需要对复杂行为进行描述时或是在课堂管理中做出程序性指示时使用母语；辅导教师的反馈形式和数量受到学习者情感认知因素的影响；不同的学习者对同一反馈形式的领会提取存在差异，而同一学习者对不同反馈形式的领会提取也存在差异。

分析公办普通高校与民办高校学生的外语学习焦虑与外语学习歧义容忍度以及情感干预效果后发现：①公办普通高校学生的外语学习成绩和外语学习歧义容忍度显著高于民办高校学生；公办普通高校学生的外语学习焦虑水平显著低于民

办高校学生；公办普通高校学生的外语学习焦虑水平和外语学习歧义容忍度均与英语总分和各部分成绩没有显著相关性，而民办高校学生的外语学习焦虑水平和外语学习歧义容忍度则与英语总分及大部分分项成绩显著相关。因而，外语学习成效对学习动机内部激发的影响显著，但很可能会受到学习者学习水平的影响：对于较高水平的英语外语学习者，外语学习情感和学习成绩之间的相关性较小，而对于较低水平的英语外语学习者，则相关性较大。②即时语料输入、情感干预和策略培训对学生的英语自主学习能力有显著影响，有利于降低学生的情感过滤和激发学生的内在学习兴趣，从而提高学生的英语自主学习能力。因而，任课教师在给予学生移情关注的同时，也需要通过真实语料的输入以及策略培训来减少学生的消极情感。

对比分析传统 3P 语法教学和输入加工教学在外语学习中的主要/直接效应、训练迁移效应及延时效应发现：①注重情感因素、进行有意义教学的输入加工教学更有利于优化学习者的认知心理，进而促进学习者的语法形式-意义匹配，而且对于较难的测试材料及年龄较小的被试，同样具有显著的主要/直接效应和一定的训练迁移效应；②无论是句子层面的解释题还是语篇层面的输出题，从学习者的认知心理角度进行干预的输入加工教学均更有利于语法形式的学习，但会因评估材料、研究的语言项目及被试的不同而存在一定的差异。根据不同教学方法在外语学习中的不同效应，笔者进一步分析了教师培训有效性评价之后发现：基于评价理论和高校外语教师培训实践，可制定出包括培训者、组织者、被培训者互动、被培训者主动性及设施和服务这五个主因子的高校外语教师培训有效性评价量表；同时指出，教师的性别、年龄、教龄、学位、职称、培训费用来源等个体差异因素是高校外语教师培训评价中的重要影响因素。基于不同的教学模式分析教师培训的方式有助于研究中对不同社会因素的综合考虑，从而促进外语教师教育实践和理论的发展。

9.3　研究不足及未来研究方向

本书研究存在的主要不足和未来研究方向如下。

（1）本书只是基于我国学习者英语一般过去时输入加工学习，研究了外语学习动机对显性信息的作用。显性信息的作用与目标语研究项目的规则原型性、凸显度、可加工性等相关（R. Ellis，2010a），而且对不同母语者的加工有不同的迁移作用（Han & Liu，2013）。鉴于教师对基于形式的教学的看法和实践有一定的出入（Sun & Zhang, 2021），这一结论是否适合输入加工教学中其他语法项目的学习或其他母语学习者，尚需进一步的实证支持。此外，本书只是从外语学习动机角度，基于英语一般过去时和第三人称单数一般现在时，对比分析了输入加工教学和传统 3P 语法教学。学习者的外语学习焦虑和外语学习歧义容忍度等是影响外语学习成效的重要个体差异因素（Budner, 1962；Mclain, 1993；张素敏和王桂平，2006），与特质焦虑很可能相关（张素敏，2023），会影响信息加工（石国兴和赵海第，2015）。不同的教学模式对外语学习有何影响？存在哪些不同？对于不同难度的语法项目学习又有何影响？这些均是需进一步思考的问题。

（2）概念性迁移研究虽日趋丰富，但其在理论上仍存在分歧，在方法上仍不够严谨，许多问题尚未解决，甚至存在把语言性迁移及未完全内化的目标语现象过度解释为概念性迁移的情况。不少研究者对语言相对论、言为心声假说、概念性迁移假说以及更为具体的概念迁移和概念化迁移等的区别和联系不够了解，对相关研究方法缺乏适切运用。因此，探讨概念性迁移相关研究，不仅有助于厘清相关术语及理论，还有助于更好地理解语言、认知及思维之间的关系。同时，母语背景和语境在时间概念加工中的影响使得语境变量的实验设计存在一定的局限。选取不同目标语学习环境下的同一母语的学习者，对比分析彼此间的区别，会更严谨地发现母语背景和语境在时间概念信息加工中的作用。此外，相关调查研究中的概念性迁移方法也存在一定的局限性，只是采用一般过去时概念的不同表达方式判断任务来收集数据，缺乏线上加工数据。线上和线下测试可以考察学习者不同的隐性和显性认知及知识（Tokowicz & MacWhinney, 2005），因而采用Stroop 范式等收集在线精细加工数据是进一步研究的方向。

（3）运动事件中的概念迁移和概念化迁移的研究方法尚需进一步丰富。虽然分析不同母语者在相同目标语学习中的组间相异性也可以判断概念性迁移（俞理明、常辉和姜孟，2012），但使用三种方法进行判断会进一步增加概念性迁移分析的信度。因此，后续研究需增加不同母语类型的英语目标语学习者及汉语单语者，以进一步分析在运动事件识解中英语目标语对双语母语的反向迁移。此外，外语水平和工作记忆等个体差异因素与学习者的目标语信息加工密切相关（Muñoz & Cadierno, 2019），后续研究还需继续探析不同水平和工作记忆双语者的双向概念性迁移。

（4）学习者的外语学习是一个动态有机发展的过程，与动词搭配、词汇广度、冠词及时态表达词素等高度相关。本书只是分析了学习者的阅读成绩，而没有考虑到听力、写作等语言能力的协同作用，也没有具体考察外语学习歧义容忍度对某一词类或语法形式学习的作用。此外，不同的学习任务具有不同的认知负荷，对外语学习歧义容忍度有不同的影响（师保国、申继亮和许晶晶，2008）。除情感因素外，母语背景和语境也是影响学习者外语学习的主要因素（张素敏，2018b）。因此，后续研究中应结合不同的目标语学习影响因素，通过测量和区分外语学习歧义容忍度的相关变量以形成歧义容忍度概念模型，并针对模型中负荷量较大的因子在学习者目标语输入和输出阶段采取相应干预措施，以促进二语习得领域歧义容忍度研究的深入。此外，需要基于歧义容忍度在二语习得领域的系统界定，编制适合我国不同年龄段外语学习者的歧义容忍度量表，并采取相应的输入强化和输出反馈等教学干预手段来减少歧义情景或增强歧义容忍度，从而有效提高学习者的学习成效。

（5）外语学习是一个整体认知机制，不同任务之间相互关联，外语学习焦虑、学习动机和外语学习歧义容忍度等高度相关（S. M. Zhang & L. J. Zhang，2021；张素敏和王桂平，2006）。因此，外语教学中教师应针对不同的外语学习任务，采取不同的策略来提高学生的外语学习歧义容忍度和降低外语学习焦虑。但应该采取怎样的教学干预手段来降低学习者的外语学习焦虑，提高其外语学习歧义容忍度？怎样对城乡不同生源进行有效的情感干预？在外语学习层面，不同情感因素之间有何进一步的深层关系？这些均是今后笔者需进一步探索的方向。目前线上教学及线上和线下混合式教学日益推广，而学习者在这一教学环境下的外语学习焦虑也日益增加（Hampel & Stickler，2005；Zhang & Ren，2022；张素敏，2023）。因而，教师需要对外语学习焦虑及其相关因素进行干预（Matsumura & Hann，2004）。但在不同环境和教学模式下，教师如何了解学生的外语学习焦虑，帮助学生克服不同教学模式下的不良情绪，也是应进一步研究的问题。

（6）教师应根据学习者的实际情况适当地使用母语，以达到教学目标的顺利实现；改进单一地以师生话轮数量比例、反馈类型和提取数量为标准来评价课堂教学的交互性或不同形式反馈的作用，应进一步从被反馈者的情感态度角度进行分析。需要指出的是，本书只是研究了一名辅导教师对两名儿童的家教式课堂话语。在真正的课堂中，对于某一语言点或语言任务的完成，从教师和学生之间的辅导时间、母语使用、批评/表扬话语、语料总话轮数及显性/隐性反馈等方面分析，在学习者情感态度因素对教师话语的影响作用中是否会得出相同的或类似的结论，尚需进一步的大样本数据分析。

（7）在重视个体差异因素对外语学习成效的影响作用的同时，还应重视外语学习成效对个体差异因素的作用。可适当采用输入加工教学，以及基于"续论"的"读后续写""读后续译""读后续说""读后续听"等"续作"教学干预手段，降低输入的难度及增强有意义性输入，针对民办高校和公办普通高校学生的实际

"因材施教"，从而在一定程度上提高学生的外语学习动机，进而提升其对输入的加工深度（张素敏，2015；张素敏，2011a，2023）。还需要说明的是，本书只是分析了外语学习成效对外语学习焦虑及外语学习歧义容忍度的影响，采取基于"续论"的"续作"等教学模式是否会改变个体差异因素与学习者的外语学习成效之间的关系，还需进一步考察。

（8）随着英语教学改革的推进和深入，充分体现个性化和自主性的网络课程和软件不断涌现，寻求一种切实可行的高校英语自主学习能力培养模式，全面提升英语教育质量，既是教师自身发展的需要，也是英语教学改革对教师的要求。在新冠疫情期间，网课成为很多学校的一种主要授课模式，对于后疫情时期的授课模式也提出了新的要求。因而，进一步探析线上教学模式会对网络课堂教学和相应的教学改革有所启示。本书只是从外语学习焦虑、外语学习策略的变化及学习者学习效能的提升等方面，结合学生的访谈结果，来分析学习者的自主学习能力，并没有通过问卷调查或自然观察法来客观直接地分析学习者自主学习能力的变化。为了进一步了解语料、情感与策略对学习者自主学习能力的作用，需采用问卷调查法来进一步研究。

（9）不同教法之间的对比同样需要扩展研究视角。本书只研究了两大输入加工原则中意义优先原则对首位名词原则的累积训练迁移效应，而没有分析首位名词原则对意义优先原则的累积训练迁移效应；只对比分析了输入加工教学与传统3P语法教学，涉及的语法研究项目也比较单一。与基于任务的教学、基于内容的教学、基于"续论"的"续作"等相比，输入加工教学又有何不同的累积训练迁移效应？学习者的个体差异因素如何影响不同教学模式的主要/直接效应及训练迁移效应？这些都需开展后续研究以达到对学习者输入加工的全面认识。

（10）鉴于互动是外语教学与二语习得中的一个重要因素，影响学习者的外语学习成效（Brown，2007；王初明，2016），因此使用本书设计的高校外语教师培训有效性评价量表进行培训效果评价时，应考虑到年龄、教龄和职称等因素对被培训者互动这一主因子的影响，尽量根据被培训者的年龄、教龄和职称这些因素进行区别培训，因材施教，以使培训效果最大化。同时，鉴于不同的培训费用来源会影响被培训者的学习主动性，建议采取措施适当提高自费比例以刺激学员的学习主动性，增强培训的效果。需要指出的是，本书设计的量表目前只解释了近 70% 的结果，虽然笔者进一步分析了被培训者的个体差异因素对高校外语教师培训有效性评价的影响，但仍需增加质性分析数据，以进一步完善量表（Oon，Spencer & Kam，2017；Palmer，2012）。同时鉴于一些外在因素如收入和居住地户口等会影响被培训者的行业选择动机，因此在教师培训时也应注意思考语言、技术外的一些社会因素，以有助于我们更好地理解为什么职前教师在完成教师培训后会选择其他职业。

综上，笔者认为：①外语学习动机、外语学习歧义容忍度、外语学习焦虑彼此间存在强关联性，但这些情感因素与目标语信息加工之间的关系往往受到学习者的目标语学习水平的影响，即相对于高目标语学习水平者，低目标语学习水平者的外语学习情感因素与外语水平之间的相关度较大。②不同教学模式的促学效果受到学习者情感认知因素的影响，具体来讲，学习者的外语学习动机越高，外语学习歧义容忍度越高，其语言认知越具有强认同感，学习者就越容易适应不同的教学模式；反之，无论是隐性教学还是显性教学，无论是基于意义的输入加工教学还是基于形式的传统 3P 语法教学，均不易对学习者产生显著的促学效果。因而，需要加强教师与学生之间的情感因素培训及彼此间的情感交互。

最后，笔者指出采用混合型研究方法，着重从认知神经心理角度开展研究是进一步的研究方向。基于目前研究的初步分析结果，笔者进一步提出，探索人类情感认知产生的神经生物机制，对杏仁体、眶额叶皮层（orbitofrontal cortex）、前扣带回皮质（anterior cingulate cortex）、脑岛（insula）及多巴胺系统（dopaminergic system）等进行研究，会加深我们对社会认知神经领域的外语学习情感认知的了解。社会认知功能中眶额叶皮层和杏仁体结构不同的激活区域能体现出隐性和显性认知和情感过程（Carroll，2005）。社会认知神经科学作为心理科学领域的主要研究方法，研究内容目前主要涉及恐惧感（如 Olsson，Nearing & Phelps，2007；Phelps，Ling & Carrasco，2006）、愤怒感（如 Beaver et al.，2008）、恶心感（如 Schnall et al.，2008）、道德评判（如 Cicchetti，2016；Cicchetti & Toth，2015）、性别取向（如 Rule & Ambady，2008；Smyth，Jacobs & Rogers，2003）及自闭症等（如 Knapska et al.，2006；Siegal & Varley，2002）。这些研究虽然表明不同的情感认知会激活不同的脑区，但课堂教学领域的认知神经分析相对缺乏。目前基于眼动追踪的二语习得研究虽然主要涉及句法和语义等语言层面，但在一定程度上表明脑神经和语言认知相关（Flecken，2011；von Stutterheim et al.，2012a；Yu & Odlin，2015）。鉴于脑神经和语言认知相关，不同的情感认知会激活不同的脑区，因此对情感因素的相关脑神经机制进行研究应是英语外语学习者情感认知因素研究进一步的发展方向。

参 考 文 献

蔡基刚. 2003. 为什么要对传统的大学英语教学模式进行彻底改革. 中国大学教学, (11): 25-30.

常俊跃, 宋璐. 2023. 区域国别研究课程小组合作学习探索. 外语学刊, (3): 81-87.

陈慧, 车宏生, 朱敏. 2003. 跨文化适应影响因素研究述评. 心理科学进展, 11(6): 704-710.

陈坚林. 2005. 关于"中心"的辨析——兼谈"基于计算机和课堂英语多媒体教学模式"中的"学生中心论". 外语电化教学, (105): 3-8.

陈立平, 李经伟, 赵蔚彬. 2005. 大学生英语口语自我修正性别差异研究. 现代外语, 28(3): 279-287, 329-330.

陈琦, 刘儒德. 2007. 当代教育心理学. 北京: 北京师范大学出版社.

陈文存. 2004. 英语专业学生的四级成绩与模糊容忍度的相关性研究. 中国英语教学, (1): 3-6, 136.

陈秀玲. 2004. 英语听力理解与焦虑状态的相关研究及对教学的启示. 外语电化教学, (2): 65-68, 72.

程晓堂. 2009. 英语教师课堂话语分析. 上海: 上海外语教育出版社.

程晓堂. 2013. 关于英语语法教学问题的思考. 课程·教材·教法, 33(4): 62-70.

戴炜栋. 2007. 戴炜栋英语教育自选集. 北京: 外语教学与研究出版社.

戴炜栋. 2008. 高校外语专业教育发展报告(1978—2008). 上海: 上海外语教育出版社.

戴炜栋. 2009a. 立足国情, 科学规划, 推动我国外语教育的可持续发展. 外语界, (5): 2-9, 11.

戴炜栋. 2009b. 中国高校外语教育 30 年. 外语界, (1): 2-4, 13.

戴炜栋, 刘春燕. 2004. 学习理论的新发展与外语教学模式的嬗变. 外国语(上海外国语大学学报), 27(4): 10-17.

戴炜栋, 陆国强. 2007. 概念能力与概念表现. 外国语(上海外国语大学学报), 30(3): 10-16.

戴炜栋, 束定芳. 1994a. 试论影响外语习得的若干重要因素——外语教学理论系列文章之一. 外国语(上海外国语大学学报), 17(4): 1-10.

戴炜栋, 束定芳. 1994b. 对比分析、错误分析和中介语研究中的若干问题——外语教学理论研究之二. 外国语(上海外国语大学学报), 17(5): 1-7.

戴运财, 戴炜栋. 2010. 从输入到输出的习得过程及其心理机制分析. 外语界, (1): 23-30, 46.

邓巧玲, 李福印. 2017. 中国英语学习者汉语运动事件言语表征中的反向概念迁移的实证研究.

外语与外语教学, (1): 73-85, 148.

邓秀娥, 郑新民. 2008. 关于大学英语课堂小组活动有效性的研究. 外语电化教学, (4): 41-46.

邓媛, 王湘玲. 2009. 项目驱动培养 EFL 学生自主能力的实证研究. 外语与外语教学, (8): 31-34, 46.

冯辉, 张素敏. 2012. 输入加工教学法和传统语法教学的主要效应及训练迁移效应. 外语与外语教学, (4): 60-65.

冯辉, 张雪梅. 2009. 英语专业教材建设的回顾与分析. 外语界, (6): 63-69.

冯志伟. 2011. 语言与数学. 北京: 世界图书出版公司.

高一虹, 周燕. 2009. 二语习得社会心理研究: 心理学派与社会文化学派. 外语学刊, 26(1): 123-128.

高一虹, 赵媛, 程英, 等. 2003. 中国大学本科生英语学习动机类型. 现代外语, (1): 28-38.

高越, 刘宏刚. 2014. 非英语专业大学生二语动机调控策略实证研究. 解放军外国语学院学报, 37(2): 33-42.

顾琦一. 2009. 输入、输出研究路在何方. 外语学刊, (5): 157-160.

顾姗姗, 王同顺. 2008. 负反馈、注意机制及修正后输出对英语问句习得发展的影响. 外语教学与研究, 40(4): 270-278, 320-321.

桂诗春. 1992. "外语要从小学学起"质疑. 外语教学与研究, 24(4): 52-54.

桂诗春. 2004. 以语料库为基础的中国学习者英语失误分析的认知模型. 现代外语, 27(2): 129-139, 216.

郭继东. 2013. 歧义容忍度的分类及其与外语水平的关系. 中国外语, 10(3): 75-81, 111.

郭新婕. 2008. 英语实习教师课堂话语特征分析——个案研究. 山东外语教学, (6): 37-44.

韩宝成. 2010. 关于我国中小学英语教育的思考. 外语教学与研究, 42(4): 300-302.

郝玫, 王一贞, 余建蓉. 2010. 影响英语成绩的学习者心理因素研究. 外语教学, 31(2): 39-43.

何安平. 2003. 基于语料库的英语教师话语分析. 现代外语, 26(2): 161-170.

衡仁权. 2007. 国外语法教学研究的最新发展综述. 外语界, (6): 25-34.

胡明扬. 2002. 外语学习和教学往事谈. 外国语(上海外国语大学学报), 25(5): 7-8.

胡青球. 2007. 优秀英语教师课堂话语特征分析. 山东外语教学, (1): 54-58.

黄衍. 1987. 话轮替换系统. 外语教学与研究, 19(1): 16-23, 79.

纪瑛琳. 2020. 英汉二语习得者的空间运动事件认知——来自行为实验的证据. 现代外语, 43(5): 654-666.

贾光茂. 2019. 中国英语学习者反事实表达使用情况研究. 外语教学与研究, 51(6): 850-860, 960.

姜琳, 陈燕, 詹剑灵. 2019. 读后续写中的母语思维研究. 外语与外语教学, (3): 8-16, 143.

姜孟. 2010. 概念迁移: 语言迁移研究的新进展. 宁夏大学学报(人文社会科学版), 32(3): 166-171.

姜孟, 周清. 2015. 语言概念能力假设与外语学习者的"隐性不地道现象". 外语与外语教学, (4): 43-49.

姜望琪, 李梅. 2003. 谈谈会话中的纠偏问题. 外国语(上海外国语大学学报), 26(4): 39-45.

蒋楠, 范莉, 乔晓妹, 等. 2016. 第二语言加工学科内容、研究方法及与二语习得的关系. 当代外语研究, (6): 1-8, 108.

李福印. 2020. 宏事件假说及其在汉语中的实证研究. 外语教学与研究, 52(3): 349-360, 479-480.

李观仪. 2003. 我的英语学习和教学. 外国语(上海外国语大学学报), 26(1): 50-55.

李荣宝, 彭聃龄, 李嵬. 2000. 双语者第二语言表征的形成与发展. 外国语(上海外国语大学学报), 23(4): 2-11.

李锡江, 刘永兵. 2020. 中国学生英语时空状语语序分布与母语概念迁移. 外语教学与研究, 52(1): 90-102, 159.

李悦娥, 范宏雅. 2002. 话语分析. 上海: 上海外语教育出版社.

李越风, 张素敏. 2015. 输入加工法和传统教学法在英语分词形容词学习中的效应对比研究. 第二语言学习研究, (1): 80-90, 134.

林莉兰. 2006. 大学英语口语纠错认识的调查与分析. 合肥工业大学学报(社会科学版), (3): 138-145.

林莉兰. 2008. 大学新生英语自主学习能力结构分析与研究. 外语界, (5): 91-96.

刘红云. 2003. 教师集体效能、教师自我效能及其对学生学业效能和学习态度的层次关系研究. 北京: 北京师范大学博士学位论文.

刘家荣, 蒋宇红. 2004. 英语口语课堂话语的调查与分析——个案研究. 外语教学与研究, 36(4): 285-291.

刘润清, 吴一安, 等. 2000. 中国英语教育研究. 北京: 外语教学与研究出版社.

刘雪峰, 张志学. 2009. 认知闭合需要研究评述. 心理科学进展, 17(1): 51-55.

刘永兵, 张会平. 2015. 认知语言学视域下的二语学习概念迁移理论探究. 外语与外语教学, (4): 37-42.

马广惠. 2005. 学习动机和努力程度对外语学习成绩的影响. 解放军外国语学院学报, 28(4): 37-41.

倪传斌. 2010. 情感因素对外语磨蚀群体目标语接触量的影响——基于数据挖掘的建模与分类.

外语教学理论与实践, (1): 26-32.

庞继贤, 吴薇薇. 2000. 英语课堂小组活动实证研究. 外语教学与研究, 32(6): 424-430, 478.

庞维国. 2008. 自主学习: 学与教的原理和策略. 上海: 华东师范大学出版社.

皮连生. 2003. 学与教的心理学(第三版). 上海: 华东师范大学出版社.

秦晓晴. 2004. 外语教学研究中的定量数据分析. 武汉: 华中科技大学出版社.

秦晓晴, 文秋芳. 2002. 非英语专业大学生学习动机的内在结构. 外语教学与研究, 34(1): 51-58.

裴晨晖, 文秋芳. 2020. 概念迁移研究新路径: 认知对比分析. 外语教学与研究, 52(2): 225-236, 320.

邵士洋, 吴庄. 2017. 语言接口视角下中国学生英语冠词习得研究. 现代外语, 40(4): 552-563, 585.

申继亮, 师保国. 2007. 创造性测验的材料与性别差异效应. 心理科学, 30(2): 285-288.

沈家煊. 2018. 汉语 "名动包含" 格局对英语学习的负迁移. 外国语言文学, 35(1): 4-22.

沈家煊. 2020. 有关思维模式的英汉差异. 现代外语, 43(1): 1-17.

师保国, 申继亮, 许晶晶. 2008. 模糊容忍性: 研究回顾、现状与展望. 心理与行为研究, 6(4): 311-315.

石国兴, 赵海第. 2015. 高特质焦虑高中生对消极信息的注意和记忆偏向. 心理与行为研究, 13(4): 495-499.

束定芳. 2004. 外语教学改革: 问题与对策. 上海: 上海外语教育出版社.

束定芳. 2006. 外语课堂教学新模式刍议. 外语界, (4): 21-29.

宋文辉. 2018. 再论汉语所谓 "倒置动结式" 的性质和特征. 外国语(上海外国语大学学报), 41(5): 48-60.

苏建红. 2012. 二语习得中显性知识与隐性知识关系的实证研究. 外语与外语教学, (1): 26-30.

隋晓冰. 2012. 网络教学环境下英语学习者的焦虑问题研究. 外语电化教学, (1): 78-80.

王初明. 1991. 外语学习中的认知和情感需要. 外语界, (4): 7-11.

王初明. 2001. 影响外语学习的两大因素与外语教学. 外语界, (6): 8-12.

王初明. 2007. 论外语学习的语境. 外语教学与研究, 39(3): 190-197, 240.

王初明. 2010. 互动协同与外语教学. 外语教学与研究, 42(4): 297-299.

王初明. 2014. 内容要创造 语言要模仿——有效外语教学和学习的基本思路. 外语界, (2): 42-48.

王初明. 2015. 构式和构式语境与第二语言学习. 现代外语, 38(3): 357-365, 438.

王初明. 2016. 以 "续" 促学. 现代外语, 39(6): 784-793, 873.

王初明. 2017. 从 "以写促学" 到 "以续促学". 外语教学与研究, 49(4): 547-556, 639-640.

王初明. 2018. 续译——提高翻译水平的有效方法. 中国翻译, 39(2): 36-39.

王初明. 2020a. 外语学习的一个根本性问题: 静态语言知识如何适配到动态内容? 现代外语, 43(5): 593-600.

王初明. 2020b. 语言学跨学科研究的意义和作用. 外语界, 19(4): 4-5.

王初明, Winser, B. 1996. 从系统功能语法看阅读. 现代外语, (4): 24-28.

王大青. 2004. 第二语言学习中的模糊容忍分析. 东北大学学报(社会科学版), (4): 303-305.

王海啸. 2009. 大学英语教师与教学情况调查分析. 外语界, (4): 6-13.

王立非. 1998. 认知风格研究及其对外语教学的启示. 山东外语教学, (4): 64-69.

王文斌. 2013a. 论英语的时间性特质与汉语的空间性特质. 外语教学与研究, 45(2): 163-173.

王文斌. 2013b. 论英汉表象性差异背后的时空特征——从 Humboldt 的 "内蕴语言形式" 观谈起. 中国外语, 10(3): 29-36.

王文斌. 2019. 论英汉的时空性差异. 北京: 外语教学与研究出版社.

王文斌, 何清强. 2016. 汉英篇章结构的时空性差异——基于对汉语话题链的回指及其英译的分析. 外语教学与研究, 48(5): 657-668.

韦晓保. 2020. 大学生二语动机自我、歧义容忍度和交际意愿的关系研究. 外语与外语教学, (1): 71-80, 148.

文秋芳. 2010. 二语习得重点问题研究. 北京: 外语教学与研究出版社.

文秋芳. 2017. "产出导向法" 的中国特色. 现代外语, 40(3): 348-358, 438.

文秋芳. 2020. 加速我国应用语言学国际化进程: 思考与建议. 现代外语, 43(5): 585-592.

文秋芳, 常小玲. 2012. 为高校外语教师举办大型强化专题研修班的理论与实践. 外语与外语教学, (1): 1-5, 10.

文秋芳, 庄一琳. 2005. 对高水平英语学习者口语自我纠错能力的研究. 外语界, (2): 33-37, 51.

吴喜艳, 张庆宗. 2009. 英语专业学生自我效能、学习策略、自主学习能力与学业成就的关系研究. 外语教学, 30(3): 43-46, 62.

吴旭东. 1997. 外语课堂口语发展理论模式(下). 现代外语, 20(1): 50-53.

吴一安, 等. 2007. 中国高校英语教师教育与发展研究. 北京: 外语教学与研究出版社.

项茂英. 2003. 情感因素对大学英语教学的影响——理论与实证研究. 外语与外语教学, (3): 23-26.

徐佳欢, 郑超. 2005. 对情状体假说的检验——中国学生一般过去时的习得. 现代外语, 28(2): 147-156.

许家金, 刘洁琳. 2018. 中国学习者英语口头叙事中的动词方位构式研究. 外语教学, 39(6): 20-26.

许琪. 2016. 读后续译的协同效应及促学效果. 现代外语, 39(6): 830-841.

阎献平. 2006. 关于民办高校提高教学质量的思考. 教育理论与实践, 26(5): 15-16.

杨丽华, 张素敏. 2008. 歧义容忍度影响外语阅读的图式理论分析. 重庆工学院学报(社会科学版), (4): 118-119, 138.

杨连瑞, 张得禄. 2007. 二语习得研究与中国外语教学. 上海: 上海外语教育出版社.

杨晓莉, 刘力, 张笑笑. 2010. 双文化个体的文化框架转换: 影响因素与结果. 心理科学进展, 18(5): 840-848.

于国栋. 2008. 会话分析. 上海: 上海外语教育出版社.

于海江. 1998. 英汉词典中分词形容词立目的量化分析. 外语与外语教学, (7): 43-44.

余心乐. 1999. 成人学生英语课堂焦虑感与听力理解成绩的关系. 语言教学与研究, (2): 132-143.

俞理明, 常辉, 姜孟. 2012. 语言迁移研究新视角. 上海: 上海交通大学出版社.

曾永红, 白解红. 2013. 中国学生英语运动事件表达习得研究. 外语与外语教学, (6): 44-48.

翟常秀, 杨卫星, 刘鑫. 2006. 民办高校与普通高校大学生心理健康状况的比较. 贵州师范大学学报(自然科学版), (1): 43-47.

张必隐. 2004. 阅读心理学. 北京: 北京师范大学出版社.

张道真. 2003. 张道真英语语法新编. 北京: 社会科学文献出版社.

张法科, 王顺玲. 2010. 图式理论在 EFL 阅读教学中的应用研究——以《综合教程》教学为例. 外语界, (2): 87-94.

张会平. 2013. 基于语料库的中国学习者英语概念迁移研究. 长春: 东北师范大学博士学位论文.

张会平, 刘永兵. 2014. 中国英语初学者的连缀句偏误与语法概念迁移. 外语教学与研究, 46(5): 748-758.

张景焕, 初玉霞, 林崇德. 2008. 教师创造性教学行为评价量表的结构. 心理发展与教育, 24(3): 107-112.

张凯, 李玉, 陈凯泉. 2023. 情绪体验与互动模式对合作学习情感投入的作用机理. 现代外语, 46(3): 371-383.

张丽华. 2008. 定性和定量研究在教育研究过程中的整合. 教育科学, 24(6): 33-36.

张庆宗. 2004. 歧义容忍度对外语学习策略选择的影响. 外语教学与研究, 36(6): 457-461.

张庆宗. 2011. 外语学与教的心理学原理. 北京: 外语教学与研究出版社.

张日昇. 1981. 交际教学法的课程大纲、教材设计与课堂实践. 外国语(上海外国语大学学报), 4(6): 42-47.

张素敏. 2007. 外语学习歧义容忍度和焦虑感的性别及城乡差异研究. 湖北教育学院学报, (7): 68-69, 112.

张素敏. 2010a. 高校外语教学环境下的交互式语言教学认知原则再思考. 外语界, (4): 43-49.

张素敏. 2010b. 语料、情感和策略对英语自主学习能力的作用研究. 河北师范大学学报(教育科学版), 12(12): 64-70.

张素敏. 2011a. 基于不同学习任务的外语歧义容忍度影响作用研究. 北京第二外国语学院学报, 33(8): 70-75.

张素敏. 2011b. 二语习得中的反馈与目的语发展研究. 外国语(上海外国语大学学报), 34(5): 63-70.

张素敏. 2012. 歧义容忍度研究 50 年多维回顾与思考. 外语界, (2): 89-95.

张素敏. 2013a. 不同教学模式下的外语学习焦虑感干预研究. 解放军外国语学院学报, 36(4): 57-61.

张素敏. 2013b. 输入加工教学法在英语语法学习中的效应研究. 北京: 外文出版社.

张素敏. 2014. 外语学习动机角度下的输入加工教学和 3P 语法教学对比研究. 解放军外国语学院学报, 37(6): 74-82.

张素敏. 2015. 输入加工教学和 3P 语法教学的累积训练迁移效应对比研究. 外语研究, 32(5): 44-49.

张素敏. 2018a. 留学语境在英语一般过去时间表达加工中的作用研究. 外语与外语教学, (6): 97-106, 146.

张素敏. 2018b. 母语背景和语境在时间概念加工中的作用研究. 外语教学与研究, 50(1): 89-100, 161.

张素敏. 2019a. 不同词类加工中"续译"对译者主体性的作用研究. 外语与外语教学, (3): 17-26, 143-144.

张素敏. 2019b. 续译在情绪信息语篇加工中的效应. 现代外语, 42(4): 514-526.

张素敏. 2021. 运动事件中的概念性迁移方向与迁移域. 外语教学与研究, 53(3): 400-412.

张素敏, 等. 2021. 语言迁移和概念性迁移: 理论与实证. 北京: 科学出版社.

张素敏. 2023. 动态系统理论下"续译"对译技和外语学习焦虑的作用研究. 外语界, (5): 56-63.

张素敏, 陈先奎. 2015. 外语学习动机对显性信息加工的作用研究. 外语界, (2): 44-52.

张素敏, 孔繁霞. 2016. 概念性迁移研究: 理论与方法. 外语界, (4): 11-18.

张素敏, 李昱丽. 2023. 具身认知视域下的强化读后续写协同效应. 现代外语, 46(3): 384-396.

张素敏, 孙钦美. 2019. 基于实践的高校外语教师培训有效性评价研究. 外语界, (3): 57-65.

张素敏, 王桂平. 2006. 焦虑在歧义容忍度与英语学习成绩之间的中介作用分析. 心理发展与教育, 22(4): 64-67.

张素敏, 张继东. 2019. "多轮续写"中学习者英语水平的动态发展研究. 外语教学, 40(6): 57-62.

张素敏, 张继东. 2023. 汉英概念域中的词汇化概念迁移与概念化迁移. 外语教学, 44(3): 23-29.

张素敏, 赵静. 2020. "多轮续写"对学习者目标语词类主观性的作用研究. 解放军外国语学院学报, 43(1): 1-8, 32, 159.

张素敏, 彭鲁迁, 王桂平. 2006. 外语学习焦虑状况实证研究. 株洲师范高等专科学校学报, 11(1): 61-63.

张素敏, 王友鸿, 赵丽红. 2009. 二语习得中的错误分析. 河北师范大学学报(教育科学版), 11(2): 131-134.

张维友. 1995. 图式知识与阅读理解. 外语界, 58(2): 5-8.

张拥政, 于翠红. 2017. 自发运动事件在线加工中的跨语言差异. 现代外语, 40(6): 778-789.

赵丽红, 张素敏. 2017. 外语学习成效对个体差异因素的作用研究. 河北广播电视大学学报, 22(2): 69-73.

钟美荪. 2006. 以精英教育理念深化外语教学改革——北京外国语大学本科教学改革. 外语教学与研究, 38(5): 254-256.

周慈波, 王文斌. 2012. 大学英语学习者负动机影响因子调查研究. 中国外语, 9(1): 48-55.

周红. 2005. 从整体语言教学看非英语专业学生综合英语能力的培养. 浙江工商大学学报, (1): 54-58.

周星, 周韵. 2002. 大学英语课堂教师话语的调查与分析. 外语教学与研究, 34(1): 59-68.

Adamou, E., De Pascale, S., García-Márkina, Y., et al. 2019. Do bilinguals generalize *estar* more than monolinguals and what is the role of conceptual transfer? *International Journal of Bilingualism*, 23(6): 1549-1580.

Adolphs, R. 2006. Perception and emotion: How we recognize facial expressions. *Current Directions in Psychological Science*, 15(5): 222-226.

Aida, Y. 1994. Examination of Horwitz, Horwitz, and Cope's construct of foreign language anxiety: The case of students of Japanese. *The Modern Language Journal*, 78(2): 155-168.

Ainley, M. & Patrick, L. 2006. Measuring self-regulated learning processes through tracking patterns of student interaction with achievement activities. *Educational Psychology Review*, 18(3): 267-286.

Alba, J. W. & Hasher, L. 1983. Is memory schematic? *Psychological Bulletin*, 93(2): 203-231.

Alexander, L. G. 1988. *Longman English Grammar*. New York: Longman Group UK Limited.

Allen, L. Q. 2000. Form-meaning connections and the French causative: An experiment in processing instruction. *Studies in Second Language Acquisition*, 22(1): 69-84.

Alliger, G. M. & Janak, E. A. 1989. Kirkpatrick's levels of training criteria: Thirty years later. *Personnel Psychology*, 42(2): 331-342.

Allwright, D. & Bailey, K. M. 1991. *Focus on the Language Classroom : An Introduction to Classroom Research for Language Teachers*. Cambridge: Cambridge University Press.

Alonso, R. A. 2011. The translation of motion events from Spanish into English: A cross-linguistic perspective. *Perspectives: Studies in Translatology*, 19(4): 353-366.

Alpert, R. & Haber, R. N. 1960. Anxiety in academic achievement situation. *The Journal of Abnormal and Social Psychology*, 61(2): 207-215.

Andersen, S. M. & Schwartz, A. H. 1992. Intolerance of ambiguity and depression: A cognitive vulnerability factor linked to hopelessness. *Social Cognition*, 10(3): 271-298.

Andringa, S., de Glopper, K. & Hacquebord, H. 2011. Effect of explicit and implicit instruction on free written response task performance. *Language Learning*, 61(3): 868-903.

Antón, M. 2011. Interaction and negotiation in oral vs. writing pair tasks. In T. Sildus (Ed.), *All aboard the 21st Century Express: Selected Papers from the 2011 Central States Conference* (pp. 17-32). Milwaukee, WI: Central States Conference on the Teaching of Foreign Languages.

Arnold, J. 1999. *Affect in Language Learning*. Cambridge: Cambridge University Press.

Arnold, J. & Brown, H. D. 1999. A map of the terrain. In J. Arnold (Ed.), *Affect in Language Learning* (pp. 1-24). Cambridge: Cambridge University Press.

Ashouri, A. F. & Fotovatnia, Z. 2010. The effect of individual differences on learners' translation belief in EFL learning. *English Language Teaching*, 3(4): 228-236.

Athanasopoulos, P. & Bylund, E. 2013. Does grammatical aspect affect motion event cognition? A cross-linguistic comparison of English and Swedish speakers. *Cognitive Science*, 37(2): 286-309.

Athanasopoulos, P., Damjanovic, L., Burnand, J., et al. 2015. Learning to think in a second language: Effects of proficiency and length of exposure in English learners of German. *The Modern*

Language Journal (Supplement), 99(S1): 138-153.

Awan, R., Azher, M., Anwar, M. N., et al. 2010. An investigation of foreign language classroom anxiety and its relationship with students' achievement. *Journal of College Teaching & Learning*, 7(11): 33-40.

Azkrai, A. & García Mayo, M. P. 2017. Task repetition effects on L1 use in EFL child task-based interaction. *Language Teaching Research*, 21(4): 480-495.

Bahrami, B. A. 2020. Cross-modal information transfer and the effect of concurrent task-load. *Journal of Experimental Psychology: Learning, Memory, and Cognition*, 46(1): 104-116.

Bailey, K. M. 1983. Competitive and anxiety in adult second language learning: Looking at and through the diary studied. In H. Seliger & M. Long (Eds.), *Classroom Oriented Research in Second Language Acquisition* (pp. 67-103). Rowley, Mass.: Newbury House.

Bardovi-Harlig, K. 1999. From morpheme studies to temporal semantics: Tense-aspect research in SLA. *Studies in Second Language Acquisition*, 21(3): 341-382.

Bardovi-Harlig, K. 2007. One functional approach to second language acquisition: The concept-oriented approach. In B. VanPatten & J. William (Eds.), *Theories in Second Language Acquisition* (pp. 115-135). Mahwah, NJ: Lawrence Erlbaum Associates.

Baten, K. & De Cuypere, L. 2014. The dative alternation in L2 German? Conceptualization transfer from L1 Dutch. *Vial-Vigo International Journal of Applied Linguistics*, 1(11): 9-40.

Batoréo, H. J. & Ferrari, L. 2016. Events of motion and Talmyan Typology: Verb-framed and satellite-framed patterns in Portuguese. *Cognitive Semantics*, 2(1): 59-79.

Beaver, J. D., Lawrence, A. D., Passamonti, L., et al. 2008. Appetitive motivation predicts the neural response to facial signals of aggression. *The Journal of Neuroscience*, 28(11): 2719-2725.

Beavers, J., Levin, B. & Tham, S. W. 2010. The typology of motion expressions revisited. *Journal of Linguistics*, 46(2): 331-377.

Benati, A. & Angelovska, T. 2015. The effects of processing instruction on the acquisition of English simple past tense: Age and cognitive task demands. *International Review of Applied Linguistics in Language Teaching*, 53(2): 249-269.

Benati, A. G. 2001. A comparative study of the effects of processing instruction and output-based instruction on the acquisition of the Italian future tense. *Language Teaching Research*, 5(2): 95-127.

Benati, A. G. 2004. The effect of structured input activities and explicit information on the acquisition of the Italian future tense. In B. VanPatten (Ed.), *Processing Instruction: Theory, Research and Commentary* (pp. 211-230). Mahwah, NJ: Lawrence Erlbaum Associates.

Benati, A. G. 2005. The effect of PI, TI and MOI in the acquisition of English simple past tense. *Language Teaching Research*, 9(1): 67-93.

Benati, A. 2017. The role of input and output tasks in grammar instruction: Theoretical, empirical and pedagogical considerations. *Studies in Second Language Learning and Teaching*, 7(3): 377-396.

Benati, A. G. & Lee, J. F. 2008. *Grammar Acquisition and Processing Instruction: Secondary and Cumulative Effects*. Bristol/Buffalo/Toronto: Multilingual Matters.

Benati, A. G. & Lee, J. F. 2010. *Processing Instruction and Discourse*. London: Continuum International Publishing Group.

Benati, A. G., Lee, J. F. & Houghton, S. 2008. From processing instruction on the acquisition of English past tense to secondary transfer-of-training effects on English third person singular present tense. In A. Benati & J. F. Lee (Eds.), *Grammar Acquisition and Processing Instruction: Secondary and Cumulative Effects* (pp. 88-120). Bristol/Buffalo/Toronto: Multilingual Matters.

Benati, A. G., Lee, J. F. & Laval, C. 2008. From processing instruction on the acquisition of French Imparfait to secondary transfer-of-training effects on French subjunctive and to cumulative transfer-of-training effects with French causative constructions. In A. G. Benati & J. F. Lee (Eds.), *Grammar Acquisition and Processing Instruction: Secondary and Cumulative Effects* (pp. 121-157). Bristol/Buffalo/Toronto: Multilingual Matters.

Benesch, S. 2012. *Considering Emotions in Critical English Language Teaching: Theory and Practice*. New York: Routledge; Macmillan Publishers Limited.

Benson, P. 2005. *Teaching and Researching Autonomy in Language Learning*. Beijing: Foreign Language Teaching and Research Press.

Bergs, A. & Diewald, G. 2008. *Constructions and Language Change*. Berlin/New York: Mouton de Gruyter.

Berthele, R. 2017. When bilinguals forget their manners: Language dominance and motion event descriptions in French and German. *Vigo International Journal of Applied Linguistics*, 14(1): 39-70.

Berwick, R. & Ross, S. 1989. Motivation after matriculation: Are Japanese learners of English still alive after examination hell. *JALT*, 11(2): 193-210.

Bialystok, E. 1994. Analysis and control in the development of second language proficiency. *Studies in Second Language Acquisition*, 16(2): 157-168.

Birdsong, D. 2014. Dominance and age in bilingualism. *Applied Linguistics*, 35(4): 374-392.

Bishop, S. J., Duncan, J. & Lawrence, A. D. 2004. State anxiety modulation of the amygdala response to unattended threat-related stimuli. *Neuroscience*, 24(46): 10364-10368.

Brown, A. 2015. Universal development and L1-L2 convergence in bilingual construal of manner in speech and gesture in Mandarin, Japanese, and English. *The Modern Language Journal*, 99(S1): 66-82.

Brown, A. & Gullberg, M. 2008. Bidirectional cross-linguistic influence in L1-L2 encoding of manner in speech and gesture: A study of Japanese speakers of English. *Studies in Second Language Acquisition*, 30(2): 225-251.

Brown, A. & Gullberg, M. 2011. Bidirectional cross-linguistic influence in event conceptualization? Expressions of path among Japanese learners of English. *Bilingualism: Language and Cognition*, 14(1): 79-94.

Brown, H. D. 2007a. *Principles of Language Learning and Teaching* (5th edn.). Beijing: Foreign Language Teaching and Research Press.

Brown, H. D. 2007b. *Teaching by Principles: An Interactive Approach to Language Pedagogy* (4th edn.). Beijing: Foreign Language Teaching and Research Press.

Brown, L. 2016. An activity-theoretic study of agency and identity in the study abroad experiences of a lesbian nontraditional learner of Korean. *Applied Linguistics*, 37(6): 808-827.

Budner, S. 1962. Intolerance of ambiguity as a personality variable. *Journal of Personality*, 30(1): 29-50.

Bylund, E. & Athanasopoulos, P. 2014. Linguistic relativity in SLA: Towards a new research programme. *Language Learning*, 64(4): 952-985.

Bylund, E. & Jarvis, S. 2011. L2 effects on L1 event conceptualization. *Bilingualism: Language and Cognition*, 14(1): 47-59.

Cadierno, T. 1995. Formal instruction from a processing perspective: An investigation into the Spanish past tense. *The Modern Language Journal*, 79(2): 179-193.

Cadierno, T. 2008. Learning to talk about motion in a foreign language. In P. P. Robinson & N. C. Ellis (Eds.), *Handbook of Cognitive Linguistics and Second Language Acquisition* (pp. 239-275). New

York: Routledge.

Cadierno, T. 2010. Motion in Danish as a second language: Does the learner's L1 make a difference? In Z. Han & T. Cadierno (Eds.), *Linguistic Relativity in SLA: Thinking for Speaking* (pp. 1-33). Bristol/Buffalo/Toronto: Multilingual Matters.

Candlin, C. N. 1998. General editor's preface. In P. Rea-Dickins & K. P. Germaine (Eds.), *Managing Evaluation and Innovation in Language Teaching: Building Bridges* (pp. xiv-xxi). London: Longman.

Carpenter, H., Jeon, K. S., Macgregor, D., et al. 2006. Learner's interpretation of recasts. *Studies in Second Language Acquisition*, 28(2): 209-236.

Carrell, P. L. 1983. Some issues in studying the role of schemata, or background knowledge in second language comprehension. *Reading in a Foreign Language*, 1(2): 81-92.

Carrell, P. L. 1984. Schema Theory and ESL reading: Classroom implications and applications. *The Modern Language Journal*, 68(4): 332-343.

Carroll, D. W. 2005. *Psychology of Language*. Cambridge: Wadsworth Publishing Co. Inc.

Chang, P. & Zhang, L. J. 2020. Idiodynamic research into EFL listeners' directed motivational currents. *Modern Foreign Languages*, 43(2): 200-212.

Chang, P. & Zhang, L. J. 2021. A CDST perspective on variability in foreign language learners' listening development. *Frontiers in Psychology*, 12(601962):1-14.

Chapelle, C. & Roberts, C. 1986. Ambiguity tolerance and field independence as predictors of proficiency in English as a second language. *Language Learning*, 36(1): 27-45.

Chen, L. & Guo, J. 2009. Motion events in Chinese novels: Evidence for an equipollently-framed language. *Journal of Pragmatics*, 41(9): 1749-1766.

Chou, M.-H. 2018. Speaking anxiety and strategy use for learning English as a foreign language in full and partial English-medium instruction contexts. *TESOL Quarterly*, 52(3): 611-633.

Chu, W. H., Lin, D. Y., Chen, T, Y., et al. 2015. The relationships between ambiguity tolerance, learning strategies, and learning Chinese as a second language. *System*, (49): 1-16.

Cicchetti, D. 2016. Socioemotional, personality, and biological development: Illustrations from a multilevel developmental psychopathology perspective on child maltreatment. *The Annual Review of Psychology*, 67(1): 187-211.

Cicchetti, D. & Toth, S. L. 2015. Child maltreatment. In R. M. Lerner & M. E. Lamb (Eds.), *Handbook of Child Psychology and Developmental Science* (pp. 515-563). New York: Wiley.

Coady, J. 1979. A psycholinguistic model of the ESL reader. In R. Mackay, B. Barkman & R. R. Jordan (Eds.), *Reading in a Second Language* (pp. 5-12). Rowley, MA: Newbury House.

Cook, G. 1989. *Discourse*. Oxford: Oxford University Press.

Cook, V. 1991. *Second Language Learning and Teaching*. London: Edward Arnold.

Cooper, D. K. 1999. *Linguistic Attractors: The Cognitive Dynamics of Language Acquisition and Change*. Philadelphia/Amsterdam: John Benjamins.

Corder, S. P. 1981. *Error Analysis and Interlanguage*. Oxford: Oxford University Press.

Crompton, P. 2005. "Where", "in which", and "in that": A corpus-based approach to error analysis. *Regional Language Center Journal*, 36(2): 157-176.

Crooks, G. & Schmidt, R. W. 1991. Motivation: Reopening the research agenda. *Language Learning*, 41(4): 469-512.

Cropley, A. J. 2004. *Creativity in Education and Learning: A Guide for Teachers and Educators*. London: Kogan Page.

Cross, T. 1977. Mother's speech adjustments: The contribution of selected child listener variables. In C. Snow & C. Ferguson (Eds.), *Talking to Children: Language Input and Acquisition* (pp. 151-188). Cambridge: Cambridge University Press.

Crosthwaite, P. 2018. Does EAP writing instruction reduce L2 errors? Evidence from a longitudinal corpus of L2 EAP essays and reports. *International Review of Applied Linguistics in Language Teaching*, 56(3): 315-329.

Cullen, R. 2002. Supportive teacher talk: The importance of the F-move. *ELT Journal*, 56(2): 117-127.

Daller, M. H., Treffers-Daller, J. & Furman, R. 2011. Transfer of conceptualization patterns in bilinguals: The construal of motion events in Turkish and German. *Bilingualism: Language and Cognition*, 14(1): 95-119.

de Bot, K. 2015. Rates of change: Timescales in second language development. In Z. Dörnyei, P. D. MacIntyre & A. Henry (Eds.), *Motivational Dynamics in Language Learning* (pp. 29-37). Bristol/Buffalo/Toronto: Multilingual Matters.

de Bot, K., Lowie, W. & Verspoor, M. 2007. A dynamic systems theory approach to second language acquisition. *Bilingualism: Language and Cognition*, 10(1): 7-21.

de Los Arcos, B., Coleman, J. A. & Hamel, R. 2009. Learners' anxiety in audiographic conferences: A discursive psychology approach to emotion talk. *ReCALL: Journal of Eurocall*, 21(1): 3-17.

Deci, E. L. & Ryan, R. M. 2000. The "what" and "why" of goal pursuits: Human needs and self-determination of behavior. *Psychological Inquiry*, 11(4): 227-268.

DeKeyser, R. M. 1991. Foreign language development during a semester abroad. In B. Freed (Ed.), *Foreign Language Acquisition Research and the Classroom* (pp. 104-119). Lexington, Mass.: DC Heath.

DeKeyser, R. M. 1993. The effect of error correction on L2 grammar knowledge and oral proficiency. *The Modern Language Journal*, 77(4): 501-514.

DeKeyser, R. & Sokalski, K. 1996. The differential role of comprehension and production practice. *Language Learning*, (46): 613-642.

Dewaele, J.-M. & MacIntyre, P. D. 2014. The two faces of Janus? Anxiety and enjoyment in the foreign language classroom. *Studies in Second Language Learning and Teaching*, (4): 237-274.

Dewaele, J.-M., Magdalena, A. F. & Saito, K. 2019. The effect of perception of teacher characteristics on Spanish EFL learners' anxiety and enjoyment. *Modern Language Journal*, 103(2): 412-427.

Dewaele, J.-M., Petrides, K. V. & Furnham, A. 2008. Effects of trait emotional intelligence and sociobiographical variables on communicative anxiety and foreign language anxiety among adult multilinguals: A review and empirical investigation. *Language Learning*, 58(4): 911-960.

Dewey, D. Brown, P. J. & Eggett, D. 2012. Japanese language proficiency, social networking, and language use during study abroad: Learners' perspectives. *The Canadian Modern Language Review*, 68(2): 111-137.

Díaz, E. 2018. Replication and expansion: Activity type in processing instruction's structured input. *Hispania*, 101(4): 545-563.

Díaz-Campos, M. 2004. Context of learning in the acquisition of Spanish second language phonology. *Studies in Second Language Acquisition*, 26(2): 249-273.

Dietrich, R., Klein, W., Noyau, C., et al. 1995. *The Acquisition of Temporality in a Second Language*. Philadelphia/Amsterdam: John Benjamins Publishing Company.

Diller, K. 1981. *Individual Differences and Universals in Language Learning Aptitude*. Rowley, Mass.: Newbury House.

Doiz, A. 2013. The Spanish preterite and imperfect from a cognitive point of view. In M. R. Salaberry & L. Comajoan (Eds.), *Research Design and Methodology in Studies on L2 Tense and Aspect* (pp.

57-88). Boston: Walter de Gruyter.

Dörnyei, Z. 2007. *Teaching and Researching Motivation*. Beijing: Foreign Language Teaching and Research Press.

Dörnyei, Z. 2009. Individual differences: Interplay of learner characteristics and learning environment. *Language Learning*, 59(1): 230-248.

Dörnyei, Z. 2014. Future self-guides and vision. In K. Csizer & M. Magid (Eds.), *The Impact of Self-Concept on Language Learning* (pp. 7-18). Bristol/Buffalo/Toronto: Multilingual Matters.

Dörnyei, Z. 2019. Towards a better understanding of the L2 learning experience, the Cinderella of the L2 motivational self system. *Studies in Second Language Learning and Teaching*, 9(1): 19-30.

Dörnyei, Z., MacIntyre, P. D. & Henry A. 2015a. *Motivational Dynamics in Language Learning*. Bristol/Buffalo/Toronto: Multilingual Matters.

Dörnyei, Z., MacIntyre, P. D. & Henry, A. 2015b. Applying complex dynamic systems principles to empirical research on L2 motivation. In Z. Dörnyei, P. D. MacIntyre & A. Henry (Eds.), *Motivational Dynamics in Language Learning* (pp. 1-10). Bristol/Buffalo/Toronto: Multilingual Matters.

Doughty, C. J. 2003. Instructed SLA: Constraints, compensation and enhancement. In C. J. Doughty & M. H. Long (Eds.), *The Handbook of Second Language Acquisition* (pp. 256-310). Oxford: Blackwell Publishing.

Doughty, C. J. & Long, M. H. 2003. *The Handbook of Second Language Acquisition*. Oxford: Blackwell Publishing.

Dugas, M. J., Gosselin, P. & Ladouceur, R. 2001. Intolerance of uncertainty and worry: Investigating specificity in a nonclinical sample. *Cognitive Therapy and Research*, 25(5): 551-558.

Edge, J. 1989. *Mistakes and Correction*. London: Longman.

Ehrman, M. 1999. Ego boundaries and tolerance of ambiguity in second language learning. In J. Arnold (Ed.), *Affect in Language Learning* (pp. 68-86). Cambridge: Cambridge University Press.

Ehrman, M. 2000. Affect, cognition, and learner self-regulation in second language learning. In O. Kagan & B. Rifkin (Eds.), *The Learning and Teaching of Slavic Languages and Cultures: Toward the 21st Century* (pp. 109-133). Bloomington, IN: Slavica.

Ehrman, M. & Oxford, R. 1989. Effects of sex differences, career choice, and psychological type on adult language learning strategies. *The Modern Language Journal*, 73(1): 1-13.

Ehrman, M. & Oxford, R. 1990. Adult language learning styles and strategies in an intensive training setting. *The Modern Language Journal*, 74(3): 311-327.

Ehrman, M. & Oxford, R. 1995. Cognition plus: Correlates of language learning success. *The Modern Language Journal*, 79(1): 67-89.

El-dali, H. M. 2009. Does form-focused instruction affect L2 language learners' performance? Insights from cognitive psychology and SLA research. *Arab Journal for the Humanities*, 27(106): 239-260.

Ellis, N. 2005. At the interface: Dynamic interactions of explicit and implicit language knowledge. *Studies in Second Language Acquisition*, 27(2): 305-352.

Ellis, N. 2006. Cognitive perspectives on SLA: The associative-cognitive CREED. *AILA Review*, 19(1): 100-121.

Ellis, N. 2008. The dynamics of language use, language change, and first and second language acquisition. *The Modern Language Journal*, (3): 232-249.

Ellis, N. 2012. Frequency-based accounts of second language acquisition. In S. M. Gass & A. Mackey (Eds.), *The Routledge Handbook of Second Language Acquisition* (pp. 193-210). London/New York: Routledge.

Ellis, R. 1994a. *Understanding Second Language Acquisition*. Oxford: Oxford University Press.

Ellis, R. 1994b. *The Study of Second Language Acquisition*. Oxford: Oxford University Press.

Ellis, R. 2001. Introduction: Investigating form-focused instruction. *Language Learning*, 51(S1): 35-46.

Ellis, R. 2004. Activities and procedures for teacher preparation. In J. C. Richards & D. Nunan (Eds.), *Second Language Teacher Education* (pp. 26-36). Beijing: Foreign Language Teaching and Research Press.

Ellis, R. 2005. Measuring implicit and explicit knowledge of a second language: A psychometric study. *Studies in Second Language Acquisition*, 27(2): 141-172.

Ellis, R. 2008. Usage-based and form-focused SLA: The implicit and explicit learning of constructions. In A. Tyler, Y. Kim & M. Takada (Eds.), *Language in the Context of Use: Discourse and Cognitive Approaches to Language* (pp. 93-121). Berlin: Mouton de Gruyter.

Ellis, R. 2010a. English in elementary schools: Limitations and possibilities. *Journal of Foreign Languages*, 33(1): 9-17.

Ellis, R. 2010b. *Learning and Teaching Grammar*. Shanghai: Shanghai Foreign Language Education Press.

Ellis, R. 2010c. Epilogue: A framework for investigating oral and written corrective feedback. *Studies in Second Language Acquisition*, 32(2): 335-349.

Ellis, R. & Cardierno, T. 2009. Constructing a second language: Introduction to the special section. *Annual Review of Cognitive Linguistics*, 7(1): 111-139.

Ellis, R. & Collins, L. 2009. Input and second language acquisition: The roles of frequency, form, and function introduction to the special issue. *The Modern Language Journal*, 93(3): 329-335.

Ellis, R. & Sheen, Y. 2006. Re-examining the role of recasts in second language acquisition. *Studies in Second Language Acquisition*, 28(4): 575-600.

Ellis, R., Loewen, S. & Erlam, R. 2006. Implicit and explicit corrective feedback and the acquisition of L2 grammar. *Studies in Second Language Acquisition*, 28(2): 339-368.

Ely, C. 2002. Tolerance of ambiguity and the teaching of ESL. In J. M. Reid (Ed.), *Learning Styles in the ESL/EFL Classroom* (pp. 87-95). Beijing: Foreign Language Teaching and Research Press.

Ely, C. M. 1986. An analysis of discomfort, risk-taking, sociability, and motivation in the L2 classroom. *Language Learning*, 36(1): 1-25.

Engemann, H., Hendriks, H., Hickmann, M., et al. 2015. How language impacts memory of motion events in English and French. *Cognitive Processing*, 16(S1): 209-213.

Erikson, M., Erikson, M. G., Punzi, E., et al. 2018. A single-question qualitative bachelor's programme evaluation. *Assessment & Evaluation in Higher Education*, 43(6): 969-978.

Ewald, J. D. 2007. Foreign language learning anxiety in upper-level classes: Involving students as researchers. *Foreign Language Annals*, 40(1): 122-142.

Eysenck, M. W. 1979. Anxiety, learning and memory: A reconceptualization. *Journal of Research in Personality*, 13(4): 363-385.

Farley, A. P. 2004a. Processing instruction and the Spanish subjunctive: Is explicit information needed? In B. VanPatten (Ed.), *Processing Instruction: Theory, Research, and Commentary* (pp. 227-240). Mahwah, NJ: Erlbaum.

Farley, A. P. 2004b. *Structured Input: Grammar Instruction for the Acquisition-Oriented Classroom*. New York: McGraw-Hill Companies.

Farrell, T. S. C. 2014. *Promoting Teacher Reflection in Second Language Education: A Framework for TESOL Professionals*. New York: Routledge.

Fernández, C. R. 2008. Reexamine the role of explicit information in processing instruction. *Studies in Second Language Acquisition*, 30(3): 277-305.

Feryok, A. 2012. Activity theory and language teacher agency. *The Modern Language Journal*, 96(1): 95-107.

Flecken, M. 2011. Event conceptualization by early Dutch-German bilinguals: Insights from linguistic and eye-tracking data. *Bilingualism: Language and Cognition*, 14(1): 61-77.

Flecken, M., von Stutterheim, C. & Carroll, M. 2013. Principles of information organization in L2 use: Complex patterns of conceptual transfer. *IRAL*, 51(2): 229-242.

Flecken, M., Carroll, M., Weimar, K., et al. 2015. Driving along the road or heading for the village? Conceptual differences underlying motion event encoding in French, German, and French-German L2 users. *The Modern Language Journal*, 99(S1): 100-122.

Fordyce, K. 2014. The differential effects of explicit and implicit instruction on EFL learners' use of epistemic stance. *Applied Linguistics*, 35(1): 6-28.

Francesca, D. S., Diao, W. H. & Donovan, A. 2016. The development of L2 fluency during study abroad: A cross-language study. *The Modern Language Journal*, 100(3): 610-624.

Freed, B. F. 1995. *Second Language Acquisition in a Study-Abroad Context*. Philadelphia/Amsterdam: John Benjamins Publishing Company.

Freed, B. F. 1998. An overview of issues and research in language learning in a study abroad setting. *Frontiers: The Interdisciplinary Journal of Study Abroad*, 4(2): 31-60.

Fuchs, C. 2006. Exploring German preservice teachers' electronic and professional literacy skills. *ReCALL : Journal of Eurocall*, 18(2): 174-192.

Fukuchi, N. T. & Robin, S. 2005. Affective dimensions of the Japanese foreign language learner: Implications for psychological learner development in Japan. *Journal of Multilingual & Multicultural Development*, 26(4): 333-350.

Galotti, K. M. 2004. *Cognitive Psychology: In and Out of the Laboratory*. Belmont, CA: Thomson Wadsworth.

Gardner, D. & Miller, L. 2005. *Establishing Self-Access: From Theory to Practice*. Beijing: Foreign Language Teaching and Research Press.

Gardner, R. C. 1986. *Social Psychology and Second Language Learning: The Role of Attitudes and Motivation*. London: Edward Arnold.

Gardner, R. C. 2010. *Motivation and Second Language Acquisition: The Socio-educational Model*. London: Peter Lang Publishing Inc.

Gardner, R. C. & MacIntyre, P. D. 1993. On the measurement of affective variables in second language learning. *Language Learning*, 43(2): 157-194.

Gardner, R., Symthe, P. C., Clément, R., et al. 1976. Second language acquisition: A social psychological perspective. *The Canadian Modern Language Review*, (32): 198-213.

Gass, S. M. 1988. Integrating research areas: A framework for second language studies. *Applied Linguistics*, 9(2): 198-217.

Gass, S. M. 2003. Input and interaction. In C. Dough & M. H. Long (Eds.), *The Handbook of Second Language Acquisition* (pp. 224-255). Oxford: Blackwell.

Gass, S. M. & Mackey, A. 2007. Input, interaction and output in second language acquisition. In B. VanPatten & J. Williams (Eds.), *Theories in Second Language Acquisition: An Introduction* (pp. 190-199). Mahwah, NJ: Lawrence Erlbaum Associates.

Gass, S. M. & Selinker, L. 2008. *Second Language Acquisition: An Introduction Course*. New York: Routledge.

Gass, S. M. & Torres, M. J. A. 2005. Attention when? An investigation of the ordering effect of input and interaction. *Studies in Second Language Acquisition*, 27(1): 1-31.

Gebbard, J. G. 2004. Interaction in a teaching practicum. In J. C. Richards & D. Nunan (Eds.), *Second Language Teacher Education* (pp. 118-131). Beijing: Foreign Language Teaching and Research Press.

Gonçalves, P. 2002. The role of ambiguity in second language change: The case of Mozambican African Portuguese. *Second Language Research*, 18(4): 325-327.

Goodman, K. S. 1971. Psycholinguistic universals in the reading process. In P. Pinsleur & T. Quinn (Eds.), *The Psychology of Second Language Learning* (pp. 135-142). Cambridge: Cambridge University Press.

Green, D. W. 2000. Concepts, experiments and mechanisms. *Bilingualism: Language and Cognition*, 3(1): 16-18.

Green, J. M. & Oxford, R. 1995. A closer look at learning strategies, L2 proficiency, and gender. *TESOL Quarterly*, 29(2): 261-297.

Gregersen, T. & Horwitz, E. K. 2002. Language learning and perfectionism: Anxious and non-anxious language learners' reactions to their own oral performance. *The Modern Language Journal*, 86(4): 562-570.

Gregersen, T., MacIntyre, P. D. & Meza, M. 2014. The motion of emotion. *The Modern Language Journal*, 98(2): 574-588.

Guskey, T. R. 1985. Staff development and teacher change. *Journal of Educational Research*, 42(7): 57-60.

Guskey, T. R. 1988. Teacher efficacy, self-concept, and attitudes toward the implementation of instructional innovation. *Teaching and Teacher Education*, 4(1): 63-69.

Guskey, T. R. 2000. *Evaluating Professional Development*. California: Corwin Press Inc.

Guskey, T. R. & Sparks, D. 1991. What to consider when evaluating staff development. *Educational Leadership*, 49(3): 73-76.

Gutiérrez, X. 2012. Implicit knowledge, explicit knowledge and achievement in second language (L2) Spanish. *Canadian Journal of Applied Linguistics*, 15(1): 20-41.

Hamid, M. & Doan, L. D. 2014. The problematic of second language errors. *Australian Review of Applied Linguistics*, 37(2): 123-144.

Hampel, R. & Stickler, U. 2005. New skills for new classrooms: Training tutors to teach languages online. *Computer Assisted Language Learning*, 18(4): 311-326.

Han, Z. H. & Cadierno, T. 2010. *Linguistic Relativity in SLA: Thinking for Speaking*. Bristol/Buffalo/Toronto: Multilingual Matters.

Han, Z. H. & Liu, Z. 2013. Input processing of Chinese by *ab initio* learners. *Second Language Research*, 29(2): 145-164.

Hardison, D. M. 2014. Changes in second-language learners' oral skills and socio-affective profiles following study abroad: A mixed-methods approach. *The Canadian Modern Language Review*, 70(4): 415-444.

Henry, N., Culman, H. & VanPatten, B. 2009. More on the effects of explicit information in instructed SLA: A partial replication and a response to Fernández (2008). *Studies in Second Language Acquisition*, 31(4): 559-575.

Hernandez, T. A. 2010. The relationship among motivation, interaction, and the development of second language oral proficiency in a study-abroad context. *The Modern Language Journal*, 94(4): 600-617.

Hijazo-Gascón, A. 2018. Acquisition of motion events in L2 Spanish by German, French and Italian speakers. *The Language Learning Journal*, 46(3): 241-262.

Hiver, P. & Al-Hoorie, A. H. 2016. Putting complexity into practice: A dynamic ensemble for second language research. *The Modern Language Journal*, 100(4): 741-756.

Horst, M., White, J. & Bell, P. 2010. First and second language knowledge in the language classroom. *International Journal of Bilingualism*, 14(3): 331-349.

Horwitz, E. K. 1986. Preliminary evidence for the reliability and validity of a foreign language anxiety scale. *TESOL Quarterly*, 20(3): 559-562.

Horwitz, E. K. 2010. Foreign and second language anxiety. *Language Teaching*, 43(2): 154-167.

Horwitz, E. K., Horwitz, M. B. & Cope, J. 1986. Foreign language classroom anxiety. *The Modern Language Journal*, 70(2): 125-132.

Howard, M. 2001. The effects of study abroad on the L2 learner's structural skills: Evidence from advanced learners of French. *EUROSLA Yearbook*, 1(1): 123-141.

Hughes, A. 1989. *Testing for Language Teachers*. Cambridge: Cambridge University Press.

Hulstijn, J. H. 2005. Theoretical and empirical issues in the study of implicit and explicit second-language learning. *Studies of Second Language Acquisition*, 27(2): 129-140.

Hwu, F. 2007. Learners' strategies with a grammar application: The influence of language ability and personality preferences. *ReCALL*, 19(1): 21-38.

Indrarathne, B. & Kormos, J. 2017. Attentional processing of input in explicit and implicit conditions. *Studies in Second Language Acquisition*, 39(3): 401-430.

Ivaz, L., Costa, A. & Duñabeitia, J. A. 2016. The emotional impact of being myself: Emotions and foreign-language processing. *Journal of Experimental Psychology: Learning, Memory, and Cognition*, 42(3): 489-496.

James, C. 2001. *Errors in Language Learning and Use: Exploring Error Analysis*. London: Routledge.

Jarvis, S. 1998. *Conceptual Transfer in the Interlingual Lexicon*. Bloomington, IN: Indian University Linguistics Club Publication.

Jarvis, S. 2000a. Methodological rigor in the study of transfer: Identifying L1 influence in the interlanguage lexicon. *Language Learning*, 50(2): 245-309.

Jarvis, S. 2000b. Semantic and conceptual transfer. *Bilingualism: Language and Cognition*, 3(1): 1-36.

Jarvis, S. 2007. Theoretical and methodological issues in the investigation of conceptual transfer. *Vigo International Journal of Applied Linguistics*, (4): 43-71, 159.

Jarvis, S. 2011. Conceptual transfer: Crosslinguistic effects in categorization and construal.

Bilingualism: Language and Cognition, 14(1): 1-8.

Jarvis, S. 2015. Fundamental questions for conceptual transfer research. *Foreign Languages and Their Teaching*, (4): 32-36.

Jarvis, S. 2016. Clarifying the scope of conceptual transfer. *Language Learning*, 66(3): 608-635.

Jarvis, S. & Odlin, T. 2000. Morphological type, spatial reference, and language transfer. *Studies in Second Language Acquisition*, 22(4): 535-556.

Jarvis, S. & Pavlenko, A. 2008. *Crosslinguistic Influence in Language and Cognition*. New York & London: Routledge.

Jegerski, J. & VanPatten, B. 2014. *Research Methods in Second Language Psycholinguistic*. New York: Routledge.

Jiao, Y., LaCross, A., Berisha, V., et al. 2019. Objective intelligibility assessment by automated segmental and suprasegmental listening error analysis. *Journal of Speech, Language, and Hearing Research*, 62(9): 3359-3366.

Johnson, K. 2002. *An Introduction to Foreign Language Learning and Teaching*. Beijing: Foreign Language Teaching and Research Press.

Juffs, A. 2005. The influence of first language on the processing of wh-movement in English as a second language. *Second Language Research*, 21(2): 121-151.

Kanwit, M., Geeslin, K. L. & Fafulas, S. 2015. Study abroad and the SLA of variable structures: A look at the present perfect, the copula contrast, and the present progressive in Mexico and Spain. *Probus*, 27(2): 307-348.

Kazamia, V. 1999. How tolerant are Greek EFL learners of foreign language ambiguities? *Foreign Language Annals*, (22): 69-78.

Keefe, J. W. 1979. *School Applications of the Learning Style Concept: Student Learning Styles*. Reston, VA: National Associations of Secondary School Principals.

Kern, R. & Schultz, J. M. 2005. Beyond orality: Investigating literacy and the literary in second and foreign language instruction. *The Modern Language Journal*, 89(3): 381-392.

Kirkpatrick, D. L. 1976. Evaluation. In R. L. Craig (Ed.), *Training and Development Handbook* (pp. 301-319). New York: McGraw-Hill.

Kirkpatrick, D. L. 1979. Techniques for evaluating training programs. *Training & Development Journal*, 33(6): 78-92.

Kirkpatrick, D. L. & Kirkpatrick, J. D. 2006. *Evaluating Training Programs*. San Francisco: Berrett-Koehler Publishers, Inc.

Kirton, M. J. 1981. A reanalysis of two scales of tolerance of ambiguity. *Journal of Personality Assessment*, 45(4): 407-415.

Kitano, K. 2001. Anxiety in the college Japanese language classroom. *The Modern Language Journal*, 85(4): 549-566.

Kiwako, I. & Wong, W. 2019. Processing instruction and the effects of input modality and voice familiarity on the acquisition of the French causative construction. *Studies in Second Language Acquisition*, 41(2): 443-468.

Klein, W. 1995. The acquisition of English. In R. Dietrich, W. Klein & C. Noyau (Eds.), *The Acquisition of Temporality in a Second Language* (pp. 132-143). Philadelphia/Amsterdam: John Benjamins.

Knapska, E., Nikolaev, E., Boguszewski, P., et al. 2006. Between-subject transfer of emotional information evokes specific pattern of amygdala activation. *PNAS*, 103(10): 3858-3862.

Krashen, S. D. 1982. *Principles and Practice in Second Language Acquisition*. Oxford: Pergamon Press.

Krashen, S. D. 1985. *The Input Hypothesis: Issues and Implications*. London: Longman.

Krasny, K. A., Sadoski, M. & Allan, P. 2007. Unwarranted return: A response to McVee, Dunsmore, and Gavelek's (2005) "Schema Theory Revisited". *Educational Research Review*, 77(2): 239-244.

Kumaravadivelu, B. 2006. TESOL methods: Changing tracks, challenging trends. *TESOL Quarterly*, 40(1): 59-81.

Laroche, J. M. 1983. Acquisition of second languages perceived as "close" or "remote": The perspective of error analysis. *System*, 11(2): 143-148.

Larsen-Freeman, D. 2012. Complexity theory. In S. M. Gass & A. Mackey (Eds.), *The Routledge Handbook of Second Language Acquisition* (pp. 73-88). London/New York: Routledge.

Larsen-Freeman, D. & Long, M. H. 2000. *An Introduction to Second Language Acquisition Research*. Beijing: Foreign Language Teaching and Research Press.

Lasagabaster, D. & Sierra, J. M. 2005. Error correction: Students' versus teachers' perceptions. *Language Awareness*, 14(2-3): 112-127.

Lee, J. F. 2004. On the generalizability, limits and potential future directions of processing instructing research. In B. VanPatten (Ed.), *Processing Instruction: Theory, Research, and Commentary* (pp. 311-323). Mahwah, NJ: Erlbaum.

Lee, J. F. & Benati, A. G. 2009. *Research and Perspectives on Processing Instruction*. New York: Mouton de Gruyter.

Lee, J. F. & Benati, A. G. 2013a. *Processing Instruction: A Retrospective*. New York: Equinox Publishing Limited.

Lee, J. F. & Benati, A. G. 2013b. *Individual Differences and Processing Instruction*. New York: Equinox Publishing Limited.

Lee, Y. 2007. Third turn position in teacher talk: Contingency and the work of teaching. *Journal of Pragmatics*, 39(1): 180-206.

Leeser, M. & Demil, A. 2013. Investigating the secondary effects of processing instruction in Spanish: From instruction on accusative clitics to transfer-of-training effects on dative clitics. *Hispania*, 96(4): 748-762.

Lennon, P. 1991. Error: Some problem of definition, identification and distinction. *Applied Linguistics*, 12(2): 180-196.

Levelt, W. 1989. *Speaking: From Intention to Articulation*. Cambridge: MIT Press.

Levine, G. S. 2003. Student and instructor beliefs and attitudes about target language use, first language use, and anxiety: Report of a questionnaire study. *The Modern Language Journal*, 87(3): 343-364.

Li, S., Hiver, P. & Papi, M. 2021. *The Routledge Handbook of Second Language Acquisition and Individual Differences*. New York: Routledge.

Liebscher, G. & Dailey-O'Cain, J. 2003. Conversational repair as a role-defining mechanism in classroom interaction. *The Modern Language Journal*, 87(3): 375-390.

Lightbown, P. M. & Spada, N. 1990. Focus-on-form and corrective feedback in communicative language teaching. *Studies in Second Language Acquisition*, 12(4): 429-448.

Lindgren, J. 2019. Comprehension and production of narrative macrostructure in Swedish: A longitudinal study from age 4 to 7. *First Language*, 39(4): 412-432.

Littlewood, W. 1996. "Autonomy": An anatomy and a framework. *System*, 24(4): 427-435.

Littlewood, W. 2010. Chinese and Japanese students' conceptions of "ideal English lesson". *RELC Journal*, 41(1): 46-58.

Littlewood, W. T. 1984. *Foreign and Second Language Learning*. Cambridge: Cambridge University Press.

Liu, H. H., Dunlap, S., Tang, Y. T., et al. 2017. The modulatory role of L1 and L2 morphosyntactic similarity during production of L2 inflected words: An ERP study. *Journal of Neurolinguistics*, 42: 109-123.

Llanes, A. 2012. The short-and long-term effects of a short study abroad experience: The case of children. *System*, 40(2): 179-190.

Loewen, S. & Sato, M. 2018. Interaction and instructed second language acquisition. *Language Teaching*, 51(3): 285-329.

Long, M. H. 1990. Maturational constraints on language development. *SSLA*, 12(3): 251-285.

Lucas, R. I., Promentilla, M. A., Ubando, A., et al. 2017. An AHP-based evaluation method for teacher training workshop on information and communication technology. *Evaluation and Program Planning*, 63(C): 93-100.

Lyster, R. & Mori, H. 2006. Interactional feedback and instructional counterbalance. *Studies in Second Language Acquisition*, 28(2): 269-300.

Macaro, E. 2001. Analysing student teacher's code-switching in foreign language classrooms: Theories and decision making. *The Modern Language Journal*, 85(4): 531-548.

Macaro, E. 2008. *Teaching and Learning a Second Language: A Guide to Recent Research and Its Applications*. Beijing: World Publishing Corporation.

Macbeth, D. 2004. The relevance of repair for classroom correction. *Language in Society*, 33(5): 703-736.

MacDonald, C. 1993. *Using the Target Language*. Cheltenham: Mary Glasgow Publications.

MacIntyre, P. D. 2007. Willingness to communicate in the second language: Understanding the decision to speak as a volitional process. *The Modern Language Journal*, 91(4): 564-576.

MacIntyre, P. D. & Gardner, R. G. 1994. The subtle effects of language anxiety on cognitive procession in the second language. *Language Learning*, 44(2): 283-305.

MacIntyre, P. D., Dörnyei, Z. & Henry, A. 2015. Hot enough to be cool: The promise of dynamic systems research. In Z. Dörnyei, P. D. MacIntyre & A. Henry (Eds.), *Motivational Dynamics in Language Learning* (pp. 419-429). Bristol/Buffalo/Toronto: Multilingual Matters.

MacIntyre, P. D., Baker, S. C., Clément, R., et al. 2003. Sex and age effects on willingness to communicate, anxiety, perceived competence, and L2 motivation among junior high school French immersion students. *Language Learning*, 52(3): 537-564.

Mai, Z. Y. & Yuan, B. P. 2016. Uneven reassembly of tense, telicity and discourse features in L2 acquisition of the Chinese *shì … de* cleft construction by adult English speakers. *Second Language Research*, 32(2): 247-276.

Marisela, B. L., Van Steendam, E., Dirk, S., et al. 2018. The differential effects of comprehensive feedback forms in the second language writing class. *Language Learning*, 68(3): 813-850.

Marsden, E. & Chen, H. Y. 2011. The roles of structured input activities in processing instruction and the kinds of knowledge they promote. *Language Learning*, 61(4): 1058-1098.

Matsuda, S. & Gobel, P. 2004. Anxiety and predictors of performance in the foreign language classroom. *System*, 32(1): 21-36.

Matsumura, S. & Hann, G. 2004. Computer anxiety and students' preferred feedback methods in EFL writing. *The Modern Language Journal*, 88(3): 403-415.

Mbirimi-Hungwe, V. & McCabe, R. M. 2020. Translanguaging during collaborative learning: A "transcollab" model of teaching. *Southern African Linguistics and Applied Language Studies*, 38(3): 244-259.

McCann, S. & Gardner, C. 2014. Student personality differences are related to their responses on instructor evaluation forms. *Assessment & Evaluation in Higher Education*, 39(4): 412-426.

McDonald, A. P. 1970. Revised scale for ambiguity tolerance: Reliability and validity. *Psychological Reports*, 26(3): 791-798.

McDonald, D. 2007. Would you, could you, should you, use picture books to broaden teachers' critical thinking dispositions and awareness. *Thinking Classroom*, 8(1): 32-35.

McDonough, K. 2005. Identifying the impact of negative feedback and learner's responses on ESL question development. *Studies in Second Language Acquisition*, 27(1): 79-104.

McHoul, A. W. 1990. The organization of repair in classroom talk. *Language in Society*, 19(3): 349-377.

Mclain, D. L. 1993. The MSTAT-I: A new measure of an individual's tolerance for ambiguity. *Educational and Psychological Measurement*, 53(1): 183-189.

McManus, K. 2015. L1/L2 Differences in the acquisition of form-meaning pairings: A comparison of English and German learners of French. *Canadian Modern Language Review*, 71(2): 155-181.

McVee, M. B., Dunsmore, K. & Gavelek, J. R. 2005. Schema theory revisited. *Review of Educational Research*, 75(4): 531-566.

Meisel, J. 1987. Reference to past events and actions in the development of natural language acquisition. In C. W. Pfaff (Ed.), *First and Second Language Acquisition Processes* (pp. 206-224). Cambridge, MA: Newbury House.

Metfessel, N. S. & Michael, W. B. 1967. A paradigm involving multiple criterion measures for the evaluation of the effectiveness of school programs. *Educational and Psychological Measurement*, 27(4): 931-943.

Mogg, K. & Bradley, B. P. 2002. Selective orienting of attention to masked threat faces in social anxiety. *Behaviour Research and Therapy*, 40(12): 1403-1414.

Montrul, S., Foote, R. & Perpiñán, S. 2008. Gender agreement in adult second language learners and Spanish heritage speakers: The effects of age and context of acquisition. *Language Learning*, 58(3): 503-553.

Muñoz, C. & Llanes, A. 2014. Study abroad and changes in degree of foreign accent in children and adults. *The Modern Language Journal*, 98(1): 432-449.

Muñoz, M. & Cadierno, T. 2019. Mr Bean exits the garage driving or does he drive out of the garage? Bidirectional transfer in the expression of path. *International Review of Applied Linguistics in Language Teaching*, 57(1): 45-69.

Murphy, G. L. 2002. *The Big Book of Concepts*. Cambridge, MA: MIT Press.

Namaziandost, E., Dehkordi, E. S. & Shafiee, S. 2019. Comparing the effectiveness of input-based and output-based activities on productive knowledge of vocabulary among preintermediate EFL learners. *Asian-Pacific Journal of Second and Foreign Language Education*, https://link.springer.com/content/pdf/10.1186/s40862-019-0065-7.pdf.

Nassaji, H. 2000. Towards integrating form-focused instruction and communicative interaction in the second language classroom: Some pedagogical possibilities. *The Canadian Modern Language Review*, 84(2): 241-250.

Nassaji, H. 2007. Schema theory and knowledge-based processes in second language reading comprehension: A need for alternative perspective. *Language Learning*, (s1): 79-113.

Nassaji, H. 2020. Assessing the effectiveness of interactional feedback for L2 acquisition: Issues and challenges. *Language Teaching*, 53(1): 3-28.

Nassaji, H. & Cummuing, A. 2000. What is in a ZPD: A case study of a young ESL student and teacher interacting through dialogue journals. *Language Teaching Research*, 4(2): 95-121.

Ne'eman, A. & Shaul, S. 2021. Readiness or impairment: Cognitive and linguistic differences between children who learn to read and those who exhibit difficulties with reading in kindergarten compared to their achievements at the end of first grade. *Frontiers in Psychology*, 12(614996): 1-19.

Newport, E. L., Gleitman, H. & Gleitman, L. R. 1977. "Mother, I'd like to do it myself": Some effects and non-effects of maternal speech styles. In C. Snow & C. Ferguson (Eds.), *Talking to Children: Language Input and Acquisition* (pp. 109-149). Cambridge: Cambridge University Press.

Niemeier, S. 2013. A cognitive grammar perspective on tense and aspect. In M. R. Salaberry & L. Comajoan (Eds.), *Research Design and Methodology in Studies on Tense and Aspect* (pp. 11-56). Boston: Walter de Gruyter.

Noe, R. A. & Schmitt, N. 1986. The influence of trainee attitudes on training effectiveness: Test of a model. *Personnel Psychology*, 39(3): 497-523.

Noels, K. A., Chaffee, K. E., Michalyk, M., et al. 2014. Culture, autonomy and the self in language learning. In K. Csizer & M. Magid (Eds.), *The Impact of Self-concept on Language Learning* (pp. 131-154). Bristol/Buffalo/Toronto: Multilingual Matters.

Norris, J. M. & Ortega, L. 2000. Effectiveness of L2 instruction: A research synthesis and quantitative meta-analysis. *Language Learning*, 50(3): 417-528.

Norton, R. W. 1975. Measurement of ambiguity tolerance. *Journal of Personality Assessment*, 39(6): 607-619.

Nunan, D. 2001. *Second Language Teaching and Learning* Beijing: Foreign Language Teaching and Research Press.

Nunan, D. 2004. *Task-Based Language Teaching*. Cambridge: Cambridge University Press.

Odlin, T. 2005. Cross-linguistic influence and conceptual transfer: What are the concepts? *Annual Review of Applied Linguistics*, 25: 3-25.

Odlin, T. 2008. Conceptual transfer and meaning extensions. In P. Robinson & N. Ellis (Eds.), *Handbook of Cognitive Linguistics and Second Language Acquisition* (pp. 306-340). New York: Routledge.

Odlin, T. 2015. Two points in a research agenda for the study of conceptual transfer. *Foreign Languages and Their Teaching*, (4): 25-31.

Olsson, A., Nearing, K. I. & Phelps, E. A. 2007. Learning fears by observing others: The neural systems of social fear transmission. *Social Cognitive and Affective Neuroscience*, 2(1): 3-11.

Oon, P.-T., Spencer, B. & Kam, C. C. 2017. Psychometric quality of a student evaluation of teaching survey in higher education. *Assessment & Evaluation in Higher Education*, 42(5): 788-800.

Ortega, L. 2011. *Second Language Acquisition: Critical Concepts in Linguistics (Volume VI: Second Language Acquisition and Instruction)*. London & New York: Routledge Tayler & Francis Group.

Oxford, R. 1989. Use of language learning strategies: A synthesis of studies with implications for teacher training. *System*, 17(2): 235-247.

Oxford, R. & Nyikos, M. 1989. Variables affecting choice of language learning strategies by university students. *The Modern Language Journal*, 73(3): 291-300.

Oxford, R. L. 1990a. Language learning strategies and beyond: A look at strategies in the context of styles. In S. Magnan (Ed.), *Shifting the Instructional Focus to the Learner* (pp. 35-55). Middlebury, VT: Northeast Conference on the Teaching of Foreign Languages.

Oxford, R. L. 1990b. Strategy inventory for language learning. In R. L. Oxford (Ed.), *Language Learning Strategies: What Every Teacher Should Know* (pp. 41-61). Boston: Heinle & Heinle.

Oxford, R. L. 2000. Anxiety and language learner: New insights. In J. Arnold (Ed.), *Affect in Language Learning* (pp. 58-67). Beijing: Foreign Language Teaching and Research Press.

Palmer, S. 2012. Student evaluation of teaching: Keeping in touch with reality. *Quality in Higher Education*, 18(3): 297-311.

Pavlenko, A. 1998. SLA and acculturation: Conceptual transfer in L2 learners' narratives (Paper Presented at AAAL). Seattle, WA, March.

Pavlenko, A. 2009. Conceptual representation in the bilingual lexicon and second language vocabulary learning. In A. Pavlenko (Ed.), *The Bilingual Mental Lexicon: Interdisciplinary Approaches* (pp. 125-160). Bristol/Buffalo/Toronto: Multilingual Matters.

Pavlenko, A. & Jarvis, S. 2002. Bidirectional transfer. *Applied Linguistics*, 23(2): 190-214.

Pavlenko, A. & Malt, B. C. 2011. Kitchen Russian: Cross-linguistic differences and first-language object naming by Russian-English bilinguals. *Bilingualism: Language and Cognition*, 14(1): 19-45.

Pavlenko, A. & Volynsky, M. 2015. Motion encoding in Russian and English: Moving beyond Talmy's typology. *The Modern Language Journal*, 99(S1): 32-48.

Peltier, C., Sinclair, T. E., Pulos, J. M., et al.2020. Effects of schema-based instruction on immediate, generalized, and combined structured word problems. *Journal of Special Education*, 54(2): 101-112.

Peukert, H. 2015. *Transfer Effects in Multilingual Language Development*. Amsterdam: John Benjamins Publishing Company.

Phelps, E., Ling, S. & Carrasco, M. 2006. Emotion facilitates perception and potentiates the perceptual benefit of attention. *Psychological Science*, 17(4): 292-299.

Phillips, E. M. 1992. The effects of language anxiety on students' oral test performance and attitudes. *The Modern Language Journal*, 76(1): 14-26.

Pickering, M. J. & Garrod, S. 2004. Toward a mechanistic psychology of dialogue. *Behavioral and Brain Sciences*, 27(2): 169-226.

Pienemann, M. 1998. *Language Processing and Second Language Development: Processability Theory*. Philadelphia/Amsterdam: John Benjamins Publishing Company.

Pienemann, M. 2007. Processability theory. In B. VanPatten & J. Williams (Eds.), *Theories in Second Language Acquisition* (pp. 137-154). Mahwah: Erlbaum.

Pintrich, P. R. 2000. The role of goal orientation in self-regulated learning. In B. Monique, P. R. Pintrich & M. Zeidner (Eds.), *Handbook of Self-regulation* (pp. 452-502). San Diego: Academic Press.

Polio, C., Gass, S. & Chapin, L. 2006. Using stimulated recall to investigate native speaker perceptions in native-nonnative speaker interaction. *Studies in Second Language Acquisition*, 28(2): 237-268.

Potowski, K., Jegerski, J. & Morgan-Short, K. 2009. The effects of instruction on linguistic development in Spanish heritage language speakers. *Language Learning*, 59(3): 537-579.

Quirk, R., Leech, G., Greenbaum, S., et al. 1985. *A Comprehensive Grammar of the English Language*. London: Longman Group Limited.

Ra, J. & Rhee, K. 2018. Detection of gender related DIF in the foreign language classroom anxiety scale. *Educational Sciences: Theory & Practice*, 18(1): 47-60.

Rahimi, M., Zhang, L. J. & Nasr-Esfahani, N. 2016. Advocating school-university partnership for responsive teacher education and classroom-based curricula: Evidence from teachers' cognitions about principles of curriculum design and their own roles. *Australian Journal of Teacher Education*, 41(12): 83-96.

Reid, J. M. 2002. *Learning Styles in the ESL/EFL Classroom*. Beijing: Foreign Language Teaching and Research Press.

Riazi, A. M. 2016. Innovative mixed-methods research: Moving beyond design technicalities to epistemological and methodological realizations. *Applied Linguistics*, 37(1): 33-49.

Richards, J. C. 1971. A non-contrastive approach to error analysis. *English Language Teaching Journal*, 25(3): 204-219.

Richards, J. C. & Nunan, D. 2004. *Second Language Teacher Education*. Beijing: Foreign Language Teaching and Research Press.

Rivers, V. M. 1987. *Interactive Language Teaching*. Cambridge: Cambridge University Press.

Robinson, P. 2011. *Second Language Task Complexity: Researching the Cognition Hypothesis of Language Learning and Performance*. Amsterdam: John Benjamins Publishing Company.

Roebers, C. M. 2017. Executive function and metacognition: Towards a unifying framework of cognitive self-regulation. *Developmental Review*, (45): 31-51.

Roehr, K. 2010. Explicit knowledge and learning in SLA: A cognitive linguistics perspective. *AILA Review*, 23(1): 7-29.

Rule, N. O. & Ambady, N. 2008. Brief exposures: Male sexual orientation is accurately perceived at 50ms. *Journal of Experimental Social Psychology*, 44(4): 1100-1105.

Rumelhart, D. 1980. Schemata: The building blocks of cognition. In R. Spiro, B. Bruce & W. Brewer (Eds.), *A Theoretical Issues in Reading Comprehension* (pp. 33-58). Mahway: Erlbaum Associates.

Rutherfort, W. E. 1987. *Second Language Grammar: Learning and Teaching*. New York: Longman.

Rydell, S. T. & Rosen, E. 1966. Measurement and some correlates of need-cognition. *Psychological Reports*, 19(1): 139-165.

Santos, T. 1987. Markedness theory and error evaluation: An experimental study. *Applied Linguistics*, 8(3): 207-218.

Sanz, C. 2004. Computer delivered implicit versus explicit feedback in processing instruction. In B. VanPatten (Ed.), *Processing Instruction: Theory, Research and Commentary* (pp. 245-259). Mahwah, NJ: Lawrence Erlbaum Associates.

Sanz, C. & Morgan-Short, K. 2004. Positive evidence versus explicit rule presentation and explicit negative feedback: A computer-assisted study. *Language Learning*, 54(1): 35-78.

Saville-Troike, M. 2005. *Introducing Second Language Acquisition*. Cambridge: Cambridge University Press.

Schmidt, R. 1995. Consciousness and foreign language learning: A tutorial on the role of attention and awareness in learning. In P. Schmidt (Ed.), *Attention and Awareness in Foreign Language Learning* (pp. 1-16). Honolulu: University of Hawai'i Press.

Schnall, S., Haidt, J., Clore, G. L., et al. 2008. Disgust as embodied moral judgement. *Personality and Social Psychology Bulletin*, 34(8): 1096-1109.

Scott, M. A., Bogdan, L. M., Eidsness, M. A., et al. 2009. Taking a trait approach to understanding college students' perceptions of group work. *College Student Journal*, 43(3): 822-831.

Scovel, T. 1978. The effect of affect on foreign language learning: A review of the anxiety research. *Language Learning*, 28(1): 129-142.

Seliger, H. & Long, M. 1983. *Classroom-oriented Research in Second Language Acquisition*. Rowley, Mass.: Newbury House.

Sert, O. & Amri, M. 2021. Learning potentials afforded by a film in task-based language classroom interactions. *The Modern Language Journal*, 105(S1): 126-141.

Sharwood-Smith, M. 1981. Consciousness-raising and the second language learner. *Applied Linguistics*, 11(2): 159-169.

Sheen, Y. 2008. Recasts, language anxiety, modified output and L2 learning. *Language Learning*, 58(4): 835-874.

Shulman, L. 1987. Knowledge and teaching: Foundations of the new reform. *Harvard Educational Review*, 57(1): 1-22.

Siegal, M. & Varley, R. 2002. Neural systems involved in "theory of mind". *Nature Reviews Neuroscience*, 3(6): 463-471.

Singleton, D. & Ryan, L. 2004. *Language Acquisition: The Age Factor*. 2nd edn. Bristol/Buffalo/Toronto: Multilingual Matters.

Skehan, P. 1991. Individual differences in second language learning. *Studies in Second Language Acquisition*, 13(2): 275-298.

Skehan, P. 1998. *A Cognitive Approach to Language Learning*. Oxford: Oxford University Press.

Slobin, D. 1991. Learning to think for speaking: Native language, cognition, and rhetorical style. *Pragmatics*, 1(1): 7-25.

Slobin, D. 1993. Adult language acquisition: A view from child language study. In C. Perdue (Ed.), *Adult Language Acquisition: Cross-linguistic Perspectives* (pp. 239-252). Cambridge, UK: Cambridge University Press.

Slobin, D. 1996. From "thought and language" to "thinking for speaking". In J. Gumperz & S. Levinson

(Eds.), *Rethinking Linguistic Relativity* (pp. 70-96). Cambridge, UK: Cambridge University Press.

Slobin, D. 2004. The many ways to search for a frog: Linguistic typology and the expression of motion events. In S. Strömqvist & L. Verhoeven (Eds.), *Relating Events in Narrative: Typological and Contextual Perspectives* (pp. 219-257). Mahwah, NJ: Lawrence Erlbaum Associates.

Smyth, R., Jacobs, G. & Rogers, H. 2003. Male voices and perceived sexual orientation: An experimental and theoretical approach. *Language in Society*, 32(3): 329-350.

Snape, N., García-Mayo, M. & Gürel, A. 2013. L1 transfer in article selection for generic reference by Spanish, Turkish and Japanese L2 learners. *International Journal of English Studies*, 13(1): 1-28.

Sophocleous, A. & Wilks, C. 2010. Standard modern Greek and Greek-Cypriot dialect in kindergarten classroom interaction: Teachers' and learners' language attitudes and language use. *Language, Culture and Curriculum*, 23(1): 51-69.

Spada, N. 1986. The interaction between type of contact and type of instruction: Some effects on the L2 proficiency of adult learners. *Studies in Second Language Acquisition*, 8(2): 181-199.

Spada, N. 2004. Observing classroom behaviors and learning outcomes in different second language programs. In J. C. Richards & D. Nunan (Eds.), *Second Language Teacher Education* (pp. 26-36). Beijing: Foreign Language Teaching and Research Press.

Spada, N. 2011. Beyond form-focused instruction: Reflections on past, present and future research. *Language Teaching*, 44(2): 225-236.

Spada, N. & Lightbown, P. M. 2009. Interaction in second/foreign language classrooms. In A. Mackey & C. Polio (Eds.), *Multiple Perspectives on Interaction: Second Language Research in Honor of Susan M. Gass*. London: Routledge.

Spielberger, C. D., Gorsuch, R. L., Lushene, P. R., et al. 1983. *Manual for the State-Trait Anxiety Inventory*. Palo Alto, CA: Consulting Psychologists Press.

Storch, N. 2017. Social culture theory in second language classroom. In S. Loewen & M. Sato (Eds.), *The Roulette Handbook of Instructed Second Language Acquisition* (pp. 69-84). London: Routledge.

Storch, N. & Wigglesworth, G. 2010. Learner's processing, uptake, and retention of corrective feedback on writing: Case studies. *Studies in Second Language Acquisition*, 32(2): 303-334.

Stufflebeam, D. L. 1971. The relevance of the CIPP evaluation model for educational accountability. *Journal of Research and Development in Education*, 5(1): 19-25.

Sun, Q. & Zhang, L. J. 2021. A sociocultural perspective on English-as-a-foreign-language (EFL) teachers' cognitions about form-focused instruction. *Frontiers in Psychology*, 2021, 12: 593172.

Swain, M. 1985. Communicative competence: Some roles of comprehensible input and comprehensible output in its development. In S. Gass & C. Madden (Eds.), *Input in Second Language Acquisition* (pp. 235-253). Rowley, MA: Newbury House.

Swan, M. 1997. The influence of the mother tongue on second language vocabulary acquisition and use. In N. Schmit & M. McCarthy (Eds.), *Vocabulary: Description, Acquisition and Pedagogy* (pp. 156-180). Cambridge: Cambridge University Press.

Taguchi, N. 2008. The role of learning environment in the development of pragmatic comprehension. *Studies in Second Language Acquisition*, 30(4): 423-452.

Takako, E. 2004. *Recasts, Perceptions and L2 Development*. Washington, D.C.: Georgetown University.

Talmy, L. 1985. Lexicalization patterns: Semantic structure in lexical forms. In T. Shopen (Ed.), *Language Typology and Syntactic Description: Vol. 3: Grammatical Categories and the Lexicon* (pp. 36-149). Cambridge: Cambridge University Press.

Talmy, L. 2000. *Toward a Cognitive Semantics: Volume 2: Typology and Process in Concept Structuring*. Cambridge, MA: MIT Press.

Talmy, L. 2010. *The Lectures on Cognitive Semantics*. Beijing: Foreign Language Teaching and Research Press.

Tegano, D. W. 1990. Relationship of tolerance of ambiguity and playfulness to creativity. *Psychological Reports*, 66(3): 1047-1056.

Tokowicz, N. & MacWhinney, B. 2005. Implicit and explicit measures of sensitivity to violations in second language grammar: An event related potential investigation. *Studies in Second Language Acquisition*, 27(2): 173-204.

Toth, P. D., Wagner, E. & Moranski, K. 2013. "Co-constructing" explicit L2 knowledge with high school Spanish learners through guided induction. *Applied Linguistics*, 34(3): 279-303.

Tsui, A. B. 2005. ESL teachers' questions and corpus evidence. *International Journal of Corpus Linguistics*, 10(3): 335-356.

Turkan, S. & Buzick, H. M. 2016. Complexities and issues to consider in the evaluation of content teachers of English language learners. *Urban Education*, 51(2): 221-248.

Tyler, A. 2012. *Cognitive Linguistics and Second Language Learning*. New York: Routledge.

Vallente, J. P. C. 2020. Sources of embarrassment or empowerment? Oral feedback strategies in English language teaching classrooms. *TESOL*, 15(1): 31-52.

van Der Kleij, F. & Adie, L. 2020. Towards effective feedback: An investigation of teachers' and students' perceptions of oral feedback in classroom practice. *Assessment in Education: Principles, Policy & Practice*, 27(3): 252-270.

van Lier, L. 2004. *The Ecology and Semiotics of Language learning: A Sociocultural Perspective*. New York: Kluwer Academic Publishers.

Vann, R. J., Meyer, D. E. & Lorenz, F. O. 1984. Error gravity: A study of faculty opinion of ESL errors. *TESOL Quarterly*, 18(3): 427-440.

VanPatten, B. 2002. Processing instruction: An update. *Language Learning*, 52(4): 755-803.

VanPatten, B. 2004a. Input processing in second language acquisition. In B. VanPatten (Ed.), *Processing Instruction: Theory, Research and Commentary* (pp. 5-11). Mahwah, NJ: Lawrence Erlbaum Associates.

VanPatten, B. 2004b. *Processing Instruction: Theory, Research, and Commentary*. Mahwah, N.J.: Erlbaum Associates.

VanPatten, B. 2007. *From Input to Output: A Teacher's Guide to Second Language Acquisition*. Beijing: World Publishing Corporation.

VanPatten, B. 2014. The psycholinguistics of SLA. In J. Jegerski & B. VanPatten (Eds.), *Research Methods in Second Language Psycholinguistic* (pp. 1-19). New York: Routledge.

VanPatten, B. 2015. Foundations of processing instruction. *International Review of Applied Linguistics in Language Teaching*, 53(2): 91-109.

VanPatten, B. & Cadierno, T. 1993a. Input processing and second language acquisition: A role for instruction. *The Modern Language Journal*, 77(1): 45-57.

VanPatten, B. & Cadierno, T. 1993b. Explicit instruction and input processing. *Studies in Second Language Acquisition*, 15(2): 225-243.

VanPatten, B. & Oikkenon, S. 1996. Explanation versus structured input in processing instruction. *Studies in Second Language Acquisition*, 18(4): 495-510.

VanPatten, B. & Wong, W. 2004. Processing instruction and the French causative: Another replication. In B. VanPatten (Ed.), *Processing Instruction: Theory, Research, and Commentary* (pp. 97-118). Mahwah, NJ: Lawrence Erlbaum Associates.

Vázquez-Cano, E., González, A. I. H. & Sáez-López, J. M. 2019. An analysis of the orthographic errors found in university students' asynchronous digital writing. *Journal of Computing in Higher Education*, 31(1): 1-20.

Verhagen, J. & Blom, E. 2014. Asymmetries in the acquisition of subject-verb agreement in Dutch: Evidence from comprehension and production. *First Language*, 34(4): 315-335.

von Stutterheim, C. & Klein, W. 1987. A concept-oriented approach to second language studies. In C. Pfaff (Ed.), *First and Second Language Acquisition Processes* (pp. 191-205). Cambridge, MA: Newburry House.

von Stutterheim, C. & Nüse, R. 2003. Processes of conceptualization in language production: Language specific perspectives and event construal. *Linguistics*, 41(5): 851-881.

von Stutterheim, C., Andermann, M., Carroll, M., et al. 2012a. How grammaticized concepts shape event conceptualization in language production: Insights from linguistic analysis, eye tracking data and memory performance. *Linguistics*, 50(4): 833-867.

von Stutterheim, C., Bouhaous, A., Carroll, M., et al. 2012b. Grammaticalized temporal categories, language specificity, and macroplanning in expository texts. *Linguistics*, 50(2): 341-371.

Wang, D. & Zhang, L. J. 2021. Sustainability as a goal in teaching workforce retention: Exploring the role of teacher identity construction in preservice teachers' job motivation. *Sustainability*, 13(5/2698): 1-16.

Wang, Y. & Li, W. 2019. Cognitive restructuring in the bilingual mind: Motion event construal in early Cantonese-English bilinguals. *Language & Cognition*, 11(4): 527-554.

Weinert, S. 2009. Implicit and explicit modes of learning: Similarities and differences from a developmental perspective. *Linguistics*, 47(2): 241-271.

Wenden, A. & Ruin, J. 1987. *Learning Strategies in Language Learning*. Englewood Cliffs, N.J.: Prentice Hall.

White, L. 2004. "Internal" versus "external" universals: Commentary on Eckman. *Studies in Language*, 28(3): 704-706.

Wijaya, D. & Djasmeini, C. 2017. Input-based processing instruction vs. output-based traditional instruction in learning plural -s. *Electronic Journal of Foreign Language Teaching*, 14(1): 70-83.

Williams, J. M. G., Mathews, A. & MacLeod, C. 1996. The emotional Stroop task and psychopathology. *Psychological Bulletin*, 120(1): 3-24.

Williams, L. V. 1983. *Teaching for the Two-sided Brain*. Englewood Cliffs, N.J.: Prentice Hall.

Williams, M. & Burden, R. L. 1997. *Psychology for Language Teachers: A Social Constructivist Approach*. Cambridge: Cambridge University Press.

Wong, L. L. C. & Nunan, D. 2011. The learning styles and strategies of effective language learners. *System*, 39(2): 144-163.

Wong, W. 2004. Processing instruction in French: The roles of explicit information and structured input. In B. VanPatten (Ed.), *Processing Instruction: Theory, Research, and Commentary* (pp. 187-206). Mahwah, NJ: Erlbaum.

Wong, W. 2005. *Input Enhancement: From Theory and Research to the Classroom*. New York: McGraw-Hill.

Wong, W. 2010. Exploring the effects of discourse-level structured input activities with French causative. In A. Benati & J. Lee (Eds.), *Processing Instruction and Discourse* (pp. 198-216). London: Continuum International Publishing Group.

Wong, W. & Ito, K. 2019. The effects of processing instruction and traditional instruction on L2 online processing of the causative construction in French: An eye-tracking study. *Studies in Second Language Acquisition*, 41: 487-488.

Worthen, B. R. & Sanders, J. R. 1989. *Educational Evaluation: Alternative Approaches and Practical Guidelines*. New York: Longman.

Wright, T. 2004. Understanding classroom role relationships. In J. C. Richards & D. Nunan (Eds.), *Second Language Teacher Education* (pp. 82-97). Beijing: Foreign Language Teaching and Research Press.

Wright, T. 2010. Second language teacher education: Review of recent research on practice. *Language Teaching*, 43(3): 259-296.

Yang, Y., Chen, X. & Xiao, Q. 2020. Cross-linguistic similarity in L2 speech learning: Evidence from the acquisition of Russian stop contrasts by Mandarin speakers. *Second Language Research*, 38(1): 3-29.

Yao, P. P. & Chen, B. G. 2017. Cross-linguistic differences affect late Chinese-English learners on-line processing of English tense and aspect. *International Journal of Bilingualism*, 21(3): 268-290.

Young, D. J. 1991. Creating a low-anxiety classroom environment: What does language anxiety research suggest? *The Modern Language Journal*, 75(4): 426-439.

Young, D. J. 2009. Working toward shared visions of successful language learners. *Foreign Language Annals*, 42(1): 5-6.

Yu, L. & Odlin, T. 2015. *New Perspectives on Transfer in Second Language Learning*. Bristol/Buffalo/Toronto: Multilingual Matters.

Yves, B. & Sylviane, G. 2011. Categorizing spelling errors to assess L2 writing. *International Journal of Continuing Engineering Education and Life-Long Learning*, 21(2-3): 235-252.

Zhang, D. B. 2013. Linguistic distance effect on cross-linguistic transfer of morphological awareness. *Applied Psycholinguistics*, 34(5): 917-942.

Zhang, H. & Liu, Y. 2014. A corpus study of most frequently used English verbs by Chinese beginner learners from a conceptual transfer perspective. *International Journal of Corpus Linguistics*, 19(2): 252-279.

Zhang, S. M. & Ren, Y. 2022. The mediating role of a *xu*-argument based iterative translation continuation task in the dynamic relationships between translation learning anxiety and foreign language learning proficiency and translation strategies. *Frontiers in Psychology*, 13: 916597.

Zhang, S. M. & Zhang, L. J. 2021. Effects of a *xu*-argument based iterative continuation task on an EFL learner's linguistic and affective development: Evidence from errors, self-initiated error corrections, and foreign language learning attitude. *System*, 98(102481): 1-12.

Zimmerman, B. J. 1989. A social cognitive view of self-regulated academic learning. *Journal of Educational Psychology*, 81(3): 329-339.

后 记 一

"衣带渐宽终不悔，为伊消得人憔悴"！

我的眼睛、我的右臂、我滑动鼠标的右手食指！患了干眼症的我，在近 20 瓶大大小小、蓝蓝绿绿的眼药水和眼药膏的支撑下，终于在教学、班子会、党务会等众多必须要做而且还要做好的事务的间隙，完成了本书的撰写。

每一章中的每一个实验描述均是一次辛苦并快乐的美好回忆！被试一个个鲜活的面孔，课堂中一次次精心的设计，访谈中一个个蓬勃的身影，录音中一声声稚嫩的童音！我恍然重回自己曾经的青春岁月，恍然置身教室中，学生们还围绕在我的身边，恍然看到我的部分被试、双胞胎儿子们依旧童年！月摇疏影，感慨万千！

初春的窗外静如闲花照水！黑褐色的枝干上已显而易见地泛起了绿意，还明目张胆地抽出了尖尖的嫩芽，鼓鼓地喷发着春天的消息。一簇簇的迎春花相互拉着手，并着肩，落落大方地做着肢体展示。那朵朵拨弄心弦的嫩黄呀，是否是大自然故意诱惑我投笔春游的请柬？盎然的春意里，我不敢肆意地饱览，偷偷地一瞥都是满心满腹的负疚感。我还要赶路，趁天黑之前，趁春光无限！趁梦要实现，趁天地有缘！

多少个月明星稀的夜晚，多少个孤灯渔火的难眠！是您，我的恩师！是您，我的亲朋！是您，我的父母，我的孩子，我的爱人啊，陪我穿过冰雪，伴我走出雨天，一步步，大爱无言！

空气中弥漫着生命的气息，满满地是一路向东的骚动！我爱这春天！

张素敏

春·竹隅

后 记 二

又是一个初春！
赏梅在超山。
迎春花的影子梦里依稀，看到却摸不见。

灵隐寺的台阶，
青青，新苔暗旧苔，
盛一尊钱塘江水，酹他年冷月！

张素敏
春·梅林

致　谢

　　本书获得国家社科基金年度项目一般项目"干扰范式下二语情绪加工中的续写作用研究（23BYY169）"、北京外国语大学北京高校高精尖学科"外语教育学"建设项目（编号 2020SYLZDXM011）、河北省引进国外智力项目"大学生自我领导力测评工具"、河北师范大学学术著作出版基金（2019CB003）资助，谨表谢忱！